Margret Dörr | Burkhard Müller (Hrsg.)
Nähe und Distanz

Margret Dörr | Burkhard Müller (Hrsg.)

Nähe und Distanz
Ein Spannungsfeld
pädagogischer Professionalität

3., aktualisierte Auflage

Bibliografische Information der Deutschen Nationalbibliothek

Die Deutsche Nationalbibliothek verzeichnet diese Publikation in der Deutschen Nationalbibliografie; detaillierte bibliografische Daten sind im Internet über http://dnb.d-nb.de abrufbar.

1. Auflage 2006
2. Auflage 2007
3., aktualisierte Auflage 2012

Das Werk einschließlich aller seiner Teile ist urheberrechtlich geschützt. Jede Verwertung außerhalb der engen Grenzen des Urheberrechtsgesetzes ist ohne Zustimmung des Verlags unzulässig und strafbar. Das gilt insbesondere für Vervielfältigungen, Übersetzungen, Mikroverfilmungen und die Einspeicherung und Verarbeitung in elektronischen Systemen.

© 2006 Juventa Verlag GmbH Weinheim und München
© 2012 Beltz Juventa · Weinheim und Basel
www.beltz.de · www.juventa.de
Druck und Bindung: Beltz Druckpartner GmbH & Co. KG, Hemsbach
Printed in Germany

ISBN 978-3-7799-2800-3

Inhalt

Margret Dörr, Burkhard Müller
Einleitung: Nähe und Distanz als Strukturen
der Professionalität pädagogischer Arbeitsfelder   7

Teil I
Entwicklungslinien und -tendenzen pädagogischer Professionalität

Hans Thiersch
Nähe und Distanz in der Sozialen Arbeit   32

Volker Schmid
Nähe und Distanz aus der Perspektive
der Psychoanalytischen Pädagogik   50

Vera King
Pädagogische Generativität: Nähe, Distanz und Ambivalenz
in professionellen Generationenbeziehungen   62

Thomas Klatetzki
Wie die Differenz von Nähe und Distanz
Sinn in den Einrichtungen der Sozialen Arbeit stiftet
Eine organisationstheoretische Deutung   76

Teil II
Professionalität im Spannungsfeld von sozialer und psychosexueller Frage

Barbara Rendtorff
Geschlechtsspezifische Aspekte von Nähe und Distanz –
zur Sexuierung der Professionalisierungsdebatte   90

Christian Niemeyer
Sozialpädagogik zwischen sexueller und sozialer Frage
Zur fortdauernden Ambivalenz eines Grundkonflikts   101

Teil III
Felder der Vermittlung professioneller Nähe und Distanz

Ursula Rabe-Kleberg
Kontrolle – Markt – Vertrauen. Grundlegende Kategorien
einer Theorie professionellen Handelns?
Das Beispiel der gesellschaftlichen Kleinkinderziehung
im Umbruch der Neuen Bundesländer   118

Achim Würker
„Wenn sich die Szenen gleichen ..."
Ausbalancierung von Nähe und Distanz als Aufgabe
der Lehrerbildung und das Konzept psychoanalytisch
orientierter Selbstreflexion   128

Burkhard Müller
Nähe, Distanz, Professionalität
Zur Handlungslogik von Heimerziehung als Arbeitsfeld   145

Dominik Petko
Nähe und Distanz in der Sozialpädagogischen Familienhilfe   163

Wilfried Datler, Andrea Strachota
Wenn der Wunsch nach Klarheit zur Krise führt ...
Bemerkungen über Nähe und Distanz in der beratenden
Begleitung von Eltern, die sich mit pränataler Diagnostik
konfrontiert sehen   178

Reinhold Stipsits
Klausenburg oder Cluj – Näher geht's nicht.
Und immer noch weit weg   194

Die Autorinnen und Autoren   207

Margret Dörr, Burkhard Müller

Einleitung: Nähe und Distanz als Strukturen der Professionalität pädagogischer Arbeitsfelder

Mit den Worten „Nähe" und „Distanz" steht ein Begriffspaar zur Debatte, welches metaphorisch auf Bewegung im Raum (und in der Zeit) verweist. Prozesse der Annäherung an oder Distanzierung von andere(n) Menschen sind bildhafte Vorstellungen, die sich auf gelingende oder auch misslingende Interaktionsprozesse beziehen. Es geht nicht um Nähe und Distanz an sich, sondern um ein jeweils als „richtig" empfundenes Maß von Nähe und Distanz. Sie sind hier als subjektive und intersubjektive Raum- und Zeiterfahrung, nicht als objektive berechenbare Kategorien zu verstehen, sie sind interpretierbar, veränderbar. So ist es der jeweilige Ort, von dem aus geblickt wird – von „weit weg" oder „nahe dran"/„zu nahe dran", der das Phänomen „Nähe/Distanz" mit konstituiert.

Dabei verweisen im sozialen Kontext Nähe und Distanz genuin auf den Leib, ist doch „für jeden von uns sein eigener Leib und dessen habituelles Funktionieren der erste fraglos gegebene Erfahrungskomplex" (Schütz 1971: 213f.). „Die mich durchströmende leibliche Existenz (...) stiftet unseren ersten Kontakt mit der Welt" (Merleau-Ponty 1966: 198) Durch die leibbezogene und das heißt immer auch sinnlich-sexuell getönten Interaktionen in und mit der Welt entstehen Muster der Erfahrung, des Lernens und der Affektivität, die den Körper wiederum zu Handlungen und Interaktionen veranlassen. So lernen wir auch, unseren libidinös besetzten Körper als Mittel und Zensor zu nutzen, der uns eine hinreichend sichere Auskunft geben kann über unsere gefühlten – angenehmen und/oder unangenehmen – Abstände zu anderen Menschen und/oder zu den innerlich gespürten – angenehmen und/oder bedrängenden – Affekten sowie zu den gelebten vielschichtigen Räumen der Lebenswelt. Der Leib verkörpert daher im wörtlichen Sinn das Wissen um räumliche An- und Abgrenzungen, Verortungen, Vernetzungen und ist somit für den Menschen die wesentliche Instanz, die zwischen Innen und Außen, Nahem und Fernem, hier und dort entscheidet. Dabei sind die Räume der lebensweltlichen Erfahrungen keineswegs nur reale soziale Räume. Denn tatsächlich verlängert bzw. verlagert sich der Raum, von dem im Begriffspaar Nähe und Distanz implizit die Rede ist, immer auch ins Virtuelle. Was uns nahe und vertraut ist (vgl. Schütz 1971:

56 ff.) muss uns nicht physisch nahe sein. Andererseits erfahren wir, dass „eine unvertraute Erfahrung uns sich gerade wegen ihrer Unvertrautheit aufdrängt" (ebd. 58), sich als „auferlegte Relevanz" (ebd.) unmittelbar als physische Bedrängnis eines „zu nahe Kommenden" erlebt werden kann, unabhängig davon, ob die Ursache dieser Erfahrung uns leibhaft nahe ist, anonym und fern von uns ist, oder auch nur in unserer Phantasie existiert. Bedrohlich ist, was uns zu sehr ‚auf den Leib rückt', und doch wird es uns als Subjekten mittels der Brückenfunktion der „befreienden Kraft der symbolischen Formgebung" möglich, im Prozess „vom sinnlichen Eindruck zum symbolischen Ausdruck" (Habermas 1997), eine Distanz vom unmittelbaren Druck des Bedrohlichen zu gewinnen, dieses zu begreifen und darüber konstruktiv zu bearbeiten.

Bezogen auf physische Orte gilt für uns Menschen eine Ausschließlichkeit. Niemand kann gleichzeitig in Wien und Berlin sein, Innen und Außen, da und dort sein. Und doch gebrauchen wir ein Bild räumlicher Nähe, wenn wir sagen, dass uns eine abwesende, ferne Person (erst recht wenn wir sie vermissen), ganz ‚nahe steht'. In unseren von solchen Sprachbildern geprägten Vorstellungen erzeugen wir Modalitäten von Präsenz und Abwesenheit, die jene Widersprüche in sich bewahren.[1]

Offenbar handelt es sich bei Nähe und Distanz um ein Begriffspaar, das eine paradoxe Struktur in sich birgt. Eine Struktur, die bereits in alltägliche Beziehungserfahrungen präsentiert ist. Bereits das Kind muss in seinem Prozess des Aufwachsen lernen, das Gemengelage von Nähe und Distanz, von Intimität und Abgrenzung, von Abhängigkeitswünschen und Autonomiebestrebungen in vielfältigen Situationen, abhängig von Reifungsprozessen, Entwicklungsaufgaben sowie gesellschaftlichen Erwartungen jeweils neu (bewusst und unbewusst) miteinander zu vermitteln. In der Weise stellen Nähe und Distanz zwei Pole eines Kontinuums dar, auf die das alltägliche Leben, oft in schwierig zu balancierender Weise, immer zugleich verweist. Insofern kennzeichnet das Ringen um die eigene Selbstbehauptung als ein abgegrenztes Subjekt auf der einen sowie um gegenseitige Anerkennung von Abhängigkeiten auf der anderen Seite die Dynamik des menschlichen Lebens in nahen persönlichen Beziehungen.

Das Paradoxe dieser Struktur wird aber in zugespitzter Weise sichtbar, wenn man – wie wir im Weiteren – den Versuch macht, „Strukturen der Professionalität" unter dieser Perspektive zu lesen. Sie betrachtet Professionalität nicht im Parsons'schen Sinne (Parsons 1939) als durch besondere Merkmale (Wissenschaftlichkeit, Privilegien etc.) beschreibbares, rationales und spezifisches Handlungssystem; auch nicht als „Funktionssystem" (Stichweh 1996) einer funktional ausdifferenzierten Gesellschaft. Professio-

---

1 Dies wird auch sichtbar an der Verbreitung und zunehmende Nutzung von Kommunikationsmedien, mit denen Nähe, Intimität und soziale Beziehungen im Alltag hergestellt werden können, so dass Globales und Lokales sich miteinander vermischen.

nalität wird vielmehr im wissenssoziologischen Schütz'schen Sinne als Relevanzsystem, das von Professionellen und Laien als „Verweisungswissen" (Sprondel 1979) gemeinsam interaktiv hergestellt wird, wobei „professionell" zu sein den Anspruch einschließt, dies Wechselverhältnis hinsichtlich seiner Bedingungen und Folgen systematisch reflektieren zu können. Die Metapher von Nähe und Distanz verweist somit auf einen mehrdimensionalen Spannungsbereich, auch virtueller Räume (in Bewegung), der sich im laienhaften Suchen von, Angewiesensein auf, sich verstanden oder sich bedrängt Fühlen durch professionelles Handeln ebenso zeigt, wie im professionellen Handeln selbst, das darauf antwortet.

Dieser Spannungsbereich ist demnach nicht symmetrisch angelegt. Denn professionelles Handeln sollte sich gerade auch in der Weise von Alltagshandeln unterscheiden, dass Professionelle hinreichend befähigt sind, Nähe und Distanz zu ihren Adressaten und deren Problemen auf kunstvolle Weise zu verschränken und zu vermitteln (siehe unten). Nicht nur im Blick auf Rollen und Erwartungen an technisch verfügbare Kompetenzen, sondern auch hinsichtlich der Gestaltung wechselseitiger „Beziehungen" hat professionelles Handeln eine asymmetrische, komplementäre Struktur. Die Vermittlung von beidem vor allem ist diejenige Aufgabe professionellen Handelns, welche nicht mittels einer technisch verfügbaren Wissens- und Handlungsorganisation sondern nur unter der Bedingung der Akzeptanz nicht hintergehbarer Ungewissheit bewältigt werden kann (Helsper u. a. 2003).

„Nähe und Distanz" in diesem Sinn zu vermitteln gilt als eine unausweichliche Aufgabe insbesondere in sozialen und pädagogischen Feldern professionellen Handelns. Dies ist der Kern der „Professionalisierungsbedürftigkeit" (Oevermann 1996) solcher Berufe, sofern sich in ihnen unvermeidlich die Herausforderung stellt, einerseits formale Berufsrollen kompetent auszufüllen, andererseits sich zugleich auf persönliche, emotional geprägte und nur begrenzt steuerbare Beziehungen einzulassen. Bewältigung von Ungewissheit wird hier zur zentralen Aufgabe professionellen Handelns. Ausgangspunkt dieses Anspruchs ist die Prämisse, dass wirksame Assistenz in Problemsituationen für jeweilige Klienten nur dann zustande kommt, wenn die Sozialberuflerin nicht allein auf der Basis eines generalisierten und routinisierten Fach- und Fallwissens rollenförmig handelt, sondern ihre intuitive und persönliche Erfahrung und Urteilskraft einsetzt, um einen lebenspraktischen Problemfall der Adressatin kommunikativ auszulegen. In einem solchen Zusammenhang wirken neben spezifischen und explizit geäußerten Interessen und Situationsdeutungen auch diffuse und insbesondere affektiv getönte und teilweise unbewusste Sozialbeziehungen ein und entscheiden mit über mögliches Gelingen von „Arbeitsbündnissen" (vgl. Oevermann 1996: 152 ff.). Unterstellt wird folgerichtig die Notwendigkeit eines beruflichen Habitus der Professionellen, in welchem es ihnen möglich wird, die beiden widersprüchlichen Elemente der professionellen Orientierung – die jeweils relevante allgemeine Wissensbasis (Theorieverstehen) und ein kunstvoll beherrschtes Verfahren eines hermeneutischen Zugangs zum Fall – auch unter Handlungsdruck in Einklang zu bringen (Becker-Lenz u.a. 2009, 2011). Zurecht hat Ulrike Nagel (2000: 366ff.) in ihrer instruktiven Studie zu dem biographischen Prozess der „Aneignung von Professionalität" hervorgehoben, dass eine Sozialarbeiterin die Problemsituation der Klientin nur dann zu begreifen in der Lage sei, wenn sie nicht rollenförmig agiert, sondern ihre intuitive und persönliche Erfahrungskraft („Nähe") einsetzt, um ein „diffuses Verstehensangebot" zur Verfügung zu stellen, das aber gleichzeitig von einer distanzierenden Akzeptanz durch die Gegenseite anheimstellenden Haltung getragen ist („Distanz"). Dabei ist es gerade die „*gelebte* Übereinstimmung von Reflexionspotentialen mit dem Habitus der vermittelnden Person" (Dewe 2002: 117, herv. M.D./B.M.), die eine „entscheidende Bedingung für die Vermittlung von Einsichten und Erkenntnissen" (ebd.) in einer sozialwissenschaftlichen Berufspraxis darstellt.

Bei der Planung dieses Bandes und der an seinem Anfang stehenden Tagung (2004) gingen wir davon aus, dass dies Thema auch geeignet sei, unterschiedliche pädagogische Fachtraditionen gleichsam quer zu lesen. Wir meinten, dass der gegenwärtig herrschende Zustand nicht sonderlich befriedigend sei, in dem die Erziehungswissenschaft, gerade auch infolge ihrer Etablierung und Expansion in den letzten Jahrzehnten, sich immer mehr in Subdisziplinen zerfasert, die ihre je eigenen Diskurse bilden aber sich wenig gegenseitig zur Kenntnis nehmen. Änderungsbedürftig schien uns dies besonders im Verhältnis zwischen Sozialpädagogik und Psychoanalytischer Pädagogik, deren koproduktive Fachentwicklung nach der Weimarer Zeit (Böhnisch u.a. 2005: 68ff.) weitgehend verloren gegangen ist. Aber auch die Stränge zu anderen Teildisziplinen, etwa zur Pädagogik der frühen Kindheit, zur Schulpädagogik oder zur Allgemeinen Pädagogik können u.E. gestärkt werden, wenn man sie unter der Frage betrachtet, wie in ihnen dieser paradoxe mehrdimensionale Spannungsbereich von Nähe und Distanz in Theorie und Praxis bearbeitet wird. Neue Ansätze dazu gibt es immerhin (Schäfer 2011; Göppel u.a. 2010; Bittner u.a. 2010). Unsere Hypothese ist, dass sich in diesen unterschiedlichen Fachsträngen der Pädagogik dazu zwar je eigene Diskurstraditionen entwickelt haben, die aber sowohl interessante Gemeinsamkeiten als auch interessante Unterschiede aufweisen und sich deshalb gegenseitig befruchten könnten.

1. Gemeinsamkeiten

Eine Gleichartigkeit in den differenten pädagogischen Fachsträngen scheint zunächst in der Bereitschaft zu bestehen, sich auf die oben skizzierte widersprüchliche Einheit von Theoriewissen und Fallverstehen im jeweiligen Arbeitsfeld einzulassen, und damit auf ein Verständnis von Expertenschaft zu verzichten, welches die Paradoxien der mehrdimensionalen Begriffsfigur „Nähe und Distanz" durch eine vereinseitigende Distanznahme zum Verschwinden bringen würde. Freud sprach in seinem Vorwort zu Aichhorns „Verwahrloste Jugend" von den drei „unmöglichen" Berufen des „Erziehens, Kurierens und Regierens". Das jeweils „Unmögliche" oder, wie Thomas Olk (1986) einst formulierte, „Bewältigung von Ungewissheit" als zentrale professionelle Herausforderung, wäre demnach der Kern des Gemeinsamen. Nämlich jene von Michael Wimmer (1996) beschriebene „antinomische Grundstruktur" des Pädagogischen, „die insbesondere auf der Ebene pädagogischer Interaktion zur Geltung kommt, nämlich durch Erziehung eine Intention verfolgen zu wollen, es aber eigentlich nicht zu können, weil, was gewollt wird, nur vom Anderen selbst hervorgebracht werden kann" (ebd. 425f.). Pädagoginnen erreichen ihre Ziele immer nur bedingt, weil sie mit lebendigen Subjekten zu tun haben, nicht mit Gegenständen. Daher haben Niklas Luhmann und Eberhard Schorr (1979) der Pädagogik ein prinzipielles Technologiedefizit bescheinigt. Pädagogisches Handeln ist grundsätzlich „bisubjektives Handeln" (vgl. Winkler 1990). Die Adressatin hat den Status einer „aktiven (Co-)Produzentin" (Gross 1983) und die Professionelle ist immer Teil der Situation, auf die sie reagieren soll. Allzu häufig auf verstrickte Weise, partiell unvermeidlich und in mancher Hinsicht sogar notwendig, hat sie selbst an den Problemen teil, bei deren Bewältigung sie helfen soll (Köngeter 2009). Die Pädagogin als Professionelle trägt folglich zur Konstitution eines Falles als Fall aktiv bei und gerade dieser Sachverhalt erfordert umso mehr eine perspektivische Distanz der Pädagogin gegenüber der subjektiven und der sozialen Wirklichkeit ihrer Adressaten (Müller 2011a). Es ist dies aber nicht nur die Grundstruktur des Pädagogischen, sondern auch des Therapeutischen, sofern man dessen psychoanalytischer Lesart der „talking cure" folgt – und allemal die der psychoanalytischen Pädagogik (Dörr 2011).

Wenn wir jedoch auch das „Regieren" in der Perspektive dieser „antinomischen Grundstruktur" betrachten, dann muss es sich um ein Verständnis von „Regieren" handeln, wie dasjenige, das Dirk Baecker als Definition von „Management" formuliert hat: „Management" heiße, in Systemen Ressourcen zu mobilisieren, die sie befähigen „auf konfligierende Erwartungen zustandsändernd zu reagieren" mittels der Fähigkeit „… die Organisation mit einem Sinn für die Differenz zwischen der Aktualität und der Potentialität ihrer Zustände auszustatten, ohne die aktuellen Zustände als so unzureichend zu markieren, daß jede Hoffnung fahren gelassen wird, potentielle Zustände zu erreichen" (Baecker 2003: 257). Setzen wir an die Stelle der Formulierung „die Organisation … auszustatten" Varianten wie: „die Klienten auszustatten", „die Kinder auszustatten", oder „die sozialpädagogischen Einrichtungen auszustatten" oder gar, „die lebensweltlichen Milieus auszustatten", ergeben sich interessante und sich komplementär ergänzende Verschiebungen der Definition, welche die unterschiedlichen Fachstränge der

Pädagogik sich nicht nur im Einzelnen, sondern vielleicht gerade in ihrer Verknüpfung als Gemeinsames zu eigen machen könnten.

Jedenfalls verweisen diese Varianten auf eine weitere Gemeinsamkeit: Nämlich auf die Annahme, dass jene Grundstruktur keineswegs nur „auf der Ebene pädagogischer Interaktionen zur Geltung kommt", sondern auch auf der Ebene der Herstellung von strukturierenden Bedingungen für solche Interaktionen. Und zwar unabhängig davon, ob dies genannt wird: Herstellung von Arrangements für einen „gelingenderen Alltag" (Thiersch 2005), oder für „therapeutische Milieus" und „optimalstrukturierte Settings" (Redl 1971, Bettelheim 1971, Trescher 1985), oder als „Instituetik" als reflektierend-rahmende Ermöglichung „... der autopoetischen Eigenbewegung kindlicher Bildungsprozesse" (Honig 2002: 191), um nur einige Spielarten „virtueller Räume" zu nennen.

Die paradoxe Grundstruktur von Nähe und Distanz betrifft also auch die Handlungsrahmen. „Die Menschen haben eine Auffassung von dem, was vor sich geht; auf diese stimmen sie ihre Handlungen ab, und gewöhnlich finden sie sie durch den Gang der Dinge bestätigt. Diese Organisationsprämissen – die im Bewußtsein und im Handeln vorhanden sind – nenne ich den Rahmen des Handelns." (Goffman 1974: 274). Rahmen ordnen Erfahrungen zu sinnvollen Einheiten; aber das Vertrauen in die jeweiligen Rahmungen kann auf vielfältige Weise erschüttert werden. Alltagswissen sucht solche Erschütterungen nach Kräften von sich fern zu halten. Im sozialpädagogischen wie im therapeutischen Handeln dagegen ist solche Erschütterung und ein „Kampf um den Rahmen" – um die Definition „was ist hier eigentlich los?" (Körner 1996) – nicht nur unvermeidlich, sondern zugleich der Ort und die „Affektstätte" (Bernfeld 1974) wo Arbeitsbündnisse gelingen oder scheitern (Müller 2011). Die Arbeitsbündnisse selbst, genau wie die settings, in denen sie verortet sind (Müller/Schwabe 2009), müssen daher als je spezifische Verankerungsverfahren verstanden werden, die einerseits sicherstellen, dass ein angestrebter Sinn des Rahmens und sein tatsächlicher, den realen Lebensverhältnissen entsprechender Sinn tendenziell zur Deckung gebracht werden können, andererseits aber Klienten ermöglichen, diesen Sinn nicht als Oktroi zu erleben, sondern als Chance, ihrerseits neue Rahmungen dessen, was „mit ihnen los ist" experimentierend zu erfinden, selbst dann, wenn dies im zumindest partiellen Dissens zu den guten Absichten ihrer Helfer geschieht. Hörster fasst dies als Grundprinzip des Sozialpädagogischen im Natorp'schen Sinn: „Indem das Arbeitsbündnis zwischen Sozialpädagogen und Adressaten gleichzeitig als Bildungsbedingung und soziale Bedingung des Lebens begriffen wird, ist der Fluchtpunkt dieses sozialpädagogisch-kasuistischen Dissensmanagements die Selbststeuerung der Arbeitsbeziehung durch die Adressaten" (Hörster 2011: 1482). Solche sich selbst zur Disposition stellende Verankerungsverfahren sind also ihrerseits Rahmenbedingungen von „Rahmen" im Sinne Goffmans, die Gelegenheitsstrukturen für solche Erfindungen schaffen – egal ob man dabei von „Hilfe zur Selbsthilfe" oder von „Bildsamkeit", von „Beratung" oder von „Therapie" redet. In jedem Fall ist das „Herstellen" von geeigneten Rahmenbedingungen, die organisationspädagogische Seite, wie wir sie nennen wollen, weder als Herstellen im mechanisch-technischen Sinn aufzufassen, noch darf sie als bloß kontingente Außenbedingung behandelt werden, die einer bürokratischen oder ökonomischen oder gewerkschaftlichen Eigenlogik überlassen bleiben kann. Rahmenbedingungen können nur in der Auseinandersetzung mit solchem „anderen Anderen" der Pädagogik von diesem selbst (mit) hervorgebracht werden. Für das pädagogische Selbstverständnis heißt das: Sich abarbeiten an den Außenmächten, die als objektiv fördernde oder belastende Umwelt, wie auch in den subjektiv-lebensweltlichen Selbstdeutungen real oder virtuell mit am Verhandlungstisch sitzen, ist ebenfalls nicht hintergehbar.

Wenn das die pädagogische „Grundstruktur" ist, so folgt daraus aus unserer Sicht notwendig eine kasuistische Struktur der Entwicklung von professionellem Wissen. Damit ist nicht die Beschränkung des Wissens auf normative Lösungsmuster im Sinne einer Handwerkslehre gemeint. Ganz im Gegenteil. Gemeint ist eher das, was schon Schleiermacher als eigene „Dignität" praktischer Erkenntnis bezeichnet hat, die ein Spannungsverhältnis zwischen theoretischer und praktischer Erkenntnis unterstellt: Dieses Spannungsverhältnis ist für das psychoanalytische „Junktim von Heilen und Forschen" ebenso konstitutiv, wie für das sozialpädagogische Sich-Einlassen auf Alltagskontingenz und seine „kritische Aufhebung" (Thiersch 2005), wie für jede nicht triviale Variante einer „Pädagogik vom Kinde aus" oder eines „Situationsansatzes". „Kasuistisch" heißt in all diesen konzeptionellen Bezügen, a) dass praktische Schritte zu Lösungen grundsätzlich nicht aus theoretischem Wissen abgeleitet werden können, sondern aus der Singularität des einzelnen Falles in jeweiligen Konstellation gewonnen werden müssen; dass aber b) theoretisches Wissen gut begründete Beobachtungstandpunkte dafür liefern muss. Letzteres muss, wie Gildemeister/ Robert (1997) sagen „Hervorbringungsmuster" herausdestillieren, als „Typen und Logiken der Strukturierung des jeweiligen Falles" (1997: 35); deren Funktion aber eben ist, die Beobachtungschancen zu erweitern und nicht schon die normativen Muster für praktische Lösungen zu liefern. Dies schließt die praktische Orientierung an normativen Mustern nicht aus und auch nicht die theoretische Aufgabe, sie rekonstruktiv bzw. induktiv zu generalisieren. Aber auch die daraus sich entwickelnden Interventions-„Methoden" haben weit mehr den Charakter von Beobachtungshilfen, von „Suchstrategien" (Meinhold 1986; Müller 2011b) und den von einzuhaltenden Legitimationspflichten als von „Fall-Lösungen"[2].

---

2 Inzwischen ist diese Einsicht selbst bis in die juristische Kasuistik der Sozialen Arbeit vorgedrungen (z.B. Burghardt 2001, Deichsel 2009), die traditionell eher einem rechtspositivistischen Denken verpflichtet war.

Diese haben vielmehr, jedenfalls in unserer pädagogischen Perspektive, den Charakter von „Antworten", wie Jürgen Körner (1993) formuliert hat. Sie speisen sich immer und wesentlich auch aus anderen als wissenschaftlichen, zum Teil auch aus unbewussten Quellen. Die Pädagogin ist als Person mit anderen Subjekten (und deren Problemen), mit Institutionen und Organisationen in je besonderen gesellschaftlichen und kulturellen Deutungsmustern konfrontiert. Dies macht es geradezu erwartbar, dass sie mit emotionsgeladenen Themen wenn nicht gar Konflikten zu tun hat, in denen sowohl Zuneigung, Zärtlichkeit, Sexualität, als auch Macht, Ohnmacht, Hass, Aggressionen, personale und strukturelle Gewalt mit im Spiel sind. In der Wahrnehmung und Handhabung dieser affektiven Handlungselemente wird die Dringlichkeit umso offensichtlicher, dass erst angemessene Fähigkeit zur Distanznahme die handlungslogisch notwendige Einheit der Erzeugung und der Verwendung der Erkenntnisse, Deutungen etc. ermöglicht. Das heißt: Pädagogische Handlungsoptionen werden unverantwortlich oder doch laienhaft, wenn sie nicht, ohne die eigene Beteiligung auszublenden, aus der Distanz von „exzentrischen Standpunkten" (Körner 1993) aus beobachtbar, selbstreflexiv kontrollierbar und damit revidierbar gemacht werden. Und solche „exzentrischen Standpunkte" können und sollten jedenfalls von den Fachdiskursen so beobachtungsscharf wie möglich, aber auch so horizontereich wie möglich entfaltet werden. So erhält der theoretische Standort von dem aus der Blick auf das soziale und/oder pädagogische Geschehen gerichtet wird, ein besonderes Gewicht. Perspektiven der theoretischen Verortung sind Abstraktionsmedien zur Ordnungsgewinnung, sie erzeugen Wissen und bilden nicht nur Informationen ab.

2. Zu den „interessanten" Unterschieden

War bisher von den Gemeinsamkeiten insbesondere im Hinblick auf die Grundstruktur pädagogischen Handelns die Rede, so wollen wir im Weiteren der Spur folgen, die auf mögliche Differenzen in den jeweiligen Diskurstraditionen der Subdisziplinen im Umgang mit dem Begriffspaar Nähe und Distanz hinweisen. Wir beschränken uns dabei auf das Verhältnis der Psychoanalytischen Pädagogik zur Sozialpädagogik und klammern allgemeine Fragen zur Rezeption der Psychoanalyse in der Pädagogik (dazu Winninger 2011) aus. Was sind die „interessanten" Unterschiede im symbolischen Begreifen dieser „Bewegung im Raum"? Was macht die jeweilige Originalität des Sehens aus, die eine spezifische Weise des In-die-Hand-bekommens von Nähe-Distanz-Dynamiken bzw. -Konflikten ermöglichen soll? Interessant sind die Unterschiede der teil-disziplinären pädagogischen Fachdiskurse unseres Erachtens unter dem Aspekt, dass sie es ermöglichen, die „blinden Flecke" in den jeweiligen Theoriekonstruktionen und kasuistischen Zuschnitten offensiv zu beleuchten, um daraus wechselseitige Lernbereitschaften zu entwickeln. Es geht also um mehr als um den Abbau wechselseitiger Vorurteile, etwa der (sozialpädagogischen) Vorstellung, die Psychoanalytische Pädagogik kultiviere einen klinifizierenden, auf Vergangenes fixierten Blick auf Klienten, oder der (unter psychoanalytisch orientierten Pädagogen nicht ungewöhnlichen) Vorstellung, Sozialpädagogik sei mehr an den sozialen Umständen ihrer Klienten als an deren eigener Handlungslogik interessiert. Wir meinen vielmehr, dass sich die fachlich-diskursiven Profile von Psychoanalytischer Pädagogik und Sozialpädagogik komplementär ergänzen: Beide treffen sich in den genannten Gemeinsamkeiten ihres pädagogischen Selbstverständnisses, legen dies aber mit unterschiedlichen Akzentuierungen aus, die von übergreifender Bedeutung sind und nicht auf die Unterschiede der Anwendungsfelder von „Bindestrich-Pädagogiken" reduziert werden können, so dass sie im jeweils anderen Feld vernachlässigt werden könnten. Wir meinen, dass dies gerade unter dem Gesichtspunkt der Nähe-Distanz-Thematik gezeigt werden kann.

Sozialpädagogik hat, wie kaum eine andere pädagogische Fachkultur „Nähe" programmatisch aufgewertet: Nähe zum subjektiven Standort der Klienten, zu seiner Lebenswelt, seinen Alltagsproblemen, solidarisches Handlungsverständnis statt auf Zuständigkeitsmonopole bedachte Abgrenzung betonend (Grunwald/Thiersch 2008; Rosenbauer 2008). Andererseits auch kämpferische wie klug taktierende Nähe zu den Machtstrukturen, welche auf die realen Lebenschancen der Klienten mehr Einfluss haben, als jede noch so engagierte sozialpädagogische Intervention – mit dem oft unvermeidlichen Risiko, entweder selbst von diesen Strukturen in Dienst genommen, oder von ihnen marginalisiert zu werden.

Sozialpädagogik hat, auf der andern Seite, den Zug ins Weite, die ‚Entgrenzung' (Böhnisch u.a. 2005) in die kritische Distanz: Eben nicht mehr nur kritische Distanz bezüglich der Differenz zwischen Aktualität und Potentialität der Lebensführung von Klienten (darauf sich zu konzentrieren wurde eher unter den Verdacht moralisierender Ideologie gestellt), sondern bezüglich der Differenz zwischen Aktualität und Potentialität der gesellschaftlichen Verhältnisse, als deren logische Folge jene Lebensführung erscheint: Strukturelle Gewalt (Galtung 1975) als die wohl zentralste Hintergrundkategorie einer sozialpädagogischen Theoriepolitik der Distanznahme, welche die sozialpädagogische Aufgabe selbst zur politischen macht.

Es ist wohl eine Stärke der Sozialpädagogik, den Bogen zwischen Nähe und Distanz so weit zu spannen, vielleicht aber auch eine Schwäche. Denn wer weiß, ob der Bogen wirklich trägt. Es hat ja manchmal den Anschein, als ob die Sozialpädagogik die kleineren Spannungsbögen, die dazwischen liegen und den großen tragen könnten, vernachlässigt hätte. Damit ist die schon erwähnte fachliche und ethische Spannung zwischen solidarischer Akzeptanz und kritischer Distanz gegenüber Klienten und ihren Lebenswelten vielleicht noch am wenigsten gemeint. Wichtiger noch erscheint uns die Spannung zwischen der kritischen Distanz zu (mangelhaften) organisatorischen Strukturen und dem oft unreflektierten Umstand, gleichzeitig unmittelbar selbst Akteure dieser Strukturen zu sein und sie im Handeln zu reproduzieren (vgl. Klatetzki 1998, Köngeter 2009). Am meisten aber, so will es uns scheinen, mangelt es an kultivierte Fähigkeit zur Distanz von der eigenen Subjektivität, und somit auch von den eigenen guten Absichten. Insbesondere bleibt der Blick auf die Dialektik von Nähe und Distanz im Verhältnis der Handelnden, auch der Professionellen wie der Forschenden zu sich selbst, also auf die eigene Verstricktheit in den Gegenstand, sowie die Angst vor dem Gegenstand eher blind und aus den sozialpädagogischen Diskursen ausgegrenzt (Dörr/Müller 2005; Müller 2011).

Diesbezüglich scheint uns die Tradition der Psychoanalytischen Pädagogik reicher zu sein. Damit ist weniger das Studium und die Bearbeitung von neurotischen Phänomenen bei Klienten angesprochen, als die Abwehr- und Gegenübertragungsphänomene bei Helfern und helfenden Strukturen (Mentzos 1988). Zudem sind die Methode des „szenischen Verstehen" (Lorenzer 1972; Leber 1986; Gerspach 2009; Würker 2007) interaktionellen Geschehens zu nennen, einschließlich eines geschärften Blicks auf leibliche Spontanphänomene im Sinne einer „kinetischen Semantik" (Leikert 2007), die dem sprachlich-diskursiven Deuten fremden Verhaltens vorausgehen, gemäß Freuds Satz: „Wessen Lippen schweigen, der schwätzt mit den Fingerspitzen; aus allen Poren dringt ihm der Verrat" (Freud 1905: 250). Dies sind unseres Erachtens wichtige Bereiche, in dem eine Zusammenschau von psychoanalytisch-pädagogischer und sozialpädagogischer Perspektive unentbehrlich ist. Ohne diese Perspektive gerät die Sozialpädagogik allzu leicht in Gefahr, in einer Mischung von Benachteiligtensoziologie und hilfloser Gerechtigkeitsrhetorik stecken zu bleiben.

Der Gewinn aber wäre insofern gegenseitig, als Übertragung/Gegenübertragung mit Interessenkollisionen und Machtstrukturen oft schwer durchschaubare Gemengelagen bilden, die nur in inter-disziplinärer Distanznahme zu bewältigen sind. Ohne die Pragmatik und die Institutionenkritik der Sozialpädagogik ist eine aufgeklärte psychoanalytische Pädagogik, will sie nicht im Blick aufs nur Individuelle, Therapiebedürftige hängen bleiben, nicht vorstellbar.

Ein Beitrag der Psychoanalytischen Pädagogik soll besonders hervorgehoben werden. Nämlich die Einsicht, dass „Nähe und Distanz" nicht einfach auf die bipolare Spannung zwischen der Nähe des engagierten Praktikers und der Distanz des „exzentrischen Beobachtungsstandpunktes" wissenschaftlicher Reflexion reduziert werden darf, wenn die Spannung fruchtbar werden soll. Schlüsselfrage ist dabei, wie innerhalb der Nähe Raum für Neues entstehen kann, unter welchen Rahmenbedingungen und an welcher Art von Orten jener „Sinn für die Differenz zwischen der Aktualität und der Potentialität der Zustände" ermöglicht werden kann. Nicht nur die psychoanalytische Figuren der „Abstinenz" oder der „Triangulierung" (Dammasch et.al 2008; Schon 2000, 723), des „Containments" (Bion 1963/

1992), der „Mentalisierung" (Fonagy et al. 2004;) sondern auch Konzepte wie „intermediärer Raum", „potentieller Raum" (Winnicott 1989), oder „Virtualisierung" (Körner/Müller 2004) und „Fiktionalisierung" (Körner 2004) sind in diesem Kontext entwickelt worden.

Diese Konzepte reflektieren auf unterschiedlichen Ebenen, dass Psychoanalytische Pädagogik ihren Fokus nicht auf die Person des Gegenübers, sondern auf die Interaktion zwischen Adressatin und Pädagogin in den jeweiligen Organisationsstrukturen hat (Dörr 2010). Sie ermöglichen das, was Volker Schmid den Blick auf die „Innenseite einer Instituetik" genannt hat, „mit der die institutionellen Strukturen untersucht und dadurch veränderbar werden" (2004: 278). Solche Veränderung kann sich eben nicht auf die Optimierung einer Balance zwischen Nähe zur Lebenswelt der Klienten und gutem Behandlungssetting beschränken. Sie muss vielmehr zeigen können, wie der Begegnungsort von beiden als „dritter Ort", als virtueller Raum, Eigengewicht gewinnen kann. Dafür genügt es nicht, rationale Schiedsstelle für konkurrierende Lebensentwürfe und Bewältigung von Zwangslagen sein zu wollen; das „Verhandlungsmodell" hat Grenzen. Das jeweilige sozialpädagogische Arrangement muss auch ein eigener Ort für das werden können, was Bernfeld „Affektstätte" nennt, oder besser: Aushandlungsfeld der Affekte. Dazu gehört Distanz nehmende De-Zentrierung des Blicks vom unmittelbar Auszuhandelnden, wie auch vom Kränkenden oder moralisch Empörenden, hin auf das Narrative, die „Erzählungen" (Dörr 2004; Körner/ Ludwig-Körner 1997) (die „Familienromane" wie die „Einrichtungsromane"); auch auf das Theatralische, das auf „dritte Orte" angewiesen ist, und sie selbst konstituiert. All das ist inzwischen Reflexionswerkzeug der Psychoanalytischen Pädagogik und all das scheinen uns Beobachtungsperspektiven – und dies keineswegs nur im Bezug auf die paradoxe Struktur des Begriffspaars Nähe und Distanz – zu sein, von deren noch viel genauerer Rezeption jedenfalls die Sozialpädagogik nur profitieren kann. Wie sinnvoll dies möglich ist, zeigen die psychoanalytisch-pädagogischen Beiträge (z.B. Dörr 2001; Dörr u.a. 2011; Eggert-Schmid Noerr u.a. 2009; Körner 1996, Krebs/Müller 1998, Schmid 2001) die die Verschränkung mit der sozialpädagogischen Perspektive immer schon einbeziehen.

Aus der Sicht einer „Lebensweltorientierten Sozialer Arbeit" (Grunwald/ Thiersch 2008) kann man die Aufgabe angemessener Balancen von Nähe und Distanz, wie schon angedeutet auf drei ineinander verschränkten Ebenen verorten:

- als Balance von persönlicher Nähe und Distanz zwischen Professionellen und den Lebenswelten und Lebenslagen von Klientinnen;
- als Balance von Nähe und Distanz zur Eigenlogik der Interessen und selbstwertdienlichen Kognitionen und Bedürfnisse der professionell Handelnden;
- als Balance von Nähe und Distanz zur Eigenlogik und zu den Interessen

der organisatorischen, infrastrukturellen und ökonomischen Voraussetzungen der professionellen Intervention.

Auf allen drei Ebenen kann die Psychoanalytische Pädagogik wichtige Beiträge leisten, auch jenseits spezieller (etwas „heilpädagogischer") Felder, soweit es um die psychodynamischen Aspekte geht, die auf allen drei Ebenen relevant sind. Auf allen drei Ebenen kann Psychoanalytische Pädagogik aber auch Opfer einer spezifischen Kurzsichtigkeit werden, bei deren Überwindung die Orientierung am sozialpädagogischen Blick hilfreich sein kann.

- Die „Beziehungsebene" als professionelle Aufgabe beschränkt sich eben nicht auf die Empathie für und die distanzierende Verarbeitung von lebensweltlichem „Agieren" von Klienten; sie muss sich zu den Lebenslagen und Bewältigungs-Konstellationen (Böhnisch/Schröer/Thiersch 2005) ins Verhältnis setzen, welche Klienten belasten. Insbesondere das Konzept der Lebensweltorientierten Sozialen Arbeit hat hierfür „Strukturmaximen" und eine reiche Kasuistik (Grunwald/Thiersch 2004) entfaltet, die freilich in ihrer Differenz zu klinischen Konzepten von Diagnose und Intervention weiter konkretisiert werden muss (vgl. Müller 2005a).
- Die Methodik einer selbstreflexiven Vergewisserung hinsichtlich der Aufgabe, der eigenen Person „als Werkzeug" gewahr zu werden aber sie nicht zu Lasten des Klienten manipulativ zu missbrauchen wird durch psychoanalytisch-pädagogische Konzepte (insbesondere der (Gegen-)Übertragung) zweifellos bereichert. Aber sie kann darauf nicht beschränkt werden. Die Entfaltung von Konzepten einer selbstreflexiven und „rekonstruktiven" Sozialpädagogik hat andere Aspekte herausgearbeitet, die nicht unterschlagen werden dürfen: etwa die Reflexion der selbstbezüglichen Definitionen von „Fürsorglichkeit" (Wolff 1983), der Eingebundenheit des professionellen Handelns in organisatorische Abhängigkeit (Olk 1986), in Geschlechterverhältnisse (Rabe-Kleberg 1996), in sozialstaatliche Paradoxien (Müller, Sünker u.a. 2000) und in kulturelle Zugehörigkeiten (Müller 2005b).
- Schließlich ist erst recht offenkundig, dass der psychoanalytisch orientierte Blick auf organisatorische, politische und ökonomische Dynamiken – von einer analytischen Sozialpsychologie (Bell/Höhfeld 1995, Leithäuser/Volmerg 1988); den Kulturanalysen in der Tradition der Tiefenhermeneutik (Lorenzer 1981 u. 1986) sowie der psychoanalytischen Organisationsberatung (Lohmer 2004) abgesehen – ein höchst partikularer Blick ist, der zudem nur selten in dieser Richtung entfaltet wurde. Sozialpädagogik, die sich in ihrer „Grundlinie" als „Wechselwirkung sozialpolitischer und pädagogischer Prinzipien – Hilfe zur Lebensbewältigung im Horizont sozialer Gerechtigkeit – entwickelt" hat (Böhnisch u.a. 2005, 15), ist auf dieser Ebene zweifellos der reichere Referenz-

rahmen für angemessene Formen der solidarischen Nähe, wie der reflexiven Distanznahme.

Diese beiden im vorliegenden Band besonders zur Sprache gebrachten Theoriestränge der Pädagogik können sicher auch vom Anschluss an andere Diskurse lernen, etwa an die Pädagogik der frühen Kindheit. So beschreiben etwa Honig und Neumann (2004) anhand ihrer empirischen Rekonstruktion der Arbeit in Kindergärten „pädagogische Qualität" als „performative Qualitätspraktiken (...) welche die Hervorbringung und Verknüpfung von Ereignissen der je unterschiedlichen und Ansprüche leisten, wie sie aus der multifunktionalen Struktur des Feldes resultieren" (2004, 272); wobei pädagogische Qualität – in unserer Terminologie Professionalität – „in der Bewältigung des Problems besteht, system-, selbst- und fremdreferentiell zugleich agieren zu müssen" (ebd. 267). Pädagogische Qualität wird so „statt von der Wirksamkeit intentionaler Handlungen von der wechselseitigen Relation von Ereignissen und ihrer regelgeleiteten Verknüpfung mit Hilfe spezifischer Praktiken her konzipiert" (ebd.). Es wäre reizvoll, dies Konzept auch von unserer Perspektive der Vermittlung von Nähe und Distanz her zu lesen. Im Übrigen ist die Frühpädagogik vor allem außerhalb Deutschland schon weiter als hierzulande rezipiert darin fortgeschritten, solche „regelgeleiteten Verknüpfungen" methodisch zu entwickeln und empirisch auszuweisen, beispielsweise in Ferre Laevers Konzept der „Experiential Education" (Laevers 1998, 2000) oder in Tina Bruce' „Early Childhood Education" (Bruce 1997).

Zu den einzelnen Beiträgen

Im *ersten Teil* werden *Entwicklungslinien und -tendenzen pädagogischer Professionalität* aus lebensweltlicher und psychoanalytischer Perspektive beleuchtet. Zudem wird gezeigt, wie auf unterschiedliche und fruchtbare Weise die Nähe-Distanz-Metaphorik im (sozial)pädagogischen Denken und Handeln auch zum Gegenstand soziologischer Reflexionen werden können.

Hans Thiersch betrachtet Nähe und Distanz als eine zentrale Dimension der Lebenswelt und folglich auch des Selbstverständnisses einer lebensweltorientierten Sozialen Arbeit und Pädagogik. Pointiert arbeitet er aber zugleich eine Differenzierung zwischen beiden Ebenen heraus und begründet damit seine These, dass eine professionelle Antwort auf gesellschaftliche Transformationsprozesse im Kontext eines sich ständig fortschreibenden interpretierenden und deutenden Theoriekonzeptes zu formulieren ist, will Soziale Arbeit weder den Anschluss an sich ändernde lebensweltliche Verhältnisse noch sich selbst darin verlieren. Nur so kann der dieses Konzept fundierende Rahmen – das Spannungsverhältnis zwischen einer zugleich vertrauten und bornierten Lebenswelt und den Möglichkeiten der darin angelegten, aber erst noch freizusetzenden, gelingenderen Praxis – aufrechterhalten werden. Eine Praxis, die sich zugleich darin bewähren muss, dass sie sich im Zuge gesellschaftlicher Entgrenzungen und Entbindungen in der Kooperation mit den Domänen anderer institutionell-professioneller Programme behauptet. Dieser Sachverhalt verlangt von einer lebensweltorientierten Sozialen Arbeit die Entwicklung einer alternativen Professionalität. Diese muss sie einerseits befähigen, gegen die (auch in den eigenen Reihen schwelenden) Tendenzen zu einer institutionell geschlossenen Selbstreferenzialität, die Alltagswelt der AdressatInnen und ihre Ressourcen anzuerkennen, andererseits aber den Schutz vor jeglichem Missbrauch solcher lebensweltlichen Nähe zu garantieren. Damit verortet *Thiersch* Soziale Arbeit und Pädagogik im Zwischenbereich der Logiken der Lebenswelt und den Eigenlogiken institutionsbezogener Professionalität als Aufgabe einer gelingenden Balance.

Im Zentrum des Artikels von *Volker Schmid* steht die Bedeutung von Nähe und Distanz in der Perspektive der Psychoanalytischen Pädagogik. Er zeichnet ihre Entdeckungszusammenhänge auf zwei Ebenen nach. Zum einen zeigt er, wie in den Anfängen der Psychoanalyse ein Zugang zu den Sinnstrukturen von AnalysandInnen durch das Konzept der Übertragung gewonnen wurde und wie über die Einbeziehung der Gegenübertragung die oft widersprüchlichen Verkoppelungen von Nähe und Distanz in analytischen Situationen entschlüsselt und somit besser verstanden werden. Zum anderen auf der Ebene psychoanalytisch-pädagogischer Fallbearbeitung. Er legt dar, dass Nähe und Distanz vielschichtig und in nicht-auflösbarer Weise aufeinander verwiesen sind. Gerade „schwierige" Kinder und Jugendliche, die sich einer sozialen Zugehörigkeit nicht (mehr) sicher seien können, bringen ihre lebensgeschichtlich entstandenen Konflikte – als innere (Orientierungs)Realität – verstärkt in die gemeinsam herzustellenden realen Beziehungsfiguren ein, und verwickeln so die Professionellen in oftmals nur mühsam auszuhaltende und schwer zu entziffernde Übertragungs-Gegenübertragungs-Dynamiken. In einer ersten, dicht beschreibenden Fallgeschichte zeigt *Schmid*, wie sich aus einer engagierten Zuneigung zwischen Lehrer und Schüler ärgerliche und (scheinbar) beziehungslose Distanz entwickeln kann, die dennoch – bei genauer Betrachtung – einem Aneinander-Verhaftetsein nicht entkommt. Eine zweite Fallstudie, ein Bericht über eine ungewöhnliche und sehr subtile Nähe zwischen Pädagogin und Schüler, verdeutlicht die mühsamen und dennoch pädagogisch fruchtbaren Anstrengungen, das oftmals vertrackte Gewirr von Nähe und Distanz in der praktischen Arbeit immer wieder erneut in ein reflektierendes Nachdenken zu überführen.

Am Beispiel der außerschulischen Bildung von Adoleszenten erörtert *Vera King* in ihrem Beitrag die Dynamik von Nähe, Distanz und Ambivalenz in professionellen Generationsbeziehungen. Mit ihrer Verwendung der Kategorie „pädagogische Generativität", die explizit auf die Ermöglichung von Bildungs- und Entwicklungsprozessen als Individuationsprozessen verweist, nimmt sie eine bisher in der (Sozial)Pädagogik vernachlässigte Perspektive auf, die insbesondere im Zuge der Diskussion um die Bildungsaufgaben der Jugendarbeit relevant wird. In ihren Ausführungen stellt *King* nicht nur die mit der adoleszenten Ablösung allgemein verknüpfte Ambivalenz in den Vordergrund, sondern betrachtet besonders die Kernproblematik, die für Generationsbeziehungen stets virulent ist, sich allerdings in den Ablösungs- und Umgestaltungsprozessen der Adoleszenz in zugespitzter Weise dynamisiert: Die Infragestellung des Eigenen durch die Bildungs- und Individuationsprozesse des generationell Anderen und das Aushalten dieser Infragestellung. Sie ist zugleich entscheidende Förderbedingung für die Innovationskraft und Generativität der nachwachsenden Generation. Der Sachverhalt, dass sich zwischen dem, was eine ältere Generation will und tut und dem, was sich bei einer jüngeren Generation bildet, unausweichlich Brüche zeigen, ist aber keineswegs nur in familiären Beziehungen von oft schmerzlicher Bedeutung (für beide Seiten des Generationsverhältnisses). Es ist ebenso ein Strukturmerkmal für pädagogische Beziehungen, etwa in der Jugendarbeit. Dies verlangt ein verstärktes Nachdenken über die Erfordernisse einer konstruktiven Bewältigung intergenerationaler Ambivalenz, auch im Kontext professioneller Bearbeitung. Denn Ambivalenz ist selbst ein essentielles Moment pädagogischer Generativität und damit Professionalität.

Thomas Klatetzki liefert zur zentralen Argumentationslinie dieses Bandes einen Kontrapunkt. Er entwickelt in seinem Beitrag eine organisationstheoretische Deutung auf die Frage „Wie die Differenz von Nähe und Distanz Sinn in den Einrichtungen der Sozialen Arbeit stiftet". Hierzu betrachtet er das Begriffspaar Nähe und Distanz als ein kognitives Schema, das den Professionellen „als Instrument der Sinnstiftung bei der Bearbeitung der ungewissen, unsicheren und unbestimmten Arbeitsaufgaben" Orientierung bieten soll. Sein Argumentationsweg skizziert zunächst die allgemeinen Ablaufprozesse zur Konstituierung von Sinn, der im Wesentlichen über Aufmerksamkeitsfokussierung (insbesondere bei Störungen von Routinen) und darauf bezogener sprachlicher Etiketten (entlang institutioneller bzw. kollektiver Sprachlogiken) zur Ordnungsgewinnung dieser Phänomene, hergestellt wird. Er dient dazu, (professionelles) Handeln zu ermöglichen und zu legitimieren. Im Weiteren entfaltet *Klatetzki* eine metaphernanalytische Perspektive auf die (Un-)Brauchbarkeit des Begriffspaars Nähe und Distanz in sozialpädagogisch-professionellen Kontexten und kommt auf der Folie einer explizit kognitiven Strukturierung des Handelns zu der Einschätzung, dass das Nähe-Distanz-Schema kaum Implikationen für neue Denk- und Handlungsweisen in der (Sozial)Pädagogik aufweise sondern eher der Bestätigung und Stabilisierung einer bestehenden „schlechten" Praxis dienlich sein könne, wohl aber als Metapher der Selbstvergewisserung beruflicher und institutioneller Identität. Der Beitrag stellt damit ein Warnzeichen auf, das Begriffspaar in Bezug auf seine Funktion für die Betrachtung emotionaler Verwicklungen in professionellen Beziehungen nicht zu sehr zu strapazieren. Es kann auch einer Strategie dienen, welche die Stützung und Stärkung sozialpädagogischer und sozialarbeiterischer Identitäten mit einem diffusen und semiprofessionellen Selbstverständnis bezahlt.

Der *zweite Teil* des Bandes erörtert *Professionalität im Spannungsfeld von sozialer und psychosexueller Frage*, womit ein fachgeschichtliches Themenfeld angerissen ist, das im (sozial)pädagogischen Nachdenken über professionelles Handeln – trotz seiner nachhaltigen Wirkmächtigkeit – nicht hinreichend ausgeleuchtet ist.

Barbara Rendtorff thematisiert geschlechtsspezifische Aspekte von Nähe und Distanz und nimmt damit eine kritisch rekonstruktive Haltung gegenüber einer wenig gender-sensiblen pädagogischen Professionalisierungsdebatte ein. Als Ausgangspunkt der Analyse dient ihr der Vergleich von Geschlechtstypologien in den pädagogischen Konzeptionen von Herman Nohl und Siegfried Bernfeld. Darüber kann sie nicht nur zeigen, in welcher Weise beide Autoren zwischen einem je besonderen mütterlichen und väterlichen Beitrag zur Erziehung differenzieren, sondern zugleich die jeweils implizite Geschlechterperspektive in ihren Modellen pädagogischer Haltung freilegen. Deren Wirkungen haben sich, so *Rendtorffs* These, auch in derzeitigen Entwürfe pädagogischer Professionalität keineswegs verflüchtigt: Fordern und Lassen – Distanz und Nähe – werden auf Mann und Frau verteilt, so dass zwei „Formen des erzieherischen Verhältnisses" entstehen, die noch in derzeitigen Professionsentwürfen unreflektiert als (geschlechtstypische) Qualitätsaspekte pädagogischen Handelns auftauchen. Demgegenüber macht die Autorin auf die Potenzialitäten aufmerksam, die in einer produktiven Rivalität beider Handlungsmodi für Entwicklungsprozesse von Kindern und Jugendliche liegen. Um diese zur Entfaltung zu bringen bedarf es aber nicht allein einer Entkopplung der Geschlechtszugehörigkeit zu den traditionellen Positionen von Mutter und Vater oder „Frauenberufen" und „Männerberufen". Vielmehr wären zugleich die jeweiligen Funktionen eines „haltenden Modus" und eines „fordernden Modus" im professionellen Handeln selbst in ihren gegenseitigen Abhängigkeiten zu analysieren und zueinander in Beziehung zu setzen.

Entlang einer grundsätzlichen Kritik an einer entweder einseitig klinisch-therapeutischen oder soziologischen Pädagogik analysiert *Christian Niemeyer* die Theorie- und Professionsentwicklung der Sozialpädagogik im Hinblick auf das Spannungsfeld von sozialer und sexueller Frage. Mit seinen historischen Rekonstruktionen am Beispiel ausgewählter Klassiker der Sozialpädagogik macht er auf die wirkmächtigen und fortdauernden Ambivalenzen dieses Grundkonfliktes aufmerksam. Diese zeigen sich nicht nur als auseinanderdriftende Linien in den jeweiligen pädagogischen Gedankengängen: sondern die Fokussierung auf soziale Probleme korrespondiert geradezu mit einer vehementen Abwehr der sexuellen Frage, die nur für kurze Zeit durch die psychoanalytisch-pädagogische Aufklärung der Weimarer

Zeit brüchig wurde. Als Fortsetzung dieser Traditionslinie zeigt *Niemeyer* auf, wie das menschenverachtende nationalsozialistische Gedankengut bis in den 60er Jahre hinein in den (sozial)pädagogischen Theoriekonzepten seinen Nachhall fand und die sexuelle Frage auch in der studentenbewegten Gründergeneration der BRD-Sozialpädagogik nicht wirklich beantwortet wurde, so dass bis heute die Sozialpädagogik einseitig an die soziale Frage gebunden ist. Die sexuelle Frage bleibt weitgehend ausgespart, was *Niemeyer* zur These einer „halbierten Rationalität" in der Theorie der Sozialpädagogik führt. Der Kampf für sexuelle Aufklärung, der seit Freuds frühen Tagen neben klinisch-therapeutischer Zielrichtung immer auch schon Teil eines Kampfes gegenüber einer repressiven Kulturordnung war und somit im Dienste soziologischer Aufklärung stand, ist insoweit keineswegs zu Ende.

Der letzte Teil des Bandes greift *Felder der Vermittlung professioneller Nähe und Distanz* auf. Die Beiträge zeigen an unterschiedlichen (sozial-)pädagogischen Handlungsfeldern, welche vielschichtigen Interpretationsfolien die Nähe-Distanz-Metaphorik anbietet, die einer (Selbst-)Reflexion professionellen Handelns förderlich sein können.

Ursula Rabe-Kleeberg benutzt in ihrem Aufsatz die Handlungsmodi professioneller Praxis „Kontrolle", „Markt" und „Vertrauen" als typologische Kategorien zur Beschreibung beruflicher Haltungen in der Frühpädagogik. Ausgangspunkt ihrer Überlegungen ist empirisches Datenmaterial aus eigenen Untersuchungen zum Feld der gesellschaftlichen Kleinkinderziehung im Umbruch der neuen Bundesländer. Damit fokussiert sie einen Gegenstand, der trotz seiner Besonderheiten allgemeine Strukturmerkmale eines (rasanten) gesellschaftlichen Umbruchs und von Wandlungsprozessen aufweist, in denen systematisch Unsicherheiten und Ungewissheiten eingelagert sind und von den davon betroffenen Institutionen wie den darunter leidenden Akteurinnen mit fortgeschrieben werden. Dies verlangt beiden ein spezifisches Potenzial im professionellen Umgang mit solchen (im vorliegenden Fall verdoppelten) Ungewissheits- und Unsicherheitsstrukturen ab. Damit werden die Anforderungen an die Professionellen, eine zur Bewältigung notwendige Balance von Nähe und Distanz herzustellen sehr anspruchsvoll. *Rabe-Kleeberg* begründet dabei die besondere Bedeutung von Vertrauen für professionelles Handeln unter Ungewissheitsstrukturen. Sie kontrastiert einen darauf setzenden sozialberuflichen Handlungsmodus typologisch zu zwei anderen, häufig anzutreffenden, welche die Abhängigkeit von sozialen und institutionellen Rahmenbedingungen entweder regressiv abwehren oder sich ihnen bedingungslos unterwerfen.

Am Beispiel der Lehrerbildung stellt *Achim Würker* ein Konzept zur Förderung psychoanalytisch orientierter Selbstreflexion (POS) dar, das die Kompetenzentfaltung der angehenden LehrerInnen, im Hinblick einer Ausbalancierung von Nähe und Distanz, als Aufgabe der Lehrerbildung, unterstützen, wenn nicht gar ermöglichen soll. Dazu konzentriert er sich auf Probleme schulischer Interaktionen, die aus der Korrespondenz unbewusster, innerer Szenen der Lehrerin/des Lehrers mit äußeren, schulischen Szenen heraus entstehen. Begründet geht er der Frage nach, wie Lehramtsstudierende in ihrer universitären Ausbildung in die Lage versetzt werden können, eine problematische Dominanz innerer Szenen in der Schüler-Lehrer-Interaktion zu überwinden indem sie lernen mit dieser Dynamik besser – für sich selbst und für ihre SchülerInnen förderlich – umzugehen. Die methodische Darstellung seines Projekts konkretisiert *Würker* anhand eines anschaulichen Beispiels, welches die Zielrichtung seines vorgeschlagenen Arbeitsbogens illustriert: Lehramtsstudierende werden angeregt, verstehend Nähe zu inneren Szenen herzustellen, diese mit präsentativen und diskursiven Zeichen zu verknüpfen und in symbolische Konfigurationen zu überführen, was ihnen ermöglichen kann, bei schulischen Konfliktszenen eine sinnvolle und verstehende Distanz zu wahren.

Burkhard Müller formuliert in seinem Beitrag theoretische Begründungen für seine These, dass die Fähigkeit von (Sozial)Pädagogen zur Ausbalancierung von Nähe und Distanz für eine Professionalität in der Heimerziehung einerseits auf dem Weg klassischer Professionalität nicht zu gewinnen, andererseits gleichwohl unersetzlich ist. Seine Forderung an die professionelle Heimerziehung, nicht einfach zur „Optimierung der Fähigkeit zur Ziel- und Output-Planung", sondern zur „Optimierung der Fähigkeit zum zieloffenen Krisenmanagement" beizutragen, erläutert er am Modell einer Dekonstruktion der Grenzen einer professionellen Dienstleistungstriade (Goffman), deren Nichtbeachtung Scheitern und/oder gewaltsame Lösungen nahe legen. Zudem thematisiert er die häufig einseitig in die Persönlichkeit des Professionellen projizierten Schwierigkeiten der Balancierung von Nähe und Distanz (als Ausweis eines unzulänglichen beruflichen Habitus). Sie werden im Kontext mangelhafter, wenn nicht gar destruktiver Rahmenbedingungen oft zum Alibi von Heimorganisationen mit unzureichender, wenn nicht gar fehlender Institutionalisierung von Reflexionsräumen. Eine hinreichende Sensibilität für die persönlich-professionelle wie institutionelle Seite wird durch eine „Kultur der Achtsamkeit", eröffnet und gefördert, die zudem dazu beitragen kann, das im lebendigen Umgang mit Kindern und Jugendlichen stets virulente Unerwartete sowohl als Risiko anzunehmen und durchzustehen, als auch als Quelle potenzieller Veränderungen und konstruktiven Überraschungen zuzulassen.

In seinem ethnographischen Beitrag beschreibt *Dominik Petko* dicht am empirischen Material, inwiefern Nähe und Distanz ein besonderes Problem in der Sozialpädagogischen Familienhilfe (SPFH) ist. Er zeichnet dieses Arbeitsfeld exemplarisch als eines, in dem auf zugespitzte Weise eine bestimmte Art von Nähe – verstanden als reziproke Vertrautheit und ganzheitliche Solidarität, die einen gewissen Gegensatz zur partikularen Problembearbeitung des professionellen Auftrags bildet – strukturell eingelagert ist. Den Kern einer gelingenden SPFH bilden demnach nicht-standardisierbare Interaktionen zwischen Familie und Fachkraft, wobei „Aushandeln", das zentrale Arbeitsprinzip, als eine kontinuierliche professionelle Herausforderung verstanden wird, wozu auch die koproduzierte Ausbalancierung von Nähe und Distanz zwischen den Beteiligten zählt. Als Grundlage der empirischen Analysen dienen *Petko* aufgezeichnete Gespräche in der SPFH, deren dynamische Interaktionsverläufe er methodisch kontrolliert rekonstruiert. Neben der Differenzierung der Szenen nach „Begrüßung", „smalltalk", die sich auch im Hinblick auf verschiedene Nähe-Grade unterscheiden, analysiert er insbesondere den Gesprächstypus „Problemgespräche" und rekonstruiert daraus vier zu unterscheidende Typen. Anhand ausgesuchter Gesprächssequenzen expliziert er anschaulich, wie „Anteilnahme und Anerkennung als Inszenierung von Nähe" und „Deutungen, Anregungen und Ratschläge als Inszenierung von Distanz" entschlüsselt werden können.

Wilfried Datler und *Andrea Strachota* problematisieren in professionstheoretischer Perspektive die brisante Dynamik von Nähe und Distanz in der beratenden Begleitung von Eltern, die sich mit pränataler Diagnostik (PND) konfrontiert sehen. Ausgangspunkt des empirischen Projekt-Beitrages ist die Grundannahme psychoanalytischen Denkens, dass (auch) in Prozessen psychosozialen Handelns nicht allein die äußeren Lebensbedingungen sondern ebenso die „innere Welt" der ProtagonistInnen, also Aspekte subjektiven Welt- und Selbsterlebens und seine unbewussten Affektregulationen, einen wesentlichen Einfluss auf das gemeinsame Beziehungs- bzw. Beratungsgeschehen haben. Professionellen kommt daher die Aufgabe zu, auch diese Dimension der Problemlagen – die zumeist szenisch zur Darstellung kommen – hinreichend zu entziffern, wollen sie ihre Interventionen nicht unreflektiert im Dienste einer Affektabwehr stellen und darüber in Gefahr geraten, die Konflikte des Gegenübers zu tradieren, wenn nicht gar zu intensivieren. Anhand von Gesprächssequenzen mit Eltern, die Erfahrungen mit pränataler Diagnostik gemacht haben, zeigen die AutorInnen systematische Gründe auf, weshalb die Betroffenen von den sie beratenden Professionellen genau diese hinreichende Unterstützung nicht erfahren: Unzureichende Balancierung von Nähe und Distanz auf Seiten der Professionellen kann so folgenreiche Auswirkungen auf die Balance von Nähe und Distanz zwischen Eltern und ihrem (noch) ungeborenen Kind haben.

Schließlich veranschaulicht *Reinhold Stipsits* das Spannungsverhältnis von Nähe und Distanz am Beispiel von Sozialreportagen über eine teilweise erschreckende Alltagswirklichkeit in Klausenburg (Rumänien). Das von ihm skizzierte Projekt mit Studierenden hat das Ziel, durch ethnographisch genaue Beobachtung akute (fremde) gesellschaftliche Zustände zu erfassen und mittels Verschriftlichung, Problemstellungen bezüglich sozialer Kohäsion, Generation, Multikulturalität, Interkulturalität, Armut und sozialpädagogische Beratung zu bearbeiten. In seinen Ausführungen entführt er die Leser und Leserinnen in ein für Deutschland eher unbekanntes soziales Feld und vermag so in doppelter Weise der Frage nachzugehen, „wie nahe geht uns das Fremde oder wie distant verhalten wir uns zum Neuen, zum Unbekannten?" Entlang der eindrücklichen Erfahrungsberichte der Studierenden, kann *Stipsits* zum einen zeigen, wie jene die Nähe zu den gesellschaftlich problematischen Phänomene gesucht haben, ohne aufdringlich sein zu wollen und zugleich die Distanz gewahrt haben, ohne überheblich zu sein, wobei er hervorhebt, dass (Feld)Forscher/innen immer in der Position des Dritten verbleiben. Aber auch die Leserin der vorliegenden Sozialreportagen wird unaufdringlich in den Tanz „as close as it gets, but still far away", einbezogen und kann erfahren: „Berühren, und damit Nähe vermitteln, kann ein Text auch über Entfernung".

Literatur

Aichhorn, A. 1977: Verwahrloste Jugend. Die Psychoanalyse in der Fürsorgeerziehung. Bern, Stuttgart, Wien, 9. Auflage

Baecker, D., 2003: Organisation und Management, Frankfurt a. M.

Becker-Lenz, R., Busse, St., Ehlert, G., Müller S. (Hrsg.) 2009: Professionalisierung und Professionalität in der Sozialen Arbeit. Standpunkte – Kontroversen – Perspektiven. Wiesbaden

Becker-Lenz, R., Busse, St., Ehlert, G., Müller S. (Hrsg.) 2011: Professionelles Handeln in der Sozialen Arbeit. Materialanalysen und kritische Kommentare. Wiesbaden

Bell, K., Höhfeld, K. (Hrsg.) 1995: Psychoanalyse im Wandel. Gießen.

Bernfeld, S., 1974: Kinderheim Baumgarten. Bericht über einen ernsthaften Versuch mit neuer Erziehung. In: ders.: Antiautoritäre Erziehung und Psychoanalyse. Ausgewählte Schriften Bd. 1. (hrsg. L. v. Werder, und R. Wolff) Frankfurt a. M., Berlin, Wien: 278–287

Bettelheim, B., 1971: Liebe allein genügt nicht. Die Erziehung emotional gestörter Kinder. Stuttgart

Bion, W. R. (1963/1992): Elemente der Psychoanalyse. Frankfurt a. M

Bittner, G., Dörr, M., Fröhlich, V., Göppel, R. (Hrsg.) 2010: Allgemeine Pädagogik und Psychoanalytische Pädagogik im Dialog. Opladen

Böhnisch, L., Schröer, W., Thiersch, H., 2005: Sozialpädagogisches Denken. Wege zu einer Neubestimmung. Weinheim und München

Bruce, T., 1997: Early Childhood Education. London, 2. Aufl.

Burghardt, H., 2001: Recht und Soziale Arbeit. Weinheim und München

Dammasch, F., Katzenbach, D., Ruth, J. (Hrsg.) 2008: Triangulierung. Lernen, Denken und Handeln aus psychoanalytischer und pädagogischer Sicht. Frankfurt a. M.

Deichsel, W., 2009: Innovative didaktische Praxis in der Rechtslehre: die Rechtsfallwerkstatt. In: Neue Praxis 39. Jg.: 164–177

Dewe, B., 2002: Handlungslogische Probleme „klinischer Sozialarbeit" und professionstheoretische Perspektiven für ein praktizierbares Handlungsmuster. In: Dörr, M. (Hrsg.): Klinische Sozialarbeit. Baltmannsweiler: 104–119

Dörr, M., 2001: „Da sitzt die einfach auf meinem Schoß!". In: Schmid, V. (Hrsg.): Verwahrlosung, Devianz, antisoziale Tendenz. Freiburg i. B.: 172–188

Dörr, M., 2004: Lebensgeschichte als Mit-Teilung über die Verfasstheit des Selbst. In: Hanses, A. (Hrsg.): Biographie und Soziale Arbeit. Baltmannsweiler: 127–143

Dörr, M., 2010: Nähe und Distanz. Zum grenzwahrenden Umgang mit Kindern im pädagogischen Arbeitsfeldern. In: BZgA Forum: Sexueller Missbrauch. H. 3: 20–24

Dörr, M., 2011: Psychoanalytische Pädagogik. In: Otto, H.-U.; Thiersch, H. (Hrsg.): Handbuch Soziale Arbeit. München, Basel, 4. Völlig neu bearbeitete Auflage: 1163–1175

Dörr, M., Göppel, R., Funder, A. (Hrsg.) 2011: Reifungsprozesse und Entwicklungsaufgaben im Lebenszyklus. Jahrbuch für Psychoanalytische Pädagogik 19. Gießen

Dörr, M., Müller, B., 2005: „Emotionale Wahrnehmung" und „begriffene Angst". Anmerkungen zu vergessenen Aspekten sozialpädagogischer Professionalität und Forschung. In: Schweppe, C., Thole, W. (Hrsg.): Sozialpädagogik als forschende Disziplin. Weinheim und München: 223–251

Eggert-Schmid Noerr, A., Finger-Rescher, U.; Hellmann, J. Krebs, H. (Hrsg.) 2009: Beratungskonzepte in der Psychoanalytischen Pädagogik. Gießen

Fonagy, P., Gergely, G., Jurist, E.L., Target, M. (2004): Affektregulierung, Mentalisierung und die Entwicklung des Selbst. Klett-Cotta, Stuttgart

Freud, S., 1905d: Bruchstücke einer Hysterie-Analyse. GW V, Frankfurt a.M.: 161–286

Galtung, J., 1975: Strukturelle Gewalt. Beiträge zur Friedens- und Konfliktforschung. Reinbek bei Hamburg

Gerspach, M., 2009: Psychoanalytische Heilpädagogik. Ein systematischer Überblick. Stuttgart

Gildemeister, R., Robert, G., 1997: „Ich geh da von einem bestimmten Fall aus …". Professionalisierung und Fallbezug in der Sozialen Arbeit. In: Jakob, G., Wensierski, v., H.J. (Hrsg.): Rekonstruktive Sozialpädagogik. Weinheim und München: 23–38

Goffman, E., 1974: Rahmen-Analyse. Ein Versuch über die Organisation von Alltagserfahrungen. Frankfurt a.M., 1989

Göppel, R., Hirblinger, A., Hirblinger, S., Würker, A. (Hrsg.), 2010: Schule als Bildungsort und ‚emotionaler Raum'. Der Beitrag der Psychoanalytischen Pädagogik zu Unterrichtsgestaltung und Schulkultur. Opladen

Gross, P. 1983: Die Verheißungen der Dienstleistungsgesellschaft. Soziale Befreiung oder Sozialherrschaft. Opladen

Grunwald, K., Thiersch, H. (Hrsg.) 2008: Praxis lebensweltorientierter Sozialer Arbeit, Weinheim und München, 2. Auflage

Habermas, J., 1997: Die befreiende Kraft der symbolischen Formgebung. Ernst Cassirers humanistisches Erbe und die Bibliothek Warburg. In: ders.: Vom sinnlichen Eindruck zum symbolischen Ausdruck. Frankfurt a.M.: 9–40

Helsper, W., Hörster, R., Kade, J. (Hrsg.), 2003: Ungewissheit. Pädagogische Felder im Modernisierungsprozess. Weilerswist

Honig, S.M., 2002: Instituetik frühkindlicher Bildungsprozesse. Ein Forschungsansatz. In: Liegle, L., Treptow, R. (Hrsg.): Welten der Bildung in der Pädagogik der frühen Kindheit und in der Sozialpädagogik. Freiburg i.B.: 181–194

Honig, S.M., Neumann, S., 2004: Wie ist „gute Praxis" möglich? Pädagogische Qualität als Gegenstand erziehungswissenschaftlicher Forschung. In: Beckmann, Ch., Otto, H.U., Richter, M., Schrödter, M.: Qualität in der Sozialen Arbeit. Wiesbaden: 251–281

Hörster, R., 2011: Sozialpädagogische Kasuistik. In: Otto, H.U., Thiersch, H.: Handbuch Soziale Arbeit. München, 4. Völlig neu bearbeitete Auflage: 1476–1484

Klatetzki, Th., 1998: Qualitäten der Organisation. In: Merchel, J. (Hrsg.): Qualität in der Jugendhilfe. Münster: 61–75

Köngeter, S., 2009: Relationale Professionalität. Eine empirische Studie zu Arbeitsbeziehungen mit Eltern in den Erziehungshilfen. Baltmannsweiler

Körner, J., 1993: Der exzentrische Standpunkt jenseits von Übertragung und Gegenübertragung. In: Tress, W., Nagel, S. (Hrsg.): Psychoanalyse und Philosophie: Eine Begegnung. Heidelberg: 29–38

Körner, J., 1996: Zum Verhältnis pädagogischen und therapeutischen Handelns. In: Combe, A., Helsper, W. (Hrsg.): Pädagogische Professionalität. Frankfurt a.M.: 780–809

Körner, J., 2004: Die trianguläre Situation in der Psychoanalyse und der psychoanalytischen Pädagogik. In: Hörster, R., Küster, E.U., Wolff, St. (Hrsg.): Orte der Verständigung. Freiburg i.B.: 126–138

Körner, J., Ludwig-Körner, Ch., 1997: Psychoanalytische Sozialpädagogik. Freiburg i.B.

Körner, J., Müller, B., 2004: Chancen der Virtualisierung. Entwurf einer Typologie psychoanalytisch-pädagogischer Arbeit. In: Datler, W., Müller, B., Finger-Trescher, U. (Hrsg.): Sie sind wie Novellen zu lesen … Jahrbuch für psychoanalytische Pädagogik 14, Gießen: 132–151

Krebs, H., Müller, B., 1998: Der psychoanalytisch-pädagogische Begriff des Settings und seine Rahmenbedingungen im Kontext der Jugendhilfe. In: Datler, W., u.a. (Hrsg.): Jahrbuch für Psychoanalytische Pädagogik 9, Gießen: 15–40

Laevers, F. (Hrsg.) 1998: Early childhood education: Where life takes shape. Sonderheft von: International Journal of Educational Research, 29.Jg, No 1

Laevers, F., 2000: Forward to Basics! Deep-Level-Learning and the Experiential Approach. In: Early Years. International Journal of Research and Development, London 20. Jg., Nr. 2, 20–29

Leber, A., 1986: Psychoanalyse im pädagogischen Alltag. Vom szenischen Verstehen zum Handeln im Unterricht. In: Westermanns Pädagogische Beiträge, Heft 11

Leikert, S., 2007: Die Stimme, Transformation und Insistenz des archaischen Objekts – Die kinetische Semantik. In: Psyche 61. Jg. 2007: 463–492

Leithäuser, Th., Volmerg, B., 1988: Psychoanalyse in der Sozialforschung. Eine Einführung am Beispiel einer Sozialpsychologie der Arbeit. Opladen

Lohmer, M. (Hrsg.) 2004: Psychodynamische Organisationsberatung. Konflikte und Potenziale in Veränderungsprozessen. 2. Auflage, Stuttgart

Lorenzer, A., 1972: Zur Begründung einer Materialistischen Sozialisationstheorie. Frankfurt a.M.

Lorenzer, A., 1981: Das Konzil der Buchhalter. Die Zerstörung der Sinnlichkeit. Eine Religionskritik. Frankfurt a.M.

Lorenzer, A., 1986: Tiefenhermeneutische Kulturanalyse. In: König, H.-D. u.a. (Hrsg.): Kultur-Analysen. Frankfurt a.M.: 11–98

Luhmann, N., Schorr, K.E., 1979: Reflexionsprobleme im Erziehungssystem. Stuttgart

Meinhold, M., 1986: Suchstrategien. In: Müller, B., Niemeyer, C., Peters, H. (Hrsg.): Sozialpädagogische Kasuistik. Bielefeld: 51–70

Mentzos, St., 1988: Interpersonale und institutionalisierte Abwehr. Frankfurt a.M.

Merleau-Ponty, M., 1966: Die Phänomenologie der Wahrnehmung. Berlin

Müller, B. 2011 a: Kasuistik. In: Enzyklopädie Erziehungswissenschaft Online (EEO), Weinheim (www.erzwissonline.de)

Müller, B. 2011 b: Methoden in der Sozialpädagogik. In: Enzyklopädie Erziehungswissenschaft Online (EEO), Weinheim (www.erzwissonline.de)

Müller, B., 2005 a: Soziale Diagnose. In: Sozialmagazin 7/8: 21–31

Müller, B., 2005 b: Soziale Arbeit und interkulturelle Arbeit – ein schwer zu lösender Knoten: In: neue praxis, Sonderheft 2005: 228–235

Müller, B., 2011: Gefühle, Emotionen, Affekte. In: Otto, H.U., Thiersch, H.: Handbuch Soziale Arbeit. München, Basel, 4. völlig neu bearbeitete Auflage: 455–462

Müller, B., Schwabe, M. 2009: Pädagogik mit schwierigen Jugendlichen. Weinheim und München

Müller, S., Sünker, H., Olk, Th., Böllert, K., 2000: Sozialarbeit. Gesellschaftliche Bedingungen und professionelle Perspektiven. Neuwied

Nagel, U., 2000: Professionalität als biographisches Projekt. In: Kraimer, K. (Hrsg.): Die Fallrekonstruktion. Frankfurt a. M.: 360–378

Oevermann, U., 1996: Theoretische Skizze einer revidierten Theorie professionalisierten Handelns. In: Combe, A., Helsper, W. (Hrsg.): Pädagogische Professionalität. Frankfurt a. M.: 70–182

Olk, Th., 1986: Abschied vom Experten. Sozialarbeit auf dem Weg zu einer alternativen Professionalität. Weinheim und München

Parsons, T., 1939: The Professions and Social Structure. In: Social Forces, 17: 457–467

Rabe-Kleberg, U., 1996: Professionalität und Geschlechterverhältnis. Oder: Was ist „semi" an traditionellen Frauenberufen? In: Combe, A., Helsper, W. (Hrsg.): Pädagogische Professionalität. Frankfurt a. M.: 276–302

Redl, F., 1971: Erziehung schwieriger Kinder. München, Zürich

Rosenbauer, N., 2008: Gewollte Unsicherheit? Flexibilität und Entgrenzung in den Einrichtungen der Jugendhilfe. Weinheim und München

Schäfer, G. E., 2011: Was ist frühkindliche Bildung? Kindlicher Anfängergeist in einer Kultur des Lernens. Weinheim und München

Schmid, V., (Hrsg.) 2001: Verwahrlosung, Devianz, antisoziale Tendenz. Freiburg i. B.

Schmid, V., 2004: Die „Kleinschule" als pädagogischer Ort. Ein Beitrag zur Instituetik. In: Hörster, R., Küster, E. U., Wolff, St. (Hrsg.): Orte der Verständigung. Freiburg i. B.: 277–300

Schon, L. (2000): Triangulierung. In: Mertens, W., Waldvogel, B. (Hrsg.): Handbuch psychoanalytischer Grundbegriffe. Stuttgart: 732–742

Schütz, A., 1971: Das Problem der Relevanz, Frankfurt a. M.

Sprondel, W., 1979: „Experte" und „Laie". Zur Entwicklung von Typenbegriffen in der Wissenssoziologie. In: Sprondel, W., Grathoff, R. (Hrsg.): Alfred Schütz und die Idee des Alltags in der Sozialwissenschaften. Stuttgart: 140–154

Stichweh, R., 1996: Professionen in einer funktional differenzierten Gesellschaft. In: Combe, A., Helsper, W. (Hrsg.): Pädagogische Professionalität, Frankfurt a. M.: 49–69

Thiersch, H., 2005: Lebensweltorientierte Soziale Arbeit. 6. Auflage

Trescher, H.-G., 1985: Theorie und Praxis der Psychoanalytischen Pädagogik. Frankfurt a. M., New York

Wimmer, M., 1996: Zerfall des Allgemeinen – Wiederkehr des Singulären. Pädagogische Professionalität und der Wert des Wissens. In: Combe, A., Helsper, W. (Hrsg.): Pädagogische Professionalität. Frankfurt a. M.: 404–447

Winkler, M., 1990: Great Expectations. Vorsicht Annäherung an das Ethikproblem der Sozialpädagogik. In: Müller, B., Thiersch, H. (Hrsg.): Gerechtigkeit und Selbstverwirklichung. Freiburg i. B.: 26–48

Winnicott, D. W., 1989: Vom Spiel zur Kreativität. Stuttgart

Winninger, M., 2011: Steinbruch Psychoanalyse: Zur Rezeption der Psychoanalyse in der akademischen Pädagogik des deutschen Sprachraums zwischen 1900–1945. Opladen

Wolff, St., 1983: Die Produktion von Fürsorglichkeit. Bielefeld

Würker, A., 2007: Lehrerbildung und Szenisches Verstehen. Professionalisierung durch psychoanalytisch orientierte Selbstreflexion. Baltmannsweiler

Teil I
Entwicklungslinien und -tendenzen pädagogischer Professionalität

Hans Thiersch

Nähe und Distanz in der Sozialen Arbeit

Übersicht

Die Frage nach Nähe und Distanz ist in der Praxis der sozialen Arbeit allgegenwärtig im Alltag des Umgangs mit den AdressatInnen und mit den KollegInnen; sie zielt auf eine der zentralen Dimensionen in der Frage nach dem Selbstverständnis der Sozialen Arbeit. Die Frage wird oft zwischen hart entgegen gesetzten Polen verstanden und gelebt. Die einen insistieren auf Nähe, also darauf, dass sozialpädagogisches Handeln bestimmt ist durch die Qualität der Beziehungsarbeit, das Sich-Einlassen, den Aufbau von Vertrauen, Beziehungen und Empowerment im Medium des Pädagogischen Bezugs. Die Anderen sehen in der professionellen Fähigkeit zur Distanz das eigentliche Charakteristikum sozialpädagogischen Handelns und machen dies immer wieder auch z.B. in der Auseinandersetzung mit und der Unterscheidung zu Ehrenamtlichen und Aktiven im bürgerschaftlichen Engagement deutlich.

Diese so vielgestaltigen und unterschiedlichen Konzepte von Nähe und Distanz können nicht einfach aus dem Phänomen, also aus dem Alltagsbewusstsein selbst heraus, geklärt werden, sondern nur im Kontext eines interpretierenden und deutenden Theoriekonzeptes. Verschiedene Theorie- und Professionskonzepte in der Sozialen Arbeit thematisieren Fragen nach Nähe und Distanz, also z.B. die Systemtheorie, die Dienstleistungstheorie, die psychoanalytische (Sozial)Pädagogik oder die hermeneutisch-pragmatische Sozialpädagogik. Ich beziehe mich im Folgenden auf das Konzept einer lebensweltorientierten Sozialen Arbeit.

In ihm sind Fragen von Nähe und Distanz immer wieder im Grundmuster und in unterschiedlichsten Facetten dargestellt worden (z.B. Müller 1986, 1991, Hörster/Müller 1996, Rauschenbach/Treptow 1984, Thiersch 2001, 2005). Dies aber macht eine erneute Diskussion nicht überflüssig. In der Bekanntheit und der Verbreitung eines Konzeptes schleifen sich Hintergründe und Differenzierungen ab, Aussagen gewinnen den Anschein einer unproblematischen Selbstverständlichkeit. Dagegen ist es notwendig, Hintergründe und Differenzierungen immer wieder neu zu vergegenwärtigen. Vor allem aber müssen Konzepte der Sozialen Arbeit – und so natürlich auch das einer lebensweltorientierten Sozialen Arbeit – fortgeschrieben werden; die Zeiten ändern sich im Zeichen der Entbettung der lebensweltlichen Verhältnisse und der Entgrenzung von Gesellschaftsstrukturen und stellen die Soziale Arbeit vor neuen Herausforderungen. Die im Folgenden zu verhandelnden Fragen nach Nähe und Distanz im Kontext einer lebensweltorientierten Sozialen Arbeit sind weitläufig; ich muss mich im Folgenden auf Hinweise und Akzentuierungen beschränken.

Das Konzept einer lebensweltorientierten Sozialen Arbeit geht aus von der Spannung eines zugleich vertrauten und bornierten Alltags und den Chancen einer in ihm angelegten, aber freizusetzenden gelingenderen Praxis. Der nahe, bornierte Alltag muss destruiert werden auch aus der Distanz theoretischer Erörterungen. In dieser Spannung betont das Konzept der Lebensweltorientierung die Notwendigkeit einer Vermittlung oder Relationierung, die gegen institutionelle und professionelle Selbstreferenzialität den Alltag und seine Ressourcen anerkennt und respektiert; die Aktivitäten der Sozialen Arbeit – und also auch die notwendige Destruktion des Alltags – sind gebunden an das Medium einer gemeinsamen Verhandlung.

Diese prinzipielle Spannung von Alltag und Theorie als Spannung von Nähe und Distanz ist der fundierende Rahmen des Konzepts Lebensweltorientierung; es genügt aber nicht, ihn in dieser Allgemeinheit zu konstatieren und zu verhandeln. Nähe und Distanz muss sowohl für den Alltag als auch für die theoretisch, institutionell-professionell praktizierte Position differenziert werden. Ich mache im Folgenden zunächst Bemerkungen zu Lebenswelt und Alltag und dann – im zweiten Teil – zu Fragen der sozialpädagogischen Konstellation von Nähe und Distanz, vor allem im Kontext beruflichen Handelns.

1. Nähe und Distanz in der Lebenswelt

Alltag ist die Wirklichkeit der je eigenen, also subjektiven Erfahrung von Raum, Zeit und sozialen Beziehungen und darin von der Unmittelbarkeit von Bewältigungsaufgaben. Alltag meint die Wirklichkeit des Selbstverständlichen, des Vertrauten, der Nähe, in der Menschen sich herausgefordert und zugehörig wissen. Man verlässt sich so auf den Anderen, wie man weiß, dass er sich auf einen verlässt, man ist untereinander verbunden in gegenseitigen Erwartungen, in Bestätigungen und Enttäuschungen, in positiven und negativen Gefühlen. Man agiert in der Wirklichkeit der geteilten, gemeinsamen – und darin nicht weiter hinterfragten – Erfahrung in pragmatischen Beziehungsmustern und Arbeitsbündnissen. Diese Lebenswelt der vertrauten Nähe aber stellt sich als Geflecht sehr unterschiedlicher lebensweltlicher Konstellationen von Nähe und Distanz dar.

Die Erfahrung von Zeit – und die damit sich stellenden Bewältigungsaufgaben – sind bestimmt durch Nähe und Distanz, also durch die Gegenwärtigkeit des pragmatischen Miteinanderlebens und der nicht thematisierten oder ausdrücklich verdrängten Vergangenheiten und der vertrauten oder offenen Zukunft. Auch Erfahrungen und Gestaltungsaufgaben im Raum sind gegliedert. Die alltägliche Lebenswelt stellt sich in unterschiedlichen – und unterschiedlich zugänglichen – Räumen dar. Die Jugendtheorie unterscheidet den Nah- vom Streifraum, die Mikro- von der Mesowelt; die Kindheitstheorie rekonstruiert die Nahwelt im Verbund verinselter Erfahrungsräume. Goethe hat in seiner Autobiographie (Dichtung und Wahrheit) die Vielfältigkeit der allmählichen Eroberung – und Aneignung – von Räumen im Alltag faszinierend beschrieben: die vielgliedrige, teils offene, teils verborgene Räumlichkeit im eigenen Haus, Garten und Haus der Großeltern, die Welt der Straße, des Unterrichts, die repräsentative Weltläufigkeit der Öffentlichkeit und – dagegen – die geheimnisvoll in sich abgeschlossene Welt des jüdischen Ghettos. Nähe und Distanz charakterisieren vor allem die unterschiedlichen Beziehungsmuster im Alltag. Unterschiedliche Gemengelagen von Nähe und Distanz bestimmen das Profil unterschiedlicher Rollen, z.B. der Eltern – also der Mutter und des Vaters –, der Großeltern, der Verwandten, der Freunde, der Mitschüler und Arbeitskollegen, aber auch der besten Freunde und Bekannten. Unterschiedliche Gemengelagen von Nähe und Distanz bestimmen aber nicht nur das Profil der Rollen neben- und gegeneinander, sondern auch das Gefüge einer Rolle in sich: Eltern, Freund oder Freundin und Bekannte repräsentieren unterschiedliche Bereiche, in denen man vertraut, gegeneinander offen und aufeinander angewiesen ist und Bereiche, die in der Beziehung unwichtig, irrelevant sind, ja ausgespart werden. Manche Freundschaften sind gerade darin stabil, dass es eine unausgesprochene, wechselseitige Übereinkunft darüber gibt, was in ihr nicht Gegenstand ist. Gemengelagen von Nähe und Distanz zwischen den Rollen und in den Rollen aber sind nicht ein für alle Mal gegeben, also statisch, sondern müssen in der Entwicklung von Beziehungen und in der Abfolge der Lebensphasen immer wieder neu bestimmt werden; die Veränderungen im Verhältnis zwischen Eltern, Erziehern und Kindern und Heranwachsenden sind hier besonders drastisch. Indem diese Konstellationen von Nähe und Distanz immer Ausdruck subjektiver Deutungen und Handlungsintentionen sind, ergeben sich notwendig Differenzen in der Herstellung des gemeinsamen, die Beziehung fundierenden Verständnisses von Nähe und Distanz. Diese Differenzen können sich zu Konflikten verdichten. Die Nähe, die der eine empfindet, kann dem Anderen peinlich und zudringlich sein. Das Missverhältnis z.B. in der Liebe – lieben und nicht geliebt werden, begehren und kein Begehren wecken – ist seit Urzeiten eines der Grundprobleme aller menschlichen Beziehung. Sich den Erwartungen von Nähe in Situationen der Hilflosigkeit und Verzweiflung zu entziehen, entziehen zu wollen oder auch entziehen zu müssen, schafft Schuld und Verzweiflung.[1]

---

[1] Martin Buber berichtet als eine Grundszene seiner Philosophie der Begegnung im Ich-

So repräsentiert sich der Alltag in unterschiedlichen lebensweltlichen Konstellationen von Nähe und Distanz in Bezug auf Zeit, Raum und soziale Beziehungen. Selbstverständlichkeiten der Nähe gehen einher mit Erfahrungen des Anderen, Neuen, nicht Vertrauten. In diesem Geflecht erfahren Menschen Nähe als Geborgenheit und Verlässlichkeit und zugleich Distanz als Abstand zum Nahen, als Freiraum, der Chancen zur Erweiterung der Nähe und damit zur Eigensinnigkeit von Lebensbewältigung öffnet. So ist Nähe auf Distanz verwiesen und Distanz auf Nähe. Nähe gelingt, wo auch Distanz gegeben ist, und Distanz, wo sie sich auf Nähe beziehen kann. „Im Atemholen sind zweierlei Gnaden, die Luft einziehen, sich ihrer entladen. So danke Gott, wenn er dich presst und dank ihm, wenn er dich wieder entlässt" (Goethe).

Diese Balance von Nähe und Distanz im Alltag aber ist nicht selbstverständlich, sie ist immer prekär. Nähe verführt zu Enge und Borniertheit im Wirklichkeitsverständnis und zu von klammernden, okkupierenden Beziehungen. Distanz wiederum verführt zum Nebeneinander von Gleichgültigkeit, Übersehen und Unachtsamkeit, und damit zur Ortlosigkeit im Alltag. Der Bezug – und die Chance zur gegenseitigen Stützung und Erweiterung – von Nähe und Distanz wird so verfehlt.

2. In die Lebenswelt eingelagerte Distanzen

Damit die prekäre Balance von Nähe und Distanz gelingt, braucht es neben dem lebensweltlichen Gefüge von Nähe und Distanz noch einer anderen Dimension von Distanzierung. Zu den bisher beschriebenen Momenten und Möglichkeiten der lebensweltlichen Distanzierung treten die Momente einer gleichsam prinzipiellen Distanz zum Gefüge des Alltags. Der Alltag ist überwölbt von Religion und kulturell-symbolischen Bildern. Heroen, Heilige und Idole markieren Lebenswirklichkeiten jenseits der nahen Verhältnisse im eigenen Alltag. Wissenschaft als andere Form einer prinzipiellen Distanz zum Alltag – fragt hinter Alltagserfahrungen zurück nach Hintergründen und Bedingungen und argumentiert in ihrer eigenen Logik der Wahrheit – und nicht der Unmittelbarkeit der Lebensbewältigung. Solche Formen von Distanz haben natürlich ihren Sinn in sich selbst; das aber ist hier nicht das Thema. Hier geht es um die in ihnen gegebene Chance einer Erweiterung und Relativierung lebensweltlicher Erfahrungen. Gerade in der Konfrontation mit Bildern und Erfahrungen der Distanz – in der „Destruktion des Pseudokonkreten", wie Karel Kosik (1971) formuliert – eröffnen

---

Du Verhältnis, dass ihn in jungen Jahren ein Freund aufgesucht habe, als er in eigener Arbeit versunken, ihm zwar zugehört, aber sich nicht wirklich auf ihn eingelassen habe; der Freund, in seiner Verlorenheit bestätigt, setzte in der Nacht seinem Leben ein Ende.

sich Möglichkeiten, ihre Eigenheiten, Beschränktheit und Enge zu erkennen und dadurch Kräfte zur Bewältigung des Alltags und vor allem zur Neugestaltung von Lebensverhältnissen freizusetzen. Dieser besondere, spezifische Gewinn geht einher mit einer Steigerung der Gefährdung. Die Andersartigkeit von Bildern und Erkenntnissen kann zu Entfremdung und Überforderung lebensweltlicher Erfahrung führen und damit zu ihrer Beschämung oder Verarmung.

Ein spezifisches Muster der Repräsentanz von Erkenntnissen und Handlungsfigurationen aus der Distanz sind die institutionellen und professionellen Programme von Institutionen. In ihnen werden Lebensprobleme und Aufgaben partikular und damit spezialisiert angegangen, um, vom Alltag entlastet, in der Eigenlogik der Programme zu Lösungen zu kommen, die so im Alltag und seinen Befangenheiten nicht möglich, aber für die Bewältigung der in ihm sich stellenden Aufgaben notwendig sind.

Dieses Gefüge von Nähe und Distanz im Alltag und zwischen Alltag und prinzipiellen und institutionalisierten Formen der Distanz kann nicht nur so allgemein, gleichsam strukturell beschrieben werden; es stellt sich in unterschiedlichen, historischen Konstellationen unterschiedlich dar. Ich beschränke mich auf eine Bemerkung zur gegenwärtigen Situation in der zweiten oder reflexiven Moderne. Lebenswelten werden zunehmend komplizierter und unübersichtlicher und darin auch die Konstellationen von Nähe und Distanz. Traditionelle Zeitstrukturen in der Bestimmung der Lebensphasen mit ihren Bewältigungsaufgaben und vor allem der Horizont des Erwartbaren wandeln sich ebenso, wie sich Lebensräume – in der Nachbarschaft, in den Wohnstrukturen und vor allem in den Arbeits- und Freizeitverhältnissen – öffnen im Zeichen der Multikulturalität und Globalisierung. Traditionelle Rollenmuster in ihrem Profil von Nähe und Distanz – z.B. von Eltern und Heranwachsenden – tragen nicht mehr, die Verhältnisse zwischen den Rollen verschieben sich und die Gemengelage von Nähe und Distanz in ihnen. Ebenso gewichtig aber wie diese Verschiebungen in den lebensweltlichen Mustern von Nähe und Distanz sind die Verschiebungen im Verhältnis von Lebenswelt und prinzipieller Distanz. Die Bedeutung kultureller Bilder nimmt ebenso zu wie die von institutionellen professionellen Programmen. Medien mit ihren Bildern und Kommunikationsmöglichkeiten durchdringen und prägen den Alltag und überlagern ihn zunehmend auch mit einer Vermischung – ja Ersatz – von Erfahrung und Bilderwelt. Auch die Bedeutung der institutionellen Regelungen im Alltag und die Präsenz der Professionellen wachsen, nicht zuletzt im Bereich der den Alltag rahmenden Dienstleistungen. In der Familie z.B. leben Kinder häufig von früh auf in relativ vielfältigen sozialen Konstellationen oft weniger in der weitläufigen Nachbarschaft als in verinselten Lebensräumen, und in der Selbstverständlichkeit präsenter Medien mit ihrer der Familienkultur gegenüber ja eigensinnigen Bildwelt. Professionell strukturierte Institutionen sind spätestens seit dem Kindergarten selbstverständlicher Bestandteil der kindlichen Lebenswelt. Giddens redet im Zusammenhang dieser Neugestaltung von Lebensmustern in den lebensweltlichen Konstellationen von Nähe und Distanz und ihrer Durchdringung mit Bildern und Institutionen, die nicht lebensweltlich verankert und begründet sind, von Entbettung. Das Konzept der „Entgrenzung" (Beck/Bonß/Lau 2004, Böhnisch/Schröer/ Thiersch 2005), zielt – verallgemeinernd – ebenso auf die Öffnung und Sprengung traditioneller Lebensmuster wie auf die gegenseitige Vermengung von Alltag und Nicht-Alltag, und insistiert zugleich darauf, dass in diesen entgrenzten Verhältnissen neue, tragfähige Lebensstrukturen, also auch neue Bestimmungen von Nähe und Distanz gefunden und gelebt werden müssen. Dass sich in dieser Situation der Entgrenzung die notwendige Konstruktion von Balancen, von Nähe und Distanz kompliziert und die Gefahren der gegenseitigen Entfremdung steigern, ist nahe liegend und bestimmt die gegenwärtigen Bewältigungsaufgaben.

3. Pädagogische Nähe und Distanz

Nähe und Distanz repräsentieren sich in der Sozialarbeit und Pädagogik in einem spezifischen Profil. In den bisherigen Überlegungen habe ich schon auf unterschiedliche pädagogische Konstellationen verwiesen; hier aber will ich versuchen, das in und hinter ihnen liegende Muster zu verdeutlichen, und mich dabei zunächst beispielhaft auf Fragen des direkten Umgangs, des pädagogischen Verhältnisses beziehen.

Sozialarbeit und Pädagogik stützt Kinder und Heranwachsende in ihren Lern-, Bildungs- und Bewältigungsaufgaben, also darin, dass sie den Anforderungen ihrer Lebensverhältnisse gerecht werden können und sich in ihnen zugleich als Subjekte erfahren. Pädagogik ist so engagiert in der Spannung von Gegebenem und Möglichem, also an Aufgaben und Chancen der Entwicklung, des Werdens.

Dieses spezifisch pädagogische Interesse am Werden ist in einem der Gründungsdokumente der Pädagogik – in Platons Symposion (1931) – als pädagogischer Eros beschrieben. Diotima, eine Seherin (also eine weise Frau am Anfang unserer Pädagogikgeschichte), versteht Eros als Dämon, d.h. „als ein Mittelding zwischen Gott und Sterblichem", das „verdolmetscht und vermittelt den Göttern, was von den Menschen kommt, und den Menschen, was von den Göttern kommt." (122) Diese Vermittlung stellt sich dar als „Zeugung im Schönen, sowohl dem Leib als der Seele nach" (126), sie zielt also nicht unmittelbar auf das Bild des Schönen, sondern auf die „Fortpflanzung", also auf die Befähigung des Anderen, sich am Wahren und Schönen zu orientieren. Dies kann gelingen, wenn in einem leidenschaftlichen – erotischen – Verhältnis der Eros den Pädagogen gleichsam packt, sich auf den Anderen einzulassen und ihn auf einem Stufenweg über die Lust an der leiblichen Schönheit zur seelischen und geistigen

Schönheit zu drängen und darin vom individuell Beschränkten zum allgemein Verbindlichen. Das spezifisch pädagogische Verhältnis ist hier begründet in einem Ungenügen, in einer Unruhe, in einer Sehnsucht, die sich nicht auf ein Werk oder eine Erkenntnis, sondern auf die Chancen eines Anderen zur Erkenntnis und zum Werk bezieht, also auf seine Chancen des Werdens. Der Pädagoge lässt sich auf den Anderen ein, bedrängt ihn, ist ihm darin nah; er überschreitet das Gegebene, Nahe, um in ihm Stufe um Stufe das Angelegte und Mögliche freizusetzen und zu befördern.

Zwischenbemerkung: Von heute (2011) aus gelesen, ist eine direkte, alle historischen und kulturellen Differenzen übergreifende Berufung auf Platons Konzept, seine Bilder und seine Begrifflichkeit missverständlich. Die Skandale des sexuellen Missbrauchs in pädagogischen Institutionen, die in der letzten Zeit offenkundig geworden sind, haben das erschreckend deutlich werden lassen. Wenn im pädagogischen Verhältnis die Spannung von Nähe und Distanz aufgehoben wird, kann die Verabsolutierung von Nähe in Verführung, Vertrauensmissbrauch, Nötigung, Verletzung des pädagogischen Inzestverbots und sexuelle Gewalt umschlagen und damit die Heranwachsenden in ihrem Werden und in ihrer Entwicklung ruinieren (Thiersch 2012). Festzuhalten ist aber auch, dass die umgekehrte Auflösung des Spannungsverhältnisses zugunsten von Distanz zu Verhärtung der formalen Rollen und zu Gleichgültigkeit und damit zu Unterdrückungs- und Gewaltverhältnisse führen kann. Das Gelingen von pädagogischen Beziehungen steht und fällt mit der Balance des Spannungsverhältnisses zwischen Nähe und Distanz.

Die Figur des Interesses am Werden, an der Entwicklung zu den je eigenen Möglichkeiten begründet alles sozialpädagogische (und pädagogische) Handeln. Pädagogen haben so gleichsam konstitutiv eine Zwischenstellung. „Sie verfolgen Metaintentionen in einer Situation und realisieren sie in der Situation." (Hamburger 2003, 69) In diesem Zugleich des Darinseins, Dabeiseins und Transzendierens ist die (Sozial)Pädagogik innovativ.

Die pädagogische Grundfigur hat Konsequenzen für die Gestaltung des pädagogischen Umgangs in der Spannung von Nähe und Distanz. AdressatInnen, Menschen also in Sozialisations- und Bewältigungsaufgaben, brauchen Erfahrungen der Bindung ebenso wie der Zumutung von Selbsttätigkeit. Dies bedeutet eine besondere Ausprägung von Nähe und Distanz. Menschen im Werden sind angewiesen darauf, so wie sie sind akzeptiert, angenommen, geliebt zu sein – gleichsam bedingungslos. „Es ist, wie es ist, sagt die Liebe" (Erich Fried). Nur darin finden sie Zutrauen zu sich und den Anderen und der Welt. Menschen im Werden aber sind ebenso darauf angewiesen, einen Freiraum für die eigensinnige Gestaltung ihres Lebens, für die Ermöglichung und Ermutigung zur Selbstbildung zu erfahren; darin braucht es Zutrauen in das Werden, Neugier auf seine Entfaltung und Offenheit für Versuche, für Wege und Abwege, also eine gleichsam fördernde Distanz. Die Gestaltung dieses besonders profilierten – gleichsam in Extreme von Nähe und Distanz getriebenen – Umgangs ist prekär. Die Heranwachsenden sind zugleich auf den Pädagogen angewiesen und durch ihn gefährdet. Er ist strukturell in seiner Position in der Vorhand; das verführt zu Macht und Bemächtigung, die den Heranwachsenden in seiner unterlegenen Position und der Ungesichertheit seiner Suchbewegungen einengt und unterdrückt, aber auch zu realitätsabgewandten Formen der Gegenmacht verführt.

Facetten dieser Konstellation werden deutlich im Gegeneinander zwei klassischer Bilder der Erziehung, der Heimerziehungsszenarien von Pestalozzi (Stanser Brief 1799, 1956) und Bernfeld (Kinderheim Baumgarten 1921, 1996).

Pestalozzi (1956) sieht verwahrloste Kriegskinder in Verhältnissen, die ihre Möglichkeiten blockieren, in Verhältnissen von Macht und Unterdrückung, von Bosheit, Gleichgültigkeit und Verkümmerung; er sucht den in ihren Verhältnissen „verrammelten Weg" ihrer Möglichkeiten freizulegen, um ihnen ein reiches, ganzheitliches, auf Kopf, Herz und Hand bezogenes Leben zu ermöglichen, in dem sie Wohlwollen gegen Andere verbinden mit dem Gefühl „Werk ihrer Selbst zu sein", also aus der Schwäche ihres natürlichen Wohlwollens hinfinden zur „wissenden, sehenden Liebe". Diese Aufgabe verlangt in Pestalozzis Konzept den besonderen, gleichsam totalen Einsatz des Pädagogen. Er ist immer bei ihnen, „morgens und abends", er pflegt und versorgt sie, er ermahnt und tröstet sie, er lehrt sie und deutet ihnen die Welt, er öffnet ihnen ihre Lebensperspektive. Der Pädagoge in diesem Konzept ist in seiner Person der Garant dafür, dass die Kinder ihren Weg finden können „sie waren außer der Welt, ... sie waren bei mir und ich war bei ihnen". (244) Die Spannung von Nähe und Distanz im pädagogischen Verhältnis ist hier von der Nähe her akzentuiert, ja so emphatisch pointiert, dass darin auch die in ihr angelegte Gefahr der erdrückenden Okkupation (und damit der pädagogischen Anmaßlichkeit) deutlich wird.

Von dieser Gefahr her lässt Bernfelds (1996) Darstellung sich geradezu als Entgegnung lesen. Er analysiert, dass dem Pädagogen das Kind in dreifacher Gestalt begegnet, als das reale Kind, als das Kind, das er selbst früher war und, schließlich, als das Kind, das er gern hätte sein und werden mögen und versteht dies als unterschiedliche Formen einer Projektion, unter der in der Nähe des pädagogischen Bezugs die Eigenheiten des Kindes und seine Chancen des Werdens verdeckt bleiben. Bernfeld setzt ein neues Verständnis des Pädagogen dagegen. „So ist des neuen Erziehers Tun vielmehr ein Nichttun, viel mehr Beobachten, Zusehen, Leben als ein stetes Mahnen, Strafen, Lehren ... Wir würden immer mehr zu erzählen haben, was die Kinder taten" (107 f.). Pädagogisches Handeln ist also zunächst Distanz, Achtsamkeit, damit die Kinder die Chance haben ihren eigenen Weg zu finden. Diese spezifische Pointierung in Bernfelds Darstellung geht damit einher, dass Pädagogen in einem Feld von Regeln leben und sie repräsentieren, also als Beispiel leben muss, damit die Kinder – auf dem Weg der Initiation, der Identifikation und der Überzeugung, Stufe um Stufe Möglichkeiten eines kultivierten, freundlicheren und gerechteren Umgangs miteinander erkennen und so zu ihren eigenen weiterführenden Interessen finden. Der Pädagoge agiert in der Vermittlung zwischen dem Gegebenen und dem Möglichen und Sinnvollem im „pädagogischen Kompromiss". Der aber ist geprägt durch die Angst vor einengender Nähe und erfordert eine fördernde Distanz, die mit der selbstkritischen Reflexion der strukturellen Probleme im pädagogischen Umgang einhergeht.

Schließlich: Pädagogischer Eros als Unrast im Dazwischensein, Nähe der Verlässlichkeit und des Zutrauens und Distanz in der Freisetzung zur Eigenheit des Werdens. Diese Figurationen im pädagogischen Umgang verweisen auf etwas, das sich als Authentizität bezeichnen, aber nur schwer umschreiben lässt. Der Pädagoge muss für die auf ihn Angewiesenen erkennbar sein, er muss in der pädagogischen Haltung, in seinem Interesse am Werden und in seiner Balance von Nähe und Distanz, in seinen Problemen also von Hoffnung, Enttäuschung, Entscheidung und Kämpfen glaubwürdig sein. Es ist beeindruckend zu sehen, wie gerade diese Authentizität in allen Selbstzeugnissen von Heranwachsenden (in Romanen ebenso wie in empirischen Untersuchungen) (JULE 1998) als entscheidendes Moment für das Gelingen des pädagogischen Umgangs herausgestellt wird. Ich skizziere die hier sich stellenden heiklen Fragen noch einmal an einem klassischen Bild, an Makarenkos (1967) Darstellung seines ersten großen Konflikts in der Gorki-Kolonie. Die Gruppe der wilden, in den Revolutionswirren verwahrlosten und verrohten Jungen hatte sich – im strengen Setting der Erziehungskolonie – in die Verweigerung jeder Kooperation mit den Erziehern hineingesteigert; sie agieren provozierend herausfordernd und gelassen. Schließlich explodiert Makarenko – aus aufgestauter Ohnmacht und Verzweiflung heraus – er verliert, wie er selbst schreibt, die Kontrolle und attackiert einen Jungen; aus der total perplexen Gruppe heraus wird er in seiner Wut gebremst, festgehalten und reagiert sich – zur Rettung des Attackierten und seiner Selbst an einem Holzklotz ab. Nachmittags ziehen dann alle in den Wald zum Baumfällen, er, Makarenko allein unter vielen und alle haben Äxte. Man arbeitet effektiv und kooperativ, man scherzt. Makarenko verzweifelt über den Vorfall am Morgen an sich, er hadert und beschuldigt sich; seine Kollegin ist fassungslos über seinen alle pädagogischen Prinzipien desavouierenden Rückfall in eine alte Pädagogik der nackten Macht und Bedrohung. Trotzdem aber kann Makarenko nicht umhin, die Verwandlung der Szene zu konstatieren. Die jungen Männer haben ihn in seiner Verzweiflung um ihrer selbst willen erfahren und dies bricht offenbar bei ihnen das Eis, sie lassen sich auf Makarenko als Person und darin auf ihre eigenen Möglichkeiten von Entwicklung und Werden ein.

Diese Bestimmungen müssen näher konkretisiert werden und – vor allem – bezogen auf die spezifischen Herausforderungen unserer gesellschaftlichen Situation im Zeichen von Entgrenzung. Diese Fragen aber will ich später – im Kontext der Sozialen Arbeit und ihrer professionalisierten Praxis – aufnehmen und weiter verfolgen.

4. Nähe und Distanz in professioneller Sozialer Arbeit

Nähe und Distanz im pädagogischen Handeln gewinnen eine neue, eigene Qualität in den Projekten einer institutionellen, professionellen Sozialen Arbeit. Soziale Arbeit ist auch dann bestimmt durch die Eigensinnigkeit der institutionellen und professionellen Programme, durch Wissen und Erfahrung und durch die Organisation des eigenen beruflichen Alltags, wenn sie programmatisch lebensweltliche Konzepte vertritt. Professionelle sind in der Regel nicht Mitglied der Lebenswelt ihrer AdressatInnen, sie haben Arbeitszeiten und werden bezahlt. Sie sind – so jedenfalls die Intention – freigestellt, um nicht durch die unmittelbaren Bewältigungszwänge des Alltags genötigt zu werden und nicht abhängig zu sein von den positiven und negativen Gratifikationen, die die Alltagsverhältnisse strukturieren; sie sind insofern – und ich bleibe damit weiter in der idealtypischen Konstruktion – unabhängig von Bestätigung, Lob und Kränkung durch die AdressatInnen, ihre Leistung bestimmt sich nach den professionellen Standards.

Diese professionelle Distanz erlaubt es, das lebensweltliche Geflecht von Nähe und Distanz, von Sicherheit und Offenheit unbefangen zu sehen; es gelingt, Nähe, Verlässlichkeit und Zutrauen zu befördern, wo sie in den Lebensverhältnissen nicht gegeben ist, es gelingt ebenso, wo Nähe Menschen in ihren Möglichkeiten erdrückt, sie aufzusprengen und zu öffnen und in solcher Freiheit zu den Notwendigkeiten und Möglichkeiten von Nähe und Distanz zu finden. In der Jugendarbeit z.B. können Heranwachsende sich jenseits der Zwänge und Erwartungen in den Familien, in der Schule oder in Ausbildung und Beruf in ihren eigenen Lebens- und Bewältigungsproblemen kennen lernen und in neuen, offeneren Optionen erproben und stabilisieren. In den Erziehungshilfen können Potentiale der Heranwachsenden deutlich werden, die in überlasteten, chaotischen, gleichgültigen oder verhärteten Familienkonstellationen blockiert und pervertiert waren. In der sozialräumlich orientierten Gemeinwesenarbeit können jenseits der Verflechtungen und des Clinchs der Interessen zwischen Nähe und Gleichgültigkeit im Nebeneinander unterschiedlicher Alltagswelten und Kulturen Möglichkeiten eines transparenteren, offeneren Miteinanderagierens im Horizont einer Politik des Sozialen freigesetzt werden. Dieser Status der institutionellen und professionellen Programme der Soziale Arbeit ist eine der Voraussetzungen dafür, dass Soziale Arbeit sich auf die Chancen wie die Blockaden des Werdens ihrer AdressatInnen da einlässt, wo sie sich in auffälligen, für die einzelnen und die Gesellschaft problematischen Verhaltensmustern artikulieren. Sie vertritt die Aufgaben und Gelegenheiten für das Werden in der Freiheit ihrer professionellen, institutionellen Position gegen die lebensweltlichen Zwänge und gesellschaftlichen Erwartungen, die die Entwicklungs- und Bildungsmöglichkeiten der Adressaten einschränken, blockieren oder verhindern.

So aber, wie sich besondere Leistungen der distanzierten Position in der Sozialen Arbeit repräsentieren, zeigen sich in ihr auch Gefährdungen und Grenzen in spezifischer Prägung. Wenn auch die alten Formen autoritär-disziplinierender Unterdrückung des Eigensinns und der Eigenrechte der AdressatInnen inzwischen geschwächt sind, so prägen Reste dieses Musters den pädagogischen Umgang noch immer, vor allem aber verbinden sie sich mit der neuen Form einer professionellen, fachlich begründeten Macht, die als „fürsorgliche Belagerung" ihre Kriterien eher aus den Institutions- und Fachgesetzen des distanzierten, professionellen Handelns und den planbaren und in sich effektiven Berufs- und Organisationsvollzügen ableitet und darin in neuer, sublimer Form die Eigensinnigkeit der in der Lebenswelt gegebenen Möglichkeiten überfährt und schwächt. Diese Selbstreferentialität ist – das zu unterschlagen wäre fahrlässig – immer wieder auch begleitet von internen institutions- und berufsbedingten Ungekonntheiten, also z.B. von der Fahrlässigkeit in der Strukturierung und Darstellung von Aufgaben, von der Verschleppung und Unterbrechung von Aktionen – und darin der verpassten Gelegenheiten –, von der fehlenden Koordination zwischen verschiedenen Institutionen und Professionen. Die Geschichten von dramatisch fehlgelaufenen Hilfeprozessen (die sog. Jugendhilfekarrieren) zeigen solche Ungekonntheiten und Zufälle in einer oft geradezu verzweiflungsvollen Verquickung (Blandow 1998, JULE 1998).

Was bedeuten diese Probleme institutionell-professionellen Handelns, denen auch Soziale Arbeit verhaftet bleibt, für ihre Theorie und ihr professionelles Konzept? Die gegenwärtige Soziale Arbeit ist geprägt durch eine spezifische Gewichtung von Distanz und Nähe in ihrer Orientierung an den lebensweltlichen Verhältnissen, so habe ich es oben ja schon formuliert. Diese Orientierung hat sich im Kontext der Entwicklung der Sozialen Arbeit seit der 1960er Jahre entwickelt; sie ist der Versuch einer spezifischen Antwort auf die sozialpolitische und gesellschaftliche Konstellation. Soziale Arbeit ist seitdem ausgebaut und differenziert worden, die institutionellen und professionellen Programme sind gewachsen, ihre Zuständigkeiten haben sich, ebenso wie das Gewicht der Aktivitäten, vermehrt. Soziale Arbeit hat sich in immer neue Lebensbereiche hinein ausgedehnt, vor allem auch im Zuge von Therapeutisierung und Spezialisierung. In dieser Situation der expandierenden – und damit das Gebiet der institutionell-professionellen Programme ausweitenden – Sozialen Arbeit versucht lebensweltorientierte Soziale Arbeit eine Gegenposition zu entwickeln, die Kritik an den Gefahren institutionell-professioneller Eigenlogik umsetzt in ein Programm, das dem Respekt vor und der Anerkennung der lebensweltlichen Verhältnisse der AdressatInnen verpflichtet ist, und von da aus ihre in der Distanz des institutionell-professionellen Arbeitens begründeten Aktivitäten konzipiert, legitimiert und realisiert. Dieses Programm ist auch unter dem Titel einer neuen, alternativen Professionalität der Sozialen Arbeit gefasst worden. Lebensweltorientierte Soziale Arbeit zielt auf die besondere Achtsamkeit für die lebensweltlichen Bewältigungsaufgaben und ihre Gewichtung im Horizont ihrer Arbeit im Zwischen von Lebenswelt und Professionalität. Lebensweltorientierte Soziale Arbeit verbindet die Kritik einer verfremdenden Distanz mit der Realisierung institutionell-professioneller Programme, in denen die Produktivität professionell-institutioneller Distanz als Voraussetzung der Gestaltung lebensweltlicher Bewältigungsmuster in den Konstellationen von Nähe und Distanz freigesetzt werden kann. Diese Verbindung gelingt nicht bruchlos. Die Unterschiedlichkeit in den Erfahrungs- und Handlungsmustern, in den Logiken von Lebenswelt und Professionalität verlangt und erlaubt nur Zugänge, die im Konkreten und kasuistisch ausgehandelt werden müssen.

Mit dieser Intention aber ließ sich Sozialarbeit auf ein schwieriges und heikles Vorhaben ein. Soziale Arbeit steht seit ihren Anfängen nicht nur im Kampf um gesellschaftliche Anerkennung, sondern ist auch unsicher im eigenen Arbeitsverständnis und – damit einhergehend – im Verständnis ihrer spezifischen professionellen Kompetenz. Die neuen Konzepte einer lebensweltorientierten Professionalität verweigern sich den in unserer Gesellschaft etablierten, klassischen Sicherungen professionellen Arbeitens – wie sie sich in der Betonung der Eigensinnigkeit von Institutionen und Problemzugängen und der auf Unterscheidung zum Alltag bedachten eigenen Berufssprache manifestiert.[2] Lebensweltorientierte Professionalität fordert und praktiziert Einmischung, Sich-Einlassen, Beteiligung, Verhandlung, also offene Übergänge und Überlappungen zwischen der Lebenswelt der AdressatInnen und dem professionellen Agieren. Diese Forderung repräsentiert sich im institutionellen Programm in den Maximen von Partizipation, Alltagsnähe und Regionalisierung als Arbeit im Sozialraum; es repräsentiert sich ebenso in Konzepten der Öffnung der Institutionen in die Lebenswelt – wie es in der Beratung und Erziehungshilfe vielfältig realisiert wird – und in den neuen in der Lebenswelt und ihrer Alltäglichkeit agierenden Settings der Familienhilfe oder Straßensozialarbeit. Es repräsentiert sich ebenso in Arbeits- und Umgangsmustern, die sich auf die Alltagsbedürfnisse und ihre lebensweltlichen Deutungsmuster, Blockaden und Optionen einlassen und alltagsoffen Gelegenheiten strukturieren.

---

2 Auf die damit auch einhergehenden verbandlichen Sicherungen des Status von Professionalität will ich hier nicht eingehen.

5. Das Konzept Strukturierte Offenheit

Lebensweltorientierte institutionelle und professionelle Programme riskieren also die traditionellen, in Distanz fundierten Sicherungen des professionellen Handelns und verlangen gleichsam weiche, offene – und darin in Bezug auf klare Unterscheidungen undeutlichere – Arbeitszugänge. Diese im Strukturgefüge der lebensweltorientierten Sozialen Arbeit intendierte Offenheit potenziert sich in den gesellschaftlichen Veränderungen der jüngsten Zeit, wie ich sie unter dem Stichwort der Entgrenzung charakterisiert habe. Es wird zunehmend deutlich, dass auch die lebensweltorientierten Arbeitsfiguren der Sozialen Arbeit der Gefahr einer selbstreferenziellen Institutionalisierung nicht entgehen und sich auf dem neuen Niveau einer progressiven Programmatik so verfestigen, dass sie den Bezug zu den lebensweltlichen Problemen verliert und sich primär in Bezug auf die Passung zum gegebenen Maßnahmengefüge definiert und praktiziert. Indem sie sich der lebensweltlichen Zugänge bedient, verdichtet sich damit sogar die Gefahr der professionellen Kolonialisierung. Das dem Prinzip lebensweltorientierte Arbeit immanente Misstrauen in die Selbstreferenzialität in professionell-institutionelle Programme muss deshalb auf einer weiteren Stufe neu ausgearbeitet werden, etwa in neuen Arbeitszugängen, z.B. integrierten und flexiblen Hilfen im Horizont der gemeinwesenorientierten, bürgerschaftlich fundierten und zivilgesellschaftlichen Arbeitsformen. In dieser, in einer neuen Selbstkritik begründeten, Offenheit ihres Arbeitens entspricht Soziale Arbeit – so scheint mir – den Strukturen einer Gesellschaft im Zeichen der Entgrenzung.

Die Programmatik einer so verstandenen Sozialen Arbeit ist anspruchsvoll. So ist es nahe liegend, sie aus ihren Offenheiten zurückzudrängen in eindeutige, die Grenzen zwischen lebensweltlichen Verhältnissen und professioneller Zuständigkeit klarer markierende Strukturen. Dem entsprechen vielfältige Versuche, Soziale Arbeit wieder vermehrt durch ihre Kompetenz in der Distanz zu definieren; dem entsprechen vor allem zahlreiche Versuche institutionell-arbeitsfeldspezifischer Arbeitszugänge, die institutionell und methodisch umgrenzt definiert sind und in überschaubaren Arbeitsmodulen praktiziert werden. Gegenüber solchen restriktiven Intentionen aber scheint es notwendig, die gegebene – entgrenzte – Situation in ihrer Offenheit, also den darin liegenden Chancen und Problemen, anzunehmen und die Balance reflexiv und darin in neuer Weise gangbar und verantwortbar zu gestalten.

Diese Aufgabe stellt sich in unterschiedlichen sozialpädagogischen Arbeitszugängen unterschiedlich, so wie sich Nähe und Distanz ja auch in lebensweltlichen Verhältnissen in unterschiedlichen Konstellationen unterschiedlich und buntscheckig darstellen. Eines z.B. ist die Konstellation des Zusammenlebens mit Heranwachsenden oder Menschen mit Schwierigkeiten in neuen, pädagogisch inszenierten Settings, also in Heimen, Wohngruppen oder im betreuten Wohnen, ein anderes ist Hilfe und Unterstützung im Medium einer Beratung, die Menschen in ihren lebensweltlichen Verhältnissen begleitet und Angebote zum Verständnis von Situationen und Handlungsoptionen aushandelt. Ein wieder Anderes ist die Öffnung von Gelegenheiten und Räumen in der Jugendarbeit oder in der bürgerschaftlich verorteten Gemeinwesenarbeit. Die in diesen unterschiedlichen institutionellen Zugängen liegenden spezifischen Chancen und Grenzen bewusst zu machen, ohne sich in ihnen borniert und selbstreferenziell zu vermauern, ist eine Voraussetzung effektiver sozialer Hilfe.

In dieser Vielfältigkeit aber gibt es allgemeine Strukturmomente; zu ihnen will ich abschließend einige Bemerkungen machen.

Das Konzept Entgrenzung – so habe ich oben geschrieben – zielt ebenso auf Offenheit wie auf neue Verbindlichkeiten. In der Sozialen Arbeit konkretisiert sich dieses Doppelspiel im Prinzip einer strukturierten Offenheit, in dem sich die Offenheit im Arbeitszugang mit der Struktur der Arbeitsverhältnisse so verbindet, dass sie nicht als Selbstzweck, sondern aufgabenorientiert praktiziert werden. Im Horizont strukturierter Offenheit gesehen sind Institutionen auf das Konzept der lernenden Organisation verwiesen; in ihm gilt ebenso die Priorität der aus der Lebenswelt stammenden – und sich immer neu artikulierenden – offenen Herausforderungen wie die Regel einer kommunikativen internen Verhandlung, in der Widerstände offen und offensiv bearbeitet und vor allem auch gegen angestammte Interessen und Routinen durchgesetzt werden müssen (Grunwald 2004).

Das Prinzip strukturierter Offenheit muss auch konkretisiert werden für den pädagogischen Umgang. In offenen Zugängen kommt der Person des Pädagogen besonderes Gewicht zu; seine Authentizität, seine Glaubwürdigkeit legitimieren das pädagogische Geschehen, ja macht es erst möglich. Nähe aber darf nicht zur Flucht aus schwankenden Verhältnissen in klammernde, sich abschließende Intimität geraten, Distanz darf nicht Ausdruck einer Gleichgültigkeit sein, die sich in gekonnter Freundlichkeit gegen die Zumutung von Nähe immunisiert oder sich im Hinweis auf die vermeintlich notwendige Distanz zur Entfaltung des Eigensinns des Anderen der offenkundigen Erwartung und Notwendigkeit von Nähe entzieht.

Weil solche Balance nicht mehr durch traditionelle institutionell-professionelle Stützen gesichert ist, kann sie nur gelingen durch neue Sicherungen. Schon Freud hat ja ironisch moniert, Pädagogen kämen ihm vor, wie Menschen, die in Turnschuhen auf einen Gletscher zu gehen sich trauen. Reflexivität muss einhergehen mit methodischer Verlässlichkeit und vertraglicher, rechtlicher Transparenz.

Voraussetzung allen pädagogischen Handelns ist Diagnose im weiten Sinn, verstanden als Rekonstruktion der lebensweltlich gesehenen Situation und Konstruktion einer gemeinsamen Entwicklung – des Entwurfs, der Korrektur, des Neuentwurfs – von Deutungs- und Handlungsoptionen. Die Entwicklung solcher Diagnose ist immer auch die Auseinandersetzung mit der Eigenheit und Fremdheit des Anderen, die es zu respektieren gilt. Die Koproduktion in der Diagnose, konkretisiert z.B. in Hilfeplänen innerhalb der Erziehungshilfen, muss gesichert sein gegenüber der oft so raschen Plausibilität fachlicher Deutungen und der darin liegenden Suggestion einer angeblich aufgeklärten, besonderen Nähe zu den gegebenen Problemen. Es braucht Möglichkeiten und Raum, dass AdressatInnen sich ihrer eigenen, oft nicht so geklärten, aber für sie evidenten Deutungen und Handlungskonzepte vergewissern, die sie oft im mäeutischen Gespräch erst entdecken können. Dazu dienen vor allem auch Gelegenheiten zu biografischen Erzählungen, wenn sie im sanktionsfreien Raum und außerhalb unmittelbar pädagogischer – und sozialadministrativer – Auflagen und Interessen entwickelt werden. Es braucht, so könnte man pointieren, die Institutionalisierung von Zutrauen, Neugier, Zeit und Geduld, damit die AdressatInnen ihre Eigenheiten in der Distanz zu professionellen Interventionen finden und darstellen können.

Die Reflexion der Position der AdressatInnen ist eines, ein anderes und in sie verwobenes ist die Reflexion der Position des Sozialpädagogen. In allen spezifischen Bedingungen seiner Professionalität muss er sich bewusst bleiben, dass er prinzipiell in der gleichen Situation der „condition humaine" steht, wie die AdressatInnen, dass er auch der andere und der Andere auch er ist. Gerade aber indem er so als Person herausgefordert ist, ist es wichtig, dass er die Bilder aufklärt, die er von den AdressatInnen hat, und darin vor allem die Erwartungen an sie, die sich oft in institutionsgesicherten Traditionen und Routinen ebenso begründen wie im Erledigungsdruck der Praxis. Immer wieder bleibt die Figur des in die Einrichtung passenden, in ihr gleichsam funktionsfähigen Adressaten – des sozialpädagogisch geeigneten Menschen analog zum pflegeleichten Patienten – das handlungsbestimmende Muster, in dem lebensweltliche Eigensinnigkeit nur als Unfähigkeit oder Unwillen ausgelegt wird.

Handeln in offenen Situationen braucht den Willen zur Unbefangenheit in der Situation in ihren Alltagskonstellationen, also – im Rahmen der Arbeitsmöglichkeiten – zur pragmatischen, flexiblen Gestaltung des Ausgangs. Solche Offenheit in den Alltag hinein ist verwiesen auf methodische Verlässlichkeit, also die sorgfältige Prüfung der Zumutbarkeit und Machbarkeit von Vorschlägen, der Präzision in den Vereinbarungen und der Prüfbarkeit. Dies muss besonders betont werden gegenüber einem Sich-Durchwursteln, zu dem die Offenheit und Komplexität der Situation so oft verführt und in dem sich dann alle Distanz im Erledigungsdruck der Praxis verliert.

Nähe und Distanz im Handeln wird zunehmend auch diskutiert als Frage nach den Grenzen, die im Handeln, also zwischen Adressaten und Pädagogen eingehalten werden müssen. Dass die Offenheit heutiger Situationen diese Frage provoziert, ist evident, ebenso aber die elementare Tatsache, dass Handeln ohne Deutlichkeit der Klärung in der gegenseitigen Erwartungen und Möglichkeiten unmöglich ist. Die Diskussion von Verbindlichkeiten im Horizont von Entgrenzung aber muss dagegen gesichert werden, dass in ihr nicht – wie es zur Zeit allzu häufig geschieht – alle anderen Fragen des pädagogischen Handelns überlagert und erledigt werden und sie so gleichsam als zentrales Problem pädagogischen Handelns überhaupt gesehen wird. Ohne Einbindung in das weite Gefüge des pädagogischen Umgangs bleibt die Rede von Grenzen und Grenzensetzen eine Reduktion, in der sich nur allzu leicht die traditionelle Erwartung an Ordnung und Unterordnung kaschiert.

Schließlich: Um den Freiraum der AdressatInnen im gegebenen Machtgefüge pädagogischer Interaktionen zu sichern braucht es Absprachen und Verträge, die die Aufgaben und gegenseitigen Erwartungen klären. Verträge aber müssen gesichert sein gegen den Überfall allzu schneller Vorschläge der Professionellen; sie brauchen Geduld im Aushandeln zwischen den so ungleichen Partnern. Solche vertraglichen Sicherungen müssen einhergehen mit der Institutionalisierung von Einspruchs- und Gestaltungsrechten der AdressatInnen im Horizont bürgerschaftlich, demokratischer Selbstverständlichkeiten, es braucht institutionalisierte Konfliktlösungen.

Pädagogisches Handeln, so verstanden als Balance zwischen Nähe und Distanz und gesichert in Reflexivität, methodischer Transparenz und vertraglichen Verbindlichkeiten, braucht – wenn ich dies noch anmerken darf – nicht nur eine theoretische Klärung der Voraussetzungen und Möglichkeiten, sondern auch Übung, also kasuistische Arbeit, in der vor dem Hintergrund der theoretischen Deutungs- und Handlungskonzepte die Achtsamkeit für die je individuellen Konstellationen und Variationsbreiten für ein je angemessenes Handeln deutlich werden und geübt werden kann. Kasuistik – so verstanden – bezieht sich natürlich nicht nur auf Probleme des pädagogischen Umgangs, sondern ebenso auf Planungskonzepte z.B. in der sozialräumlichen Arbeit. Mich bedrückt es seit Jahren und zunehmend, dass wir eine solche Kasuistik in der Sozialpädagogik zwar immer wieder begründen und einfordern, sie aber in der Studienpraxis nicht hinreichend repräsentiert ist; wenn ich die derzeitige Studienreformdiskussion zu B.A. und M.A.-Strukturen und ihre Konkretisierung in Modulen recht übersehe, ist auch dort Kasuistik keine zentrale Achse. Es bräuchte – etwas keck formuliert – 3- bis 4-stündige Übungen zu den unterschiedlichen Aufgaben innerhalb der Kasuistik. Es ist im Vergleich provozierend, dass in Berlin, im Modellstudiengang der Medizin, ein Kurs angeboten wird zu den unterschiedlichen kommunikativen Aspekten ärztlichen Handelns – also zum Gespräch mit Patienten, zum Gespräch in besonderen Situationen mit ihnen, zum Gespräch mit Mitarbeitern usw., der mit hohem Aufwand auch in von Schauspielern simulierten Situationen sich über 10 Semester erstreckt. Kasuistik im Studium scheint mir auch deshalb so notwendig, damit Voraussetzungen für die kompetente Nutzung von Supervision und Teamklärungen geschaffen werden, die in der Praxis ja oft auch deshalb nicht recht greifen, weil sie nicht aufbauen können auf ein der Praxis gegenüber distanziertes und deshalb in den Variationsmöglichkeiten freieres Erststudium.

6. Fazit

Ein solches Konzept lebensweltorientierten professionellen Handelns mit seinen spezifischen Bestimmungen von Nähe und Distanz muss – so habe ich oben skizziert – ausgewiesen werden gegenüber anderen Konzepten von Professionalität und professioneller Distanz. Ausgewiesen werden aber muss es vor allem auch gegenüber Tendenzen in der gegenwärtigen gesellschaftlichen Großwetterlage, die die Notwendigkeit und Legitimität eines derart offenen, aber kommunikativ gesicherten Arbeitskonzepts zu unterlaufen und zu pervertieren drohen. Der unsere Gesellschaft zunehmend bestimmende Primat des Ökonomischen verbindet sich mit neoliberalen und konservativen Interessen dahingehend, dass soziale Probleme und Lebensprobleme dethematisiert und reprivatisiert werden. Sie werden – so die Intention der neueren Sozialpolitik – aus der sozialstaatlich fundierten institutionellen und professionellen Zuständigkeit entlassen, um in die Zuständigkeit der Menschen in ihren alltäglichen Ressourcen und Beziehungen überantwortet zu werden. Damit droht das lebensweltorientierte Konzept der Sozialen Arbeit in die Falle einer gesellschaftlichen Erwartung zu laufen. Die aus der Kritik an der professionellen Selbstreferentialität gewachsene Öffnung wird in der Weise radikalisiert, dass Fachlichkeit in den Kompetenzen zur lebensweltlichen Klärung von Problemen aufgeht. Solche Simplifizierungen gilt es abzuwehren. Das den Sozialstaat konstituierende Prinzip der sozialen Gerechtigkeit als Zugangsgerechtigkeit zu Lebensmöglichkeiten gilt gerade auch im Bezug auf Hilfen in der Klärung und Bewältigung von Lebensschwierigkeiten, die die Partizipationschancen in unserer Gesellschaft beeinträchtigen, ja verhindern.

Literatur

Beck, U., Bonß, W., Lau, C., 2004: Entgrenzung erzwingt Entscheidung. In: Beck, U., Lau, C. (Hrsg.): Entgrenzung und Entscheidung. Frankfurt a. M.

Bernfeld, S., 1921: Kinderheim Baumgarten. Berlin. Nachdruck in: Bernfeld, S.: Sämtliche Werke Band 11. Weinheim und München 1996: 8–154

Blandow, J., 1998: Über Erziehungskarrieren. In: Jahrbuch der Sozialen Arbeit. Münster, S. 172–188

Böhnisch, L., Schröer, W., Thiersch, H., 2005: Sozialpädagogisches Denken. Weinheim und München

Grunwald, K., 2004: Manageriale Organisationsgestaltung. In: Grunwald, K., Thiersch, H. (Hrsg.): Praxis lebensweltorientierter Sozialer Arbeit. Weinheim und München: 375–402

Hamburger, F., 2003: Einführung in die Sozialpädagogik. Stuttgart
Hörster, R., Müller, B. 1996: Zur Struktur sozialpädagogischer Kompetenz. In: Combe, A., Helsper, W. (Hrsg.): Pädagogische Professionalität. Frankfurt a. M.: 614–648
JULE 1998: Leistungen und Grenzen von Heimerziehung. Bonn
Kosik, K., 1971: Die Dialektik des Konkreten. Frankfurt a. M.
Makarenko, A. S., 1967: Der Weg ins Leben. Weimar
Müller, B., 1986: Der eigene und der fremde Alltag. In: Neue Praxis 16. Jg.: 430–441
Müller, B., 1991: Die Last der großen Hoffnungen. Weinheim und München 2. Aufl.
Pestalozzi, J. H., 1956: Grundlehren über Mensch, Staat, Erziehung. Hrsg. von Barth, H. Stuttgart
Platon 1931: Hauptwerke (Hrsg.: Nestle, W.), Stuttgart 1931
Rauschenbach, Th., Treptow, R., 1984: Sozialpädagogische Reflexivität und gesellschaftliche Realität. In: Müller, S., Otto, H.-U., Peter, H., Sünker, H. (Hrsg.): Handlungskompetenz in der Sozialarbeit/Sozialpädagogik II. Bielefeld: 21–71
Thiersch, H., 2001: Positionsbestimmungen der Sozialen Arbeit. Weinheim und München
Thiersch, H., 2005: Lebensweltorientierte Soziale Arbeit. Weinheim und München 6. Aufl.
Thiersch, H., 2012: Macht und Gewalt. Zur Neujustierung sozialpädagogischen Handelns angesichts des Bekanntwerdens sexualisierter Gewalt in Institutionen. In: Thole, W. u. a. (Hrsg.): Sorgende Arrangements. Kinderschutz zwischen Organisation und Familie. Wiesbaden: VS Verlag (i. E.)

Volker Schmid

Nähe und Distanz aus der Perspektive der Psychoanalytischen Pädagogik

Das Thema von Nähe und Distanz gehört zum zentralen Bereich dessen, womit sich Psychoanalyse beschäftigt. Die wohl prominenteste Schnittstelle hierfür ist im Konzept der Übertragung zu sehen. Bereits in den „Studien über Hysterie" (Freud/Breuer 1895), jener Protogeburt der Psychoanalyse, ist von Übertragung die Rede. Gegen Ende des 4. Teils des Buchs, Freud nennt ihn „Zur Psychotherapie der Hysterie", stellt er Störungen der analytischen Arbeit zusammen und beschreibt als letzte:

> „Wenn die Kranke sich davor erschreckt, dass sie aus dem Inhalt der Analyse auftauchende peinliche Vorstellungen auf die Person des Analytikers überträgt. Dies ist häufig, ja in manchen Analysen ein regelmäßiges Vorkommen. Die Übertragung geschieht durch falsche Verknüpfung. Ich muss hier wohl ein Beispiel anführen: Ursprung eines gewissen hysterischen Symptoms war bei einer meiner Patientinnen der vor vielen Jahren gehegte und sofort ins Unbewusste verwiesene Wunsch, der Mann, mit dem sie damals ein Gespräch geführt, möchte doch herzhaft zugreifen und ihr einen Kuss aufdrängen. Nun taucht einmal nach Beendigung einer Sitzung ein solcher Wunsch in der Kranken in Bezug auf meine Person auf; sie ist entsetzt darüber, verbringt eine schlaflose Nacht und ist das nächste Mal, obwohl sie die Behandlung nicht verweigert, doch ganz unbrauchbar zur Arbeit. Nachdem ich das Hindernis erfahren und behoben habe, geht die Arbeit wieder weiter, und siehe da, der Wunsch, der die Kranke so erschreckt, erscheint als die nächste, als die jetzt vom logischen Zusammenhange geforderte der pathogenen Erinnerungen." (244)

Am Anfang steht also der Wunsch vom unanstößigen, weil abstinenten Therapeuten Freud geküsst zu werden, der bei der Patientin heftige Scham und Peinlichkeit wachruft. Erst als dies ins Offene gebracht ist, stellt sich heraus, dass diese aktuelle Situation den beschriebenen Vorläufer in der Vorgeschichte der Patientin hat. Geleitet wird die Arbeit an der verdrängten Erinnerung durch den Schamaffekt, der damals die Abwehr mobilisierte und jetzt die therapeutische Arbeit stört. Freud macht keinen Hehl daraus, dass ihn solche Übertragungen ärgerten, denn sie unterbrachen die analytische Arbeit, die damals weitestgehend dem Aufspüren von Erinnerungen galt, um die Symptome in einen logisch und affektiv rekonstruierbaren Vergangenheitszusammenhang zu bringen. Erst als er feststellte, wie produktiv die Auflösungen derartiger Übertragungen eben für die angestrebte Erinnerungsarbeit waren, konnte er sie als wichtiges Mittel der analytischen Arbeit wertschätzen. Sie führten zu Erinnerungen, die den pathogenen Komplex unmittelbar berührten und das auch noch mit verstärkter Evidenz beim Patienten, weil sich die Dynamik der früheren Situation in der aktuellen (Behandlungs-)Beziehung wieder inszeniert und just die Klärung des Aktuellen die Erinnerung überhaupt erst wieder freisetzt. Das, was als Bearbeitung bezeichnet wird, spielt sich also in einer oszillierenden Bewegung zwischen Klärung des Aktuellen und seiner Verknüpfung mit nunmehr Erinnertem ab.

1. Übertragung in der Perspektive von Nähe und Distanz

In die Perspektive von Nähe und Distanz gerückt, verweist dieses Konzept von Übertragung auf ein Doppeltes: Der zunächst auftauchende Wunsch, der Analytiker möge doch zupacken und sie küssen, stellt eine plötzliche und sehr vehemente Nähe her. Diese Nähe jedoch, mit all ihrer reaktiv aufbrechenden Scham und Angst führt manifest zunächst zu erheblicher Verstörung und Distanz. Nähe und Distanz sind also in solchen Erfahrungen nicht voneinander unabhängig, sondern sie sind dynamisch miteinander verbunden. Übertragung durchbricht und stört jenes die Behandlung tragende, milde positive und unanstößige Vertrauen der Patientin zum Analytiker. Darüber hinaus wird durch den entstandenen und zunächst nicht auflösbaren Konflikt die gemeinsame Arbeitsebene des Sich-Erinnerns und dessen Bearbeitung verlassen. Die heftige Nähe führt also zu einem doppelten Bruch der Vereinbarung – dieser großen Distanz entspricht auch Freuds zunächst unverhohlene Verärgerung.

Übertragung blieb in dieser frühen Konzeption ein lokalisiertes, eng umgrenztes Phänomen, das wie ein Symptom behandelt wurde. Ihre Kraft erhält sie aus dem abgewehrten konflikthaften Komplex und insofern steht sie nicht nur formal, sondern auch dynamisch für einen Widerstand gegen Bewusstwerden und Erkennen. Aber mit der Besonderheit, dass dieser Widerstand nicht nur die Arbeit erschwert, sondern vielmehr in nuce das Erkennen enthält und eröffnen kann.

Unter Psychoanalytikern besteht Übereinstimmung darin, dass die Weiterentwicklung des Konzepts unter dem Einfluss der Entwicklung der Vorstellungen über den Ödipuskomplex geschehen ist: Die Übertragung knüpft sich jetzt an die Vorbilder der infantilen Vorzeit. Damit wird die Übertragung zu einem die Behandlung strukturierenden Vorgang, was dann auch zum Konzept der Übertragungsneurose führt. Sie wird zum mächtigsten Hilfsmittel des Analytikers. Es bleibt aber kein Zweifel: so sehr es sich bei der Übertragung um Wiederholungen handelt, es geht nicht um die Wiederholung einstiger Realität, sondern um symbolische Äquivalente, um die Bildungen der inneren Realität des Patienten. Das begründet den prinzipiellen Unterschied zu einem sozialisationstheoretischen Denken.

Die weitere Entwicklung des Konzeptes steht dann weitgehend unter dem Einfluss der Objektbeziehungspsychologie, also von Melanie Klein und ihrer Gruppe sowie der Londoner „Middle-Group" mit Balint und Winnicott als zentralen Personen. Die Übertragungsbeziehung rückt ganz in den Vordergrund. Laplanche und Pontalis (1973) bringen diese Entwicklung mit einem Zitat von M. Balint auf den Punkt: Man kommt dahin, „jedes Detail der Übertragung des Patienten in Begriffen der Objektbeziehung zu verstehen und zu deuten". (557)

Übertragung wird damit zur zentralen Perspektive des Blicks der Analytiker auf das Behandlungsgeschehen: Alles was in der Analyse geschieht ist zu begreifen unter dem Einfluss der inneren Objektwelt des Analysanden und ist im hic et nunc bezogen auf den Analytiker[1]. Indem der analytische Raum auf diese Weise konstruiert wird, sind Analytiker und Analysand aufs engste miteinander verknüpft. Der Analytiker wird zum ersehnten, geliebten aber auch zum enttäuschenden, bedrohenden oder verfolgenden Objekt. Zwangsläufig und komplementär wird die Gegenübertragung des Analytikers in dieser Konzeption hoch bedeutsam, also all das, was in ihm unter der Wirkung der Wünsche und Befürchtungen des Analysanden ausgelöst wird. Wichtig werden Gegenübertragungsreaktionen und ihr erschließendes Verstehen in dieser Konzeption vor allem deshalb, weil ja die Übertragung des Analysanden keineswegs offen zutage liegt. Als unbewusstes Geschehen muss sie in aller Regel erst mühsam interpretierend erschlossen werden. Und für diesen sinnstiftenden Prozess liefern die Gegenübertragungswahrnehmungen des Analytikers häufig genug überhaupt erst die wichtigen Ansatzpunkte und Hinweise.

Jürgen Körner hat dieses Verständnis des analytischen Prozesses gerade jüngst differenziert und anschaulich beschrieben: „Eine Übertragungsneigung zeigt sich nicht allein in einer spezifischen, möglicherweise neurotischen oder infantilen Anschauung, sondern wird erst dadurch recht wirksam, dass der Patient versucht, von seinem Analytiker in einer bestimmten Weise Gebrauch zu machen, ihn also zu verwenden. Man kann die Übertragung so als eine Externalisierung eines inneren Konfliktes verstehen, ein innerer, ‚unmöglicher' Dialog wird in einen äußeren verwandelt." (2004: 129)

---

1 Diese rigorose Auffassung bleibt nicht unwidersprochen. Vgl. dazu Bollas 2003, Bittner 2004.

2. Übertragung in pädagogischen Beziehungen

Übertragung in ihrer vollen Entfaltung ist zweifellos gebunden an die spezifischen Rahmenbedingungen und Arbeitsweisen der psychoanalytischen Kur. Sie gründet aber auf der spontanen Übertragung (Racker 1968: 14), die darauf beruht, dass das Individuum in der Gestaltung seiner Beziehungen und dem zugehörigen Subtext von Bedeutungen immer auch mit beeinflusst wird durch seine Erfahrungen als subjektive Niederschläge seiner Lebensgeschichte (innere Realität). Dies ist der systematische Ort, weshalb Übertragungen in pädagogischen Beziehungen von Bedeutungen sind und dies in aller Regel umso stärker, je konflikthafter und belasteter das bisherige Leben der Kinder und Jugendlichen verlaufen ist. Ihre innere (subjektive) Realität ist als Wirkungshintergrund der Übertragung wesentlich stärker von Widersprüchen und heftigen Ambivalenzen geprägt als sich dies einem oberflächlichen Blick auf das manifeste Verhalten zeigt. Insofern wird durch das Konzept der Übertragung ein Zugang zu vertiefender Erschließung von Sinnstrukturen und Bedeutungen gewonnen und damit in die unter logischer Perspektive oft widersprüchlichen Verwicklungen von Nähe und Distanz. Heuristisch dient das Konzept der Übertragung dem Rückgewinnen einer Haltung des Untersuchens, Klärens und Interpretierens.

In den folgenden beiden kasuistischen Vignetten wird diese Perspektive in Praxisausschnitte hinein verfolgt. Das Material stammt aus der wissenschaftlichen Begleitung einer Kleinschule für besonders schwierige Jugendliche, die von keiner Schule mehr als Schüler angenommen werden. Mit den fünf bis sechs Jugendlichen arbeiten eine Lehrerin und ein Lehrer, ein Sozialpädagoge und eine Mitarbeiterin des wissenschaftlichen Teams, die an zwei Tagen in der Woche teils beobachtet, teils den Lehrern assistiert (vgl. die zweite Vignette).

3. Erste Vignette

Als der siebzehnjährige Franz in die „Kleinschule" aufgenommen wird, kommt es in kürzester Zeit zu einem ungewöhnlichen Akt spontaner wechselseitiger Zuneigung zwischen ihm und dem Lehrer und es entsteht ein ausgesprochen produktives Arbeiten zwischen den beiden. Die beiden Kolleginnen beobachten dieses fast schon verliebte Verhältnis mit einigem Amüsement und auch beigemischten Bedenken, denn der eine und andere der Schüler gerät dem Lehrer schon recht deutlich an den Rand seiner Aufmerksamkeit – und das ist bei ihm durchaus ungewöhnlich. Auch einige Schüler scheinen dies zu spüren, aber sie können es mit sonst ungewohnter Toleranz hinnehmen. Einige Zeit später stört Franz morgens vor Schulbeginn mit einem heftigen Dauersturmklingeln. Die Haustür war zugeschnappt, während sie üblicherweise zu dieser Uhrzeit nur angelehnt wird, damit die Schüler ohne Klingeln hineinkommen können. Die PädagogInnen sind noch in einer Besprechung, wissen nichts von der zugefallenen Tür, und der Lehrer schimpft Franz wegen dieser aufdringlichen Störung heftig aus. Franz fordert daraufhin seinerseits mit nachdrücklicher Sturheit ein, der Lehrer habe sich für diese Ungerechtigkeit bei ihm zu entschuldigen, dann sei er, wie er später meint, ja auch bereit, sich seinerseits für die heftige Klingelei zu entschuldigen. Der Lehrer aber müsse den Anfang machen. Der aber weigert sich. Trotz des einen und anderen Vermittlungsversuchs der Lehrerin bleibt Franz auch in den nächsten Tagen hartnäckig bei seiner Position und fühlt sich darin noch durch die eine und andere Bemerkung des Lehrers bestärkt, die durchaus auch die angegifteten Spitzen eines Gekränkten enthalten. Er wirkt zunehmend hart und verschlossen, arbeitet teilweise nicht mehr mit, verlässt einige Male früher den Unterricht: „Das sei ihm alles zu stressig". Die Lehrerin versucht immer wieder zwischen den beiden Männern zu vermitteln, bei ihrem Kollegen mit wenig überzeugendem, bei Franz ohne jeden Erfolg. Bei einer späteren Gelegenheit platzt Franz schließlich der Kragen und er beginnt, den Lehrer heftig zu beschimpfen. Jetzt muss er den Unterricht früher verlassen. Inzwischen sind Lehrer wie Lehrerin auf dem entschiedenen Standpunkt, dass Franz lernen müsse, auch mit harscheren Reaktionen eines Lehrers auf sein deplatziertes Verhalten anders umzugehen. Da sie sich aber beide inzwischen auch Sorgen machen über diese festgefahrene Situation und sie aus Franz' Wohngruppe erfahren, dass der Junge einen recht verzweifelten Eindruck mache, bitten sie den Sozialpädagogen, mit ihm zu reden. Der hat nach wie vor eine gute Beziehung zu Franz, ist sozusagen auch im Zerwürfnis dessen guter Draht zur Schule. In der Folge kommt es zu einer freundlicheren Entwicklung, Lehrer und Jugendlicher gehen höflich miteinander um, und es wird auch emotional freundlicher. Wochen später soll Franz seine Lernvorstellungen für Deutsch und Sachunterricht der nächsten Zeit schriftlich zusammenstellen. Er kommt damit nicht voran, der Lehrer kritisiert ihn und als er nach einer Weile in das Zimmer zurückkommt, hat Franz nicht weitergearbeitet, sondern sitzt am Computer und flippert. Der Lehrer wird ärgerlich, macht Franz Vorhaltungen, woraufhin dieser ihn aufs Übelste beschimpft, Stühle durch den Raum wirft, ins Erdgeschoss rast und seinen City-Roller wie eine Keule schwingt.

Die große Nähe der ersten Zeit zwischen Franz und dem Lehrer erinnert sehr an ein ausgesprochenes Pairing (Bion 1961, Kernberg 1976). Vom Lehrer wissen wir, dass er von dem Jungen spontan sehr angesprochen war und ihn seine lebendige Intelligenz anzog. Will man die subjektive Situation von Franz näher verstehen, so stößt man auf einen gravierenden Unterschied zwischen der pädagogischen Situation und einer psychoanalytischen Behandlung. Denn Ungewissheit über die innere Realität der Schüler spielt hier eine wesentliche Rolle. Das pädagogische Bündnis enthält eben keinen Auftrag zur Selbsterforschung des Schülers. Deshalb ist man ungleich stärker auf Vermutungen und auf indirektes Material, beispielsweise aus biographischen Berichten angewiesen.

Was nun bei Franz Hinweise zur Erklärung geben kann, ist beispielsweise, dass – wie im Nachhinein berichtet wurde – in dieser Anfangszeit Momente einer Idealisierung des Lehrers ins Spiel kamen und dies in einer Art, die an eine narzisstische Verwendung des Lehrers erinnerte. Franz schien nämlich immer wieder mit einer gewissen Selbstverständlichkeit davon auszugehen, dass der Lehrer in dieser außergewöhnlich auf ihn bezogenen Weise für ihn da zu sein hätte. In dem Pairing ist aber auch nicht zu übersehen, wie sehr der Lehrer seinerseits einer solchen Beziehungsqualität Nahrung gab. Hinzu kommt wohl auch auf seiner Seite eine gewisse Idealisierung des Schülers; denn zunächst überspielte er, dass der Junge aus einem vorausliegenden Psychiatrieaufenthalt mit einer Diagnose aus dem autistischen Formenkreis entlassen worden war.

Unter Gesichtspunkten der Übertragung bei Franz legt sich nahe, dass bei ihm recht disparate innere väterliche Objekte eine Rolle spielen, denn biographisch war sein Vater wenig greifbar, zugleich spielte Gewalt eine Rolle. Franz lebt jetzt von den Eltern getrennt in einer Wohngruppe. Die erste Zeit seines Verhaltens in der Kleinschule würde sehr für die Vorherrschaft einer Sehnsucht nach einer anregenden und guten, stützenden Väterlichkeit sprechen, allerdings wie schon gesagt, unter einem narzisstischen Vorzeichen.

Wie aber ist nun die geradezu explosionshafte Veränderung der Beziehung zwischen den beiden in der Folge von Franz' Sturmklingeln und dem Ausschimpfen durch den Lehrer zu verstehen? Will man das stürmische Läuten nicht einfach als Ausfluss jugendlichen Ungestüms abtun, dann gehört es sicherlich in den Zusammenhang der narzisstischen Beziehung: Wenn er kommt, so seine z.T. unbewusste Phantasie, dann hat die Schule für ihn parat zu sein – die verschlossene Tür wird da zum Hindernis, das ihn schon fast aus der Bahn wirft. Der Lehrer ist nicht weniger aus Enttäuschung gekränkt, dass ausgerechnet Franz sich derart ungehobelt-drängend benimmt. Bei beiden ist die Idealisierung in sich zusammengebrochen und in gekränkten Ärger und Wut umgeschlagen. Auf der Verhaltensebene der Übertragung ist natürlich nichts mehr von ersehnter Väterlichkeit zu merken, sondern jetzt geht es um einen Vater, der ihn bedroht und demgegenüber er sich hart behaupten muss. Der Lehrer gibt natürlich auch kräftig Nahrung, dass diese Beziehung ganz in den Vordergrund tritt.

Aus der Theorie der Übertragung wird man in diesem kasuistischen Zusammenhang darauf verwiesen, dass Übertragungen zumeist eng mit einem Abwehrvorgang verknüpft sind. Dies spielt bereits bei jenen isolierten Übertragungen eine Rolle, die Freud in den „Studien über Hysterie" beschrieben hat, die als „falsche Verbindung" – wie er es nennt, wenn die Arbeit in die Nähe des unbewussten Kernkonflikts kommt – sichtbar wird. Diese abwehrbezogene Sicht lässt sich auch bei der wesentlich umgreifenderen Konzeption der Übertragungsneurose aufrechterhalten. Übertragung als Organisation einer Objektbeziehung erhält einen Teil ihrer Kraft eben daraus, dass sie zugleich auch eine Abwehrfunktion repräsentiert und insoweit auch für etwas Abgewehrtes steht. In unserem Zusammenhang legt sich nah, die erste idealisierende Beziehung auch zu verstehen als abwehrenden Schutz vor der im Hintergrund drohenden negativen Vaterrepräsentanz. Das beglückende Pairing der Anfangszeit ist dann nicht nur als eine Beziehung in sich zu sehen, sondern sie ist verknüpft mit dem drohenden Hintergrund des Abgewehrten, also jener Beziehung, die mit dem ersten Krach der beiden in den Vordergrund trat und die der Beziehung zu jenem bedrohenden negativen väterlichen Objekt entsprach.

Im Hinblick auf das Thema dieses Bandes werden wir durch diese Interpretation auf eine komplexe und häufig genug wahrlich vertrackte Verkoppelung von Nähe und Distanz verwiesen. Sehnsucht nach jenen klaren Verhältnissen der Geometrie mag aufkommen, aber sie ist sicherlich nicht pädagogisch tauglich. Indem das Konzept der Übertragung nicht ablösbar ist von dem inhärenten Abwehranteil, verweist Nähe grundsätzlich auf Distanz und ebenso umgekehrt. Zumindest in der Arbeit mit schwierigen Kindern und Jugendlichen muss in einer ausgeprägten Weise damit gerechnet werden. Sind es doch junge Menschen, deren aktuelles Leben ausgesprochen konflikthaft durchdrungen wird von den Wirkungen ihrer schwierigen Lebensgeschichte. In der Sprache der Psychoanalyse geht es um die Wirkungen der inneren Realität, einer inneren Objektwelt in der aggravierte Ambivalenzen und auch Spaltungen eine vehemente Rolle spielen.

Ich möchte das Material der Vignette noch in einem zweiten Zugang mit Nähe und Distanz in Verbindung bringen und dazu die Affekte und Gefühle in den Vordergrund rücken.

Die Zeit des Pairings ist zweifellos beherrscht von engagierter Zuneigung – und damit bringen wir ja gemeinhin auch Nähe in Verbindung. Wenn nun nach dem ersten Konflikt Ärger und Wut die Szene beherrschen, so könnte man dazu neigen, dies mit Distanz als Folge zu verknüpfen. Bei Franz ist dies auf einfache Weise auch immer wieder zu beobachten: Mit der Bemerkung, dass er genervt sei, geht er vorzeitig aus dem Unterricht weg. Dennoch erweist sich das Begriffspaar Nähe und Distanz hier als zu grob, denn beide, Lehrer und Franz bleiben auch in Ärger und Wut verbunden. Wiewohl beide Affekte wegtreiben, führen sie doch zugleich zu einem Aneinander-Verhaftetsein. Selbst bei äußerer Distanz gibt es dieses innere Festhalten, Ärger und Wut brauchen ihr Objekt, laufen sonst ins Leere. In unserem Fall kommt noch hinzu, dass die anfängliche Nähe durch den Streit nicht einfach außer Kraft gesetzt sein dürfte, sondern eher noch energetisch aufgeladen wird. Wirkliche Distanz würde wohl eher bedeuten, dass der andere gleichgültig wird. In einem später geführten Interview mit Franz zeigt sich recht deutlich welche große Rolle dieses innere Verhaftetsein spielt – wie Schraube und Gewinde, die sich festfressen könnte ein durchaus taugliches Bild sein.

4. Zweite Vignette

Theo ist 15 und kommt aus einer Familie, in der der Vater Alkoholiker ist, der seine Frau und die drei Kinder geschlagen hat; die Mutter ist wahrscheinlich auch Alkoholikerin. Seine Schulgeschichte verlief von Beginn an schwierig, seine Sprache sei ungeschlacht, ist den Akten zu entnehmen, über die Maßen egozentrisch sei er, lande rasch in körperlichen Auseinandersetzungen etc. etc. Mit neun Jahren kommt er von zu Hause weg in eine Wohngruppe und in eine Schule für Erziehungshilfe. Er sei äußerst schwierig, schwänze viel. Die PädagogInnen versuchen irgendwie mit ihm zurecht zu kommen. Nach zugespitzten Gewalttätigkeiten gegen Mitschüler und PädagogInnen wird er aus Schule und WG nach Hause entlassen. Er ist jetzt 13. Nahezu zwei Jahre geht er in keine Schule, setzt seine delinquente Karriere fort, bei der Polizei gilt er als „jugendlicher Intensivtäter" und wird schließlich in die Kleinschule aufgenommen. Der Mitarbeiterin erscheint er wie ein strahlendes Riesenbaby, charmant im Umgang und immer wieder unaufschiebbar auf Essen und Trinken angewiesen.[2]

Die Lehrerin und die Mitarbeiterin sind mit zwei Schülern im Raum. Da die Lehrerin mit dem einen etwas Neues erarbeiten will, wird die Mitarbeiterin sich um Theo kümmern. Er hat ein Blatt mit Aufgaben zum schriftlichen Dividieren. Auf sein leeres Heftblatt schreibt er das Tagesdatum, die Seitenzahl des Arbeitsblatts und die Nummer der ersten Aufgabe. Die Mitarbeiterin gibt im Bericht ihren Eindruck wieder: „Er möchte mir sicher auch zeigen, dass er Mathe kann; er kennt die Eingangsrituale und er will sie benutzen. Systematische und beruhigende Zeichen der Ordnung. Jetzt ist das Blatt nicht mehr bedrohlich leer. Da stehen schon Zahlen. Theo braucht dieses Ritual." Aber dann ist er verloren im Rechenprozess; das kleine Einmaleins beherrscht er kaum; er weiß nicht, wohin er die Zahlen schreiben soll; er hat keinen Überblick über das, was er tut. „Er steckt noch recht blind im Rechenkampf." heißt es.

Die Mitarbeiterin erspürt seine Verletzlichkeit und beschreibt ihre eigenen Handlungen und Gedanken:

> „Ich versuche Theo fürs Rechnen zu gewinnen, indem ich ihm entweder die Aufgabe hinschreibe – er lehnt sich zurück und wirkt sehr viel eher frustriert ob seines Nicht-Könnens, als dass er verweigern würde – und ich unterstütze ihn beim Rechnen. Oder umgekehrt: Die Aufgabe mit ihm ausrechnen, korrigieren, radieren, ihn flankieren, unterstützen.
> Was geschieht mit mir? Ich nehme Theos Verletzlichkeit wahr und gehe

---

2 Für die Überlassung dieses Materials zu Theo danke ich Frau M. Hutter. Sie ist mit eingehenden Untersuchungen zu Bedingungen und zur Qualität von Bildungsprozessen bei schwierigen Jugendlichen beschäftigt, die 2006 zum Abschluss kommen werden.

davon aus, dass ich mich auf vermintem Gelände befinde. Theo wagt sich auf gefährliches Gebiet, das all seine Energie fordert. Als ‚Energiesparidee' für ihn schreibe ich ihm eine Aufgabe ins Heft. Nein, das genügt ihm nicht. Er will, dass ich mit ihm voranschreite – jedenfalls sehr in seiner Nähe bin, wenn er rechnet. Fehler kann ich mit dem Radierer fast ungeschehen und unsichtbar machen. Ich bin Theo zugewandt – denke und fühle Seite an Seite mit ihm. Ich erlebe mich hochaufmerksam, alle Fühler sind ausgestreckt, um die subtilste Botschaft empfangen zu können. Trotzdem: ihm nicht zu nah kommen, taktvoll bleiben.

Ein unbedachtes ‚Das müsstest Du aber wissen' könnte die Verbindung abbrechen.

Das ist anstrengend – für uns beide. Kein Wunder, dass Theo dann in die Küche will, um sich seinen Kaba zu machen. Pause.

Eine derartige Phase kann von Schüler wie Lehrer nur über eine Weile ausgehalten und gehalten werden. Sie ist für beide nicht nur anstrengend, sondern von außergewöhnlicher Nähe, die bald schon nach mehr Distanz verlangt."

Das ist der Bericht über eine ungewöhnliche und sehr subtile Nähe. Für Theo soll ein roter Teppich zum Lernen ausgebreitet werden; er will lernen, das steht nicht mehr in Frage, aber er kann es nicht durchhalten. Zu viele Hürden stellen sich in den Weg; dieses Ausmaß an Scheitern ist nicht zusammen zu bringen mit seinen ausgeprägten Vorstellungen von Selbständigkeit. Was er anpackt, das soll auch gelingen – da gibt es etwas sehr Strenges in ihm. Aber sich mit den Hürden auseinandersetzen zu müssen, das wirft ihn aus der Bahn. Auf diese Situation – es ihm immer wieder zu ermöglichen, an der Sache dranzubleiben, ihn immer wieder auch zu verlocken – darauf ist die Mitarbeiterin feinfühlig eingestellt.

Sandor Ferenczi (1982) hat in seinen Versuchen einer aktiven psychoanalytischen Technik großes Gewicht auf die Bedeutung der „Mutterzärtlichkeit" gelegt. Das mag im eng verstandenen psychoanalytischen Raum problematisch werden; aber angesichts der pädagogischen Aufgaben mit Theo ist offenkundig mehr notwendig, als eine „bejahende Präsenz" (Loch 1991). *„Alle Fühler sind ausgestreckt um die subtilste Botschaft empfangen zu können"* berichtet die Mitarbeiterin. Ob das ohne ein gewisses Maß an liebender Zärtlichkeit überhaupt möglich ist?

Aber zugleich stehen die beiden in der Spannung der Geschlechterdifferenz. Und da wird dieses Verlocken auch ungewollt zum Verführen. In der berichteten Situation profitieren beide zweifellos davon, dass das Rechnen als gemeinsam geteilte Aufgabe fokussiert und damit die psychische Dynamik eher im Hintergrund mitschwingend bleibt. Und darüber hinaus hat die Mitarbeiterin einen wachen Sinn für das Anstrengende dieser großen Nähe. So kann sie auch Theos Wunsch nach seinem Kaba als Signal für Pause und Abstandgewinnen begreifen.

Die Sache hat aber noch eine Fortsetzung. Drei Tage später ist sie wieder in der Schule. Theo hat inzwischen einen Test zu den Grundrechenarten geschrieben, den er an diesem Vormittag selbst auszuwerten und nachzurechnen hat. Er findet Fehler, ist unzufrieden. Zwei Mitschüler sind auch noch da und geben nebenher ihre Kommentare. Mit wacher Zielsicherheit packen sie Theo bei seinen hohen Ansprüchen an seine eigenen Leistungen. „Er bekommt tatsächlich die Note 1–2 und ist sauer auf sich selbst. Offensichtlich ist, dass er sich nicht freuen kann. Ich habe den spontanen Impuls ihn anzufassen: Ich gratuliere ihm und lege stehend – er sitzt – meine Hände fest auf seine Schultern." Theo braucht dann sein Kaba, verschwindet in der Küche und ist damit aus dem Blick. Als die Mitarbeiterin nach dem Unterrichtsvormittag zu ihrem Auto kommt, ist mit Haargel quer über die Frontscheibe das Wort „Nutte" geschrieben.

Es ist nicht klar, wer das wirklich gemacht hat. Aber eine Reihe von Beobachtungen und Hinweisen verdichten sich zur subjektiven Gewissheit, dass es Theo gewesen sein dürfte. Unter dieser Prämisse würde die „Nutte" tatsächlich zu einem Beleg für die in der Interpretation unterstellte Dynamik. Die große Spannung und das Unglück, in die Theo bei der Auswertung seines Tests geraten war, hatten die Mitarbeiterin zu der tröstend-aufmunternden Berührung verlockt. Das war dann auf dem Hintergrund der vorausgegangenen großen Nähe zu viel des verführerischen Mütterlichen und Weiblichen, so dass sich Theo in die aggressiv-distanzierende Sexualisierung gerettet haben mag.

Eine zweite Wirkungslinie ist ergänzend zu berücksichtigen. Theo braucht feinfühlig-empathische helfende Begleitung, um die Anforderungen durchhalten zu können. Dies ist, wie oben beschrieben, ohne einen zärtlich-liebenden Hintergrund kaum möglich. Sich auf diese Beziehung einzulassen, geht für Theo aber nicht ohne Veränderung seines Selbstbilds, das stark von (Pseudo-)Autonomie charakterisiert ist. Liebevolles Unterstütztwerden aber weicht die schützende Schale des einsamen Helden auf, verweist eben durch die neue Beziehungserfahrung auf Veränderung und wird dadurch zum bedrohlichen Angriff auf das gewohnte Selbstbild. Vor diesem Hintergrund gewinnen seine Pausen und die Sexualisierung noch eine weitere Bedeutung als Zeichen dafür, dass er einsetzende Veränderung spürt und sich dagegen zur Wehr setzt (dazu Redl/Wineman 1979, S. 224 ff.).

5. Zusammenfassung

In diesem Text geht es mir vor allem darum zu zeigen, wie in psychoanalytischer Perspektive Nähe und Distanz auf komplexe und nicht-auflösbare Weise aufeinander verwiesen und miteinander verknüpft sind. Im pädagogischen wie im therapeutischen Kontext gibt es m.E. daraus kein Entkommen. Dennoch wird in pädagogischen Beziehungen immer wieder aufs Neue versucht, ein Mehr an neutraler Distanz hereinzubekommen. In der Schulpädagogik stehen dafür in jüngerer Zeit beispielhaft die Versuche, das Aufgabenverständnis der Lehrerinnen und Lehrer zur Funktion des (innerlich distanzierten) Lernberaters zu stilisieren. Im Hintergrund einer solchen Entwicklung spielt die Rezeption von Arbeiten zu den „autonomen Säuglingen und Kindern" eine erhebliche Rolle (Datler u.a. 2002). Solche Entwicklungen, die auch Entsprechungen in der Sozialpädagogik haben, bilden den Hintergrund für Bernd Ahrbecks (2004) entschiedenes Plädoyer, sich nicht aus der Verantwortlichkeit in Erziehungs- und Bildungsprozessen zurückzuziehen.

Was ergibt sich nun im Hinblick auf Professionalität aus den bisherigen Überlegungen direkt? Innere Distanz ist nicht durch Abständigkeit zu gewinnen, durch ein weniger an Sich-Berühren-lassen und selbst berühren. Vielmehr geht es darum, die heiklen Verwicklungen von Nähe und Distanz in der praktischen Arbeit ins Denken hineinzubekommen, immer wieder erneut in ein reflektierendes Nachdenken zu überführen. Es hätte sich zu orientieren an der Beziehungs- und Psychodynamik von ausschnitthaften Episoden aus der pädagogischen Praxis einerseits, einer Aufgabe, die beispielhaft in Balint-Gruppen eine methodische Ausgestaltung erhalten hat (Steinhardt 1997). Andererseits sind die so erschließbaren Interpretationen zu verschränken mit einer Analyse der wechselseitigen Abhängigkeit und Beeinflussung von Beziehungsgestaltungen und den für sie relevanten institutionellen Strukturmerkmalen (Treptow 2002). Dies verweist auf die mühsame, oft viel Geduld erfordernde Aufgabe des Erinnerns, Untersuchens und Interpretierens mit dem Ziel, die (pathische) Erfahrung der Praxis zu einem Gegenstand des Denkens zu machen und damit nicht nur das Verstehen zu fördern, sondern eben auch diese Praxis als eine veränderbare zu verflüssigen.

Literatur

Ahrbeck, B., 2004: Kinder brauchen Erziehung. Stuttgart
Bion, W.R., 1961: Experiences in groups. London (Tavistock)
Bittner, G., 2004: Ist Abstinenz der Weisheit letzter Schluss? Vortrag auf der Herbsttagung der Kommissionen Sozialpädagogik und Psychoanalytische Pädagogik in der DGfE, Berlin
Bollas, C., 2003: On free association and the transference. Vortrag Institut für Psychoanalyse Tübingen
Datler, W., Eggert-Schmid Noerr, A., Winterhager-Schmid, L. (Hrsg.) 2004: Das selbständige Kind. Jahrbuch für Psychoanalytische Pädagogik 12, Gießen
Ferenczi, S., 1930: Relaxationsprinzip und Neokatharsis. In: ders.: Schriften zur Psychoanalyse. Bd. II. Frankfurt a.M., 1982, S. 257–327
Ferenczi, S., 1931: Kinderanalysen mit Erwachsenen. In: ders.: Schriften zur Psychoanalyse. Bd. II. Frankfurt a.M., 1982, S. 274–289
Freud, S., Breuer, J., 1895: Studien über Hysterie. Frankfurt a.M., 1974

Hutter, M., 2004: Bericht zu Theo. Unveröff.

Kernberg, O., 1976: Borderline conditions and pathological narcissism. New York (Aronson)

Körner, J., 2004: Die trianguläre Situation in der Psychoanalyse und der psychoanalytischen Pädagogik. In: Hörster, R., Küster, E.-U., Wolff, S. (Hrsg.): Orte der Verständigung. Freiburg, S. 126–138

Laplanche, J., Pontalis, J.-B., 1973: Das Vokabular der Psychoanalyse. 2 Bde. Frankfurt a. M.

Loch, W., 1991: Therapeutische Monologe – Therapeutik des Dialogs – Einstellungen zur Seele. In: Luzifer-Amor 4, S. 9–23

Racker, H., 1968: Transference and countertransference. London (Hogarth)

Redl, F., Wineman, D., 1979: Kinder, die hassen. München

Steinhardt, K., 1997: Supervision als Ort der Reflexion des beruflichen Selbstverständnisses von Heilpädagogen. In: Jahrbuch für Psychoanalytische Pädagogik 8, Gießen, S. 85–104

Treptow, R., 2002: „Schaffung kultureller Tatsachen". Siegfried Bernfelds Beitrag zur pädagogischen Struktur- und Prozessreflexivität. In: Liegle, L., Treptow, R. (Hrsg.): Welten der Bildung in der Pädagogik der frühen Kindheit und in der Sozialpädagogik. Freiburg, S. 167–180

Vera King

Pädagogische Generativität: Nähe, Distanz und Ambivalenz in professionellen Generationenbeziehungen

Übersicht

In diesem Beitrag wird die Notwendigkeit der professionellen Reflexion und Bearbeitung der *generationellen* Dynamik von pädagogischen Beziehungen begründet und dazu ein Begriff pädagogischer Generativität dargelegt, der in einem allgemeinen Sinne die Ermöglichung von Bildungs- und Entwicklungsprozessen als Individuationsprozessen bezeichnet. Es wird ausgeführt, dass und inwiefern sich pädagogische Generativität strukturell in der konstruktiven Bearbeitung von Ambivalenz erweist. Entsprechend bedarf die professionelle Regulation von Nähe und Distanz in pädagogischen Generationenbeziehungen, die professionelle Balance von rollenförmigen und persönlich-emotionalen Beziehungsaspekten[1], einer konstruktiven Bewältigung intergenerationaler Ambivalenz. Im Mittelpunkt der Betrachtung steht daher nicht die aus der Spannung von Nähe und Distanz allgemein resultierende Ambivalenz; hier geht es vielmehr um das für Generationenbeziehungen Spezifische – um die Infragestellung des Eigenen durch die Bildungs- und Individuationsprozesse des generationell Anderen zugespitzt in den Bildungsprozessen der Adoleszenz. Professionelle Gestaltungen pädagogischer Generationenbeziehungen werden in Hinblick auf Jugend oder Adoleszenz erläutert, da hier die intergenerative Ambivalenz ihre höchste Zuspitzung erfährt. Anforderungen an professionelle pädagogische Generationenbeziehungen der Adoleszenz werden zudem feldspezifisch, am Beispiel der Förderung, genauer der Ermöglichung von adoleszenten Bildungsprozessen in der außerschulischen Jugendarbeit erläutert.

---

1 Im Sinne Oevermanns 1996.

1. Entwicklungsthemen der Adoleszenz als Bildungsaufgaben der Jugendarbeit

Inwiefern sind Konzeptionen professioneller Gestaltung von Generationenbeziehungen gerade auch für die außerschulische pädagogische Arbeit mit Adoleszenten bedeutsam? In aktuellen bildungspolitischen Diskussionen hat zunächst die Frage neue Relevanz bekommen, welcher Beitrag in außerschulischen Institutionen zur Förderung der Bildung von Jugendlichen geleistet werden kann. Wie können informelle Bildungsprozesse, wie kann die Entwicklung von Lebenskompetenzen jenseits der Schule professionell ermöglicht werden, gerade im Rahmen der ‚non-formalen', also nicht auf Wissensvermittlung ausgerichteten Förderung? „Förderung ‚informeller Bildung'" ist, so betonen Burkhard Müller u.a (2005: 7) eine Kernaufgabe und zentrales „Ziel der Jugendarbeit und Jugendhilfe". Diesem Ziel entsprechend sollen die non-formalen Bildungsangebote außerschulisch Selbstbildung ermöglichen, indem sie „Teilhabe und Verantwortung", eigene „kulturelle Praxis", „Körpererleben", soziale Kompetenz und gelingende „Lebensbewältigung" befördern (Rauschenbach u.a. 2004: 24f.). Unschwer können wir in dieser Aufzählung Entwicklungsthemen der Adoleszenz erkennen und verschiedene Facetten von Bildungsprozessen, die im günstigen Fall mit dem Herausbilden eines eigenen Lebensentwurfs verbunden sind und schrittweise Individuation, Übernahme von Verantwortung und Partizipation an kultureller Praxis ermöglichen. Es handelt sich um adoleszente „Bildungsaufgaben" (Hornstein 2004), deren Bewältigung in modernisierten, individualisierten Gesellschaften zunehmend größere Bedeutung erlangt hat, andererseits keineswegs einfach zu bewerkstelligen ist. Wie sind nun in Hinblick auf die Förderung adoleszenter Bildungsprozesse die – außerfamilialen (und außerschulischen) – pädagogischen Generationenbeziehungen professionell zu konzipieren? Wie lassen sich in Hinblick darauf die Anforderungen an Professionalität in der außerschulischen Bildung von Adoleszenten bestimmen? Darum wird es im Folgenden gehen, wenn Fragen der professionellen Gestaltung der pädagogischen Beziehung als *Generationenbeziehung* erörtert werden. Darauf verweist der Begriff *pädagogische Generativität*, der zunächst einmal in einem allgemeinen Sinne ‚Ermöglichung von Bildungsprozessen der jüngeren Generation durch die je ältere' meint. Anders gesagt, in Abwandlung der berühmten Frage Friedrich Schleiermachers – „Was will denn eigentlich die ältere Generation mit der jüngeren?" (1826/2000: 9) – ist mit dem Begriff pädagogische Generativität die Frage aufgeworfen: *Wie kann die ältere Generation, wie können professionelle Pädagoginnen und Pädagogen, Selbstbildungsprozesse der jüngeren ermöglichen?*

Diese Formulierung ist im Verhältnis zu Schleiermachers Frage indirekter[2] – denn zwischen dem, was eine ältere Generation *will*, und dem, was

---

2 Auch Schleiermacher hat bereits die intergenerationale Dialektik von Bildungsprozes-

sich bei einer jüngeren Generation *bildet*, liegen unausweichlich Brüche. Wir könnten auch sagen: es handelt sich um einen mehrfach vermittelten Zusammenhang: Aus systematischen wie empirischen Gründen kann bei Erziehung und Bildung nicht von eindeutig bestimmbaren Effekten einer pädagogischen Einwirkung ausgegangen werden (das systemtheoretisch so benannte ‚Technologiedefizit' der Pädagogik). Professionalität erweist sich vielmehr gerade im „Umgang mit Ungewissheit" (Liesner/Wimmer 2003; Helsper u. a. 2003). Dass es sich bei Erziehung und Bildung vielmehr um vermittelte Prozesse handelt, resultiert zudem aus den Diskontinuitäten, wie sie mit Generationsabfolge und Generationswechsel konstitutiv verbunden sind, und aus der damit verknüpften Möglichkeit der Entstehung von Neuem in der Adoleszenz (King 2004), wie noch genauer erläutert wird. Diese Diskontinuität erfährt eine Steigerung in modernisierten Gesellschaften aufgrund der beschleunigten sozialen Wandlungen, womit auch verbunden ist, dass Heranwachsende nicht nur in pädagogischen Nahbeziehungen sich bilden und gebildet werden, sondern auch durch Medien und Konsum, Jugend- und Freizeitkulturen.

Diese vielfältigen Vermitteltheiten und Diskontinuitäten sind jedoch nicht gleichzusetzen damit, dass die generationale Dynamik keine Auswirkungen hätte. Im Gegenteil, die Wirkungen sind, positiv oder negativ, erhebliche und müssen Bestandteil eines professionellen Konzepts von Bildung sein: Mit der Konzeption von ‚pädagogischer Generativität' soll daher die *Bedeutung der Generationenbeziehung* – und zwar gerade *in ihrer Vermitteltheit* – in Bildungsprozessen auf den Begriff gebracht werden. Der Begriff der ‚Generativität'[3] ist dabei, wie deutlich sein sollte, nicht in einem alltagsgebräuchlichen Sinne auf Fortpflanzung reduziert. Bereits Erik Erikson (1959) hatte den Begriff Generativität auch zur Charakterisierung von ‚Erzeugerschaft' und Fähigkeit zur Sorge für das Hervorgebrachte im übergreifenden kulturellen Sinne benutzt. Der Historiker Reinhart Koselleck zielt mit ‚Generativität', anknüpfend an Hannah Arendts (1981: 167) Begriff der ‚Natalität', auf den zwischen den Generationen wirksamen Prozess der Kulturbildung – und zwar gerade auch die Brüche und Neubildungen einbeziehend. Die Frage nach den Bedingungen der Ermöglichung von Bildungsprozessen muss im Besonderen die Spannung von Kontinuität und Bruch berücksichtigen. Ihre Beantwortung ist ebenso komplex wie unhintergehbar für ein professionelles Verständnis von Bildung in der Adoleszenz.

---

sen erörtert, die darin besteht, dass es sich bei Bildung um einen sowohl inter- als auch intrasubjektiven bzw. *intra-* und *inter*generationalen Prozess handelt, wenngleich er die zunehmenden Verschärfungen der generationalen Brüche, wie sie sich im Gefolge gesellschaftlicher Modernisierung eingestellt haben, zwangsläufig nur bedingt antizipieren konnte.

3 Vgl. ausführlich King 2004.

2. Strukturmerkmale der pädagogischen Beziehung in der Jugendarbeit

Versuchen wir diese Frage für die außerschulische Jugendbildung zu beantworten, so tritt ein weiterer Aspekt hinzu: Es gibt hier keine dem Lehrer-Schüler-Verhältnis entsprechenden, an Wissensvermittlung gebundenen generationalen Rollen. So stellt sich in diesem Feld zusätzlich die Herausforderung der Bestimmung eines professionellen, aber nicht-schulischen Generationenverhältnisses. Die damit verbundenen Schwierigkeiten erweisen sich etwa daran, dass wir in Theorie und Praxis der Jugendarbeit immer wieder Ausgestaltungen der pädagogischen Generationenbeziehung eher nach dem Muster privater oder familialer Beziehungen finden. Eine weitere, gerade in jüngerer Zeit verbreitete Variante besteht darin, vorwiegend auf selbsttätige Aneignung in der Peer-Group zu setzen.[4] Hierbei handelt es sich jeweils um Vereinseitigungen von Faktoren, die zwar in das Feld der außerschulischen Bildung von Adoleszenten hineinwirken oder in diesem eine Rolle spielen, aber nicht als einzelne die Eigenlogik der professionellen Jugendarbeit prägen. Vielmehr muss professionelle Praxis mehrere Faktoren in ihrem Zusammenwirken berücksichtigen, nämlich:

- dass es sich um Adoleszente und Herausforderungen der Adoleszenz in modernisierten Gesellschaften handelt,
- dass sie es mit Heterogenität und sozial ungleichen Bedingungen von Adoleszenz zu tun hat,
- dass die Themen, sozialen Erfahrungen und Konflikte sowohl der Familie als auch der Schule (oder auch: der Ausbildung, der Arbeit oder Arbeitslosigkeit) in die Jugendarbeit folgenreich hineinwirken,
- es sich jedoch gleichzeitig um einen eigenen und eigenlogischen adoleszenten Raum handelt, der zudem zwar freiwillig, aber nicht privat ist,
- in dem es für Adoleszente nicht um Leistung geht, aber gleichwohl um wichtige und oft bedrängende Lebensthemen – in diesem Sinne um Bildungsanlässe,
- in dem die Gleichaltrigen große Bedeutung haben, dies jedoch eingebettet in pädagogische Generationenbeziehungen.

Gerade dieser zuletzt genannte Aspekt, der auf die Strukturmerkmale pädagogischer Beziehungen als professionelle Generationenbeziehungen zielt, ist in Bezug auf außerfamiliale und außerschulische Kontexte wenig präzisiert (Müller 2000) sodass zur Klärung dieser professionalisierungstheoretisch bedeutsamen Zusammenhänge weiter ausgeholt werden muss.

---

4 Vgl. dazu die Übersicht in Zinnecker 2000.

3. Was ermöglicht Bildungs- und Erziehungsprozesse in der Adoleszenz?

Verstehen wir Bildungsprozesse als Prozesse der Transformation von Welt- und Selbstverhältnissen (vgl. Koller 2005), aus denen heraus potenziell Neues entstehen kann, so tritt die unumgänglich *ambivalente* Bedeutung von Bildungs- und Entwicklungsprozessen in Generationenbeziehungen hervor: Neues stellt Altes infrage. Das heißt: Es bedarf auf sozialer und im Besonderen auf psychischer und psychosozialer Ebene einer Bewegung der Aneignung, die die Infragestellung oder Attacke des Bestehenden einschließt und diese – auf beiden Seiten des Generationenverhältnisses – auch zulässt. Bildungsprozesse sind insofern aufseiten der Heranwachsenden mit Individuation verbunden und auf eine diese ermöglichende, generative Haltung seitens der Erziehenden angewiesen.

Pädagogische Generativität meint in diesem Sinne professionelle Ermöglichung von Bildung, Ermöglichung von Bildung als einem Umgestaltungsprozess, der Neues hervorbringt und damit auch Altes infrage stellt. Bildungstheoretisch ist die Lebensphase Adoleszenz hier von großem Interesse[5], da in den Ablösungs- und Umgestaltungsprozessen der Adoleszenz potenziell Neues entsteht, das sich an der Bruchstelle der Generationenabfolge – aus dem Kind ist ein geschlechtsreifer junger Mann oder eine geschlechtsreife junge Frau mit neuen oder anderen Lebensentwürfen herangewachsen – entwickeln kann und sich auch an dieser Bruchstelle bewähren muss: in der Auseinandersetzung mit den generational bedeutsamen Anderen. Daher ist die Entstehung von Neuem im Bildungsprozess strukturell ambivalent – für beide Seiten des Generationenverhältnisses. Diese Ambivalenz (professionell) zu bearbeiten, kann als wesentliches Moment von (pädagogischer) Generativität verstanden werden. Das Zulassen des Neuen ist – und hier geht es weniger um bestimmbare Handlungen als um eine Haltung der Reflexivität, um eine Zurückhaltung gegenüber intrusivem Agieren, Besetzen und Enteignen der adoleszenten Möglichkeitsräume seitens der je ‚erwachsenen' Generation, seitens der pädagogisch Verantwortlichen – der Kern der pädagogischen Generativität – eine Anforderung, die in Hinblick auf die Schwierigkeiten der Umsetzung nicht unterschätzt werden sollte. Diese Ermöglichung können wir uns als Brücke vorstellen, die den Bruch, der mit der Generationsabfolge und dem Generationenwechsel verbunden ist, erträgt und insofern gleichsam ‚aufhebt'. Der Historiker Koselleck (2000) spricht von ‚Generativität' als einer „empirisch transzendentalen Bestimmung", von der „Wirksamkeit von Generationen in ihrer diachronen Sukzession":

---

5 Verstehen wir Bildungsprozesse als Prozesse der Transformation von Selbst- und Weltverhältnissen, so zeigt sich hier eine strukturelle Analogie von ‚Bildung' und ‚Adoleszenz'.

„In der Generativität liegt jene Endlichkeit beschlossen, die zu den zeitlichen Voraussetzungen gehört, immer neu Geschichten aus sich hervorzutreiben. Die zwangsläufige Abfolge von Generationen in ihrer sich fortzeugenden faktischen und zeitlichen Überlappung führt zu immer neuen Ausschließungen ... Ohne diese Ausschließungen ist keine Geschichte denkbar ...
So lassen sich alle tatsächlichen Geschichten nach zwei Möglichkeiten hin aufschlüsseln: Entweder gelingt es, den generativ vorgegebenen Bruch zu überspannen, oder es gelingt dies nicht. Man denke an die Ritualisierungen der Generationsabfolge, die den jeweiligen Eintritt in die Welt der sogenannten Erwachsenen durch Einweihung und Prüfung, d.h. durch Eintritt in neue Innen- und Außenbeziehungen, zu regeln versuchen ...
Freilich kann die mit der Generativität vorgegebene Bruchstelle auch zu gewaltsamen Änderungen führen ..." (Koselleck 2000: 107f.).

Koselleck umkreist die Verknüpfung von Geschichte und Generationenfolge. Allerdings ist in diesem Zusammenhang bildungs- und sozialisationstheoretisch zu berücksichtigen, dass modernisierte Gesellschaften an die Bewältigung der unumgänglichen Brüche, wie sie mit der Generationenabfolge verbunden sind, noch genauer zu spezifizierende Anforderungen stellen – und zwar im Besonderen in der Adoleszenz, in der der „Bruch" zum Zentrum des Aufbruchs wird: Da eben gerade Ritualisierungen und fest gefügte Traditionen, die es ermöglichen würden, den Bruch zu überbrücken, indem das kulturelle Erbe weitergegeben wird, eine geringere Rolle spielen. Die Bewältigung des ‚Bruchs' in der Generationenabfolge, die Bewältigung der mit den Umgestaltungspotenzialen der Adoleszenz verbundenen Ambivalenz obliegt zunehmend der individuellen Kompetenz. Darin liegt einerseits eine besondere Chance für die individuelle Ausgestaltung des generativen Beförderns von Individuationsprozessen, aber auch ein erhöhtes Risiko.

Pädagogische Generationenbeziehungen der Adoleszenz sind i.d.S. nicht nur deshalb von besonderem Interesse, weil Adoleszenz jene Lebensphase darstellt, in der das Ringen um Individuation im Prozess des Abschieds von der Kindheit eine zentrale Rolle spielt. Die Debatten um Selbstsozialisation haben zudem gezeigt, dass die Bedeutsamkeit von Generationenbeziehungen für adoleszente Entwicklungen leichter unterschätzt wird als für kindliche Entwicklung. Dass Generationenbeziehungen different und asymmetrisch sind, leuchtet in Hinblick auf Kindheit in besonderem Maße ein, da, wie es Kramer, Helsper und Busse (2001) pointiert haben, „Kinder für ihre Individuation Erwachsener bedürfen, während Erwachsene auch gut ... ohne Kinder ihr Leben gestalten können" (135). Doch wie verhält es sich mit Jugendlichen oder Adoleszenten, die eben im Verlauf der Adoleszenz – soziologisch oder psychologisch betrachtet – potenziell auf eine Übernahme und Aneignung von Erwachsenenpositionen zusteuern? Aus dieser Sicht wird ja die Distanz zwischen Heranwachsenden und so genannten Erwachsenen geringer mit zunehmender Autonomie, wie sie im günstigen Fall für adoleszente Entwicklung typisch ist. Anders formuliert: Indem sich Adoleszente ablösen und *distanzieren* von Kindheitsbeziehungen, rücken sie in bestimmtem Sinne *näher* an die Erwachsenen, an die Erwachsenenposition heran. Lässt nun, da Differenz und Asymmetrie zwischen den Generationen zumindest vordergründig an Bedeutung zu verlieren scheinen, die Ambivalenz nach? Um deutlich zu machen, dass dies keineswegs der Fall, sondern im Gegenteil die strukturelle Ambivalenz hier ihre höchste Zuspitzung erfährt, seien die *intrapsychischen* und die *intersubjektiven* oder *intergenerativen* Momente von Bildungs- und Individuationsprozessen skizziert.

4. Bildungsprozesse der Adoleszenz als Veränderungen in Generationenbeziehungen

In den Ablösungs- und Umgestaltungsprozessen der Adoleszenz, so wurde betont, entstehen potenziell neue Selbst- und Weltverhältnisse an der Bruchstelle der Generationenabfolge. Zugleich muss sich das Neue auch an dieser Bruchstelle bewähren: in der Auseinandersetzung der Herangewachsenen mit den generational bedeutsamen Anderen. Bildungsprozesse der Adoleszenz sind spezifische Veränderungen in Generationenbeziehungen. Was heißt das genauer, zunächst auf die Adoleszenten selbst bezogen? Bildungsprozesse in der Adoleszenz können wir entwicklungstheoretisch als einen *Dreischritt von Trennung, Umgestaltung und Neuschöpfung* (vgl. King 2004: 34 ff.) beschreiben. Die psychische Arbeit, die dabei jeweils geleistet werden muss, liegt in *Abschied und Trauer*, zweitens in der *Fähigkeit, Bestehendes infrage zu stellen und die damit verbundenen Ängste und Schuldgefühle* auszuhalten, und schließlich *darin, aus den vorhandenen Ressourcen Vergangenes und Gegenwärtiges zu einem neuen Lebensentwurf zu verknüpfen*. Diese innere Auseinandersetzung ist zugleich – und das verstärkt die Störanfälligkeit dieses Selbstbildungsprozesses – in der äußeren Realität eingebettet in einen intersubjektiven Prozess: Denn an Adoleszenz sind eben zwei Generationen beteiligt. Adoleszente sind selbst noch im Werden begriffen, sie sind auch im Trennungs- und Verselbständigungsprozess noch auf Erwachsene angewiesen, auch wenn sie oft anders erscheinen wollen. Sie sind in ihrer Subjektwerdung störbar und verletzlich. Gleichwohl müssen sie, um selbständig werden zu können, im psychodynamischen Sinne die Erwachsenen von ihren angestammten Plätzen schieben. Sie müssen diejenigen innerlich infrage stellen, auf die sie zugleich noch angewiesen sind, und die damit verbundenen Ängste, Schuldgefühle, Trauer und Einsamkeitsempfindungen ertragen und durchlaufen. Das heißt: Indem Adoleszente ihre eigene Welt erschaffen, müssen sie – zumindest phasenweise –

auf die Zustimmung und Anerkennung der generational bedeutsamen Anderen verzichten: Man könnte sagen: Adoleszente treten notwendigerweise – und hier werden die Gleichaltrigen besonders wichtig – im Verhältnis zu Erwachsenen in ein *Anerkennungsvakuum* (King 2004) ein[6]. Mit diesem „Anerkennungsvakuum" verdichtet sich die Individuationskrise in der Adoleszenz, die für beide Seiten im Generationenverhältnis eine strukturell ambivalente Herausforderung darstellt.

Was heißt das auf Seiten der Erwachsenen? Auf die Familie bezogen heißt dies: so sehr Eltern Autonomisierung und kreative Potenzen der herangewachsenen Kinder begrüßen mögen, sind sie durch diese Konfrontation, nicht nur mit Trennung, sondern mit dem das Eigene potenziell relativierenden Neuen der Generationsabfolge doch immer auch schmerzlich berührt. Für die außerfamilialen Zusammenhänge gilt ebenfalls, dass die je Erwachsenen dadurch mit der Vergänglichkeit ihrer historischen Wirkungen und mit der Frage konfrontiert werden, welche ihrer kulturellen Praktiken, welche Errungenschaften, Werte und Wissensbestände die eigene Generation überdauern werden. Das heißt auch: Indem Erwachsene adoleszente Entwicklungen befördern, befördern sie damit immer auch die Relativierung ihrer eigenen Weltsicht. Aus dieser Sicht bekommt der Prozess der Ablösung in der Adoleszenz für beide Seiten im Generationenverhältnis eine doppelsinnig ambivalente Bedeutung: Ablösung *von* der erwachsenen Generation läuft in verschiedener Hinsicht auch auf eine Ablösung *der* erwachsenen Generation hinaus. Die Gratifikation liegt für die erwachsene Generation zwar darin, in ihrem Beitrag zur Fortführung der Generationenlinie ihre individuelle Endlichkeit symbolisch zu überschreiten. Allerdings kann es in modernisierten Gesellschaften keine bruchlosen Weitergaben von Tradiertem mehr geben, wodurch eben neue Anforderungen an generative Haltungen entstanden sind. Daraus ergeben sich weitere Präzisierungen der Anforderungen an pädagogische Generationenbeziehungen mit Adoleszenten.

---

6 Wird dies vermieden, verbleiben die ‚Herangewachsenen' latent oder manifest in Infantilität und ‚Konvention', mitunter auch auf unmerkliche, unauffällig und ‚normal' erscheinende Weise (das heißt in psychodynamischer Betrachtung: in einer psychischen Position, die darauf ausgerichtet ist, es den Eltern recht zu machen und die adoleszente Attacke zu vermeiden, ohne die weder Individuation noch Kreativität möglich sind). Wo die Risiken der Individuation eingegangen werden können, ist am Ende des adoleszenten Bildungs- und Selbstbildungsprozesses Neues, in diesem Sinne: ein erwachsenes Selbst, hervorgebracht worden.

5. Anforderungen an pädagogische Generationenbeziehungen der Adoleszenz

Als gemeinsamen Nenner des Pädagogischen hat Zinnecker „sorgende Beziehungen zwischen Generationen im Lebensverlauf" (1997) beschrieben. Doch offenbar muss die Figur der intergenerationalen Sorge für den ausgeführten Zusammenhang noch genauer gefasst werden: Geht es doch im Kern um eine Art Brückenschlag über den Bruch, der mit der Generationsabfolge verbunden ist, um eine intergenerationale Balance zwischen Kontinuität und Bruch in dem zwischen den Generationen wirksamen Prozess der Kulturbildung. ‚Pädagogische Generativität' beinhaltet in diesem Sinne Ermöglichung von Bildung, und zwar Ermöglichung von Bildung als einem Umgestaltungsprozess, der potenziell auch Neues hervorbringt und damit Altes infrage stellt. Insofern geht es bei pädagogischer Generativität eben nicht nur um intergenerational sorgende Beziehungen und auch nicht in erster Linie um Erziehungspraxis im Sinne direkter Einwirkung. *Pädagogische Generativität* bezeichnet vielmehr – was in modernisierten Gesellschaften eine zunehmend deutlichere Rolle spielt – die eher vermittelt wirkende, *soziale Gewährleistung, dass adoleszente Bildung und Individuation im Rahmen eines Entwicklungsspielraums befördert und nicht ge- oder zerstört wird*. Sie erfordert daher eine je unterschiedliche Kombination von generationaler Begleitung und Zurückhaltung, von Abgrenzung und Zur-Verfügung-Stehen. Ihre Voraussetzung ist eine konstruktive Bewältigung der mit der Entstehung des Neuen in der Adoleszenz verbundenen Ambivalenz. Anders formuliert: Generativität beruht im Kern auf der Anerkennung von Differenz und auf dem Verzicht, der mit der Einsicht verknüpft ist, nicht alles und nicht für immer sein zu können[7]. Diese Facette der Generationenabfolge tritt erst in modernisierten und (teil-)säkularisierten Gesellschaften deutlicher hervor, in denen es mehr Spielräume gibt und die notwendigen Bewältigungen zunehmend der individuellen psychosozialen Kompetenz obliegen, während in vor- und frühmodernen Gesellschaften die kulturelle Weitergabe wie auch Übergänge und Verluste durch Rituale, Religion und festgefügtere soziale Konventionen teils erzwungen, teils erleichtert wurden.

Mit Blick auf diese notwendig gewordene individualisierte Verarbeitung von Ambivalenz können wir die eingangs erwähnte Frage Schleiermachers durch eine weitere Facette ergänzen und variieren, deren Brisanz für pädagogische Praxis auch erst in modernisierten Gesellschaften deutlich hervortritt: *Welche Bedingungen muss die je ältere Generation bei sich selbst herstellen, um für die jüngere Selbstbildungsprozesse zu ermöglichen?* Anders gesagt: die je ältere Generation muss in einer reflexiven Wendung selbst einen Bildungsprozess durchlaufen – also Fähigkeiten zur Anerken-

---

[7] Im professionellen Kontext gedacht könnte man dies zugleich als einen Kernbestandteil professioneller Kompetenz und Ethik bezeichnen.

nung von Differenz und eigener Begrenztheit erlangen – um Bildungsprozesse der Nachfolgenden zu ermöglichen. Die in verschiedenen Lebenssituationen auch immer wieder neu zu erringende Fähigkeit zur Anerkennung von Differenz und zum Ertragen von Ambivalenz schafft aufseiten der erziehenden Erwachsenen die Voraussetzungen dafür, den Adoleszenten genügend Freiraum zu lassen, aber auch als verlässliche Objekte der Auseinandersetzung zur Verfügung zu stehen, einen sicheren Hafen zu bieten, der den Aufbruch ermöglicht. Im günstigen Fall erlangt die je ältere ‚erwachsene' Generation in einem dem Bildungsprozess der Adoleszenten komplementären Prozess der Ablösung die Fähigkeit, in der eigenen Lebenspraxis neue Akzente zu setzen, ohne die Adoleszenten alleine zu lassen – ohne dabei den adoleszenten Raum für Bildungsprozesse für sich selbst zu okkupieren. Wie prekär gerade diese, im ersten Moment fremd klingende Anforderung sein kann, sei kurz am Beispiel der Familie illustriert. So kennen wir aus der Familienforschung und -beratung jene Konstellation, bei der die Eltern, konfrontiert mit der Adoleszenz der Kinder, dem Ringen um Individuation der Herangewachsenen gleichsam zuvorkommen. Noch bevor die Adoleszenten sich trennen können, sind ihnen die Eltern dann schon vorausgeeilt, wie es zum Beispiel in dem in 20 Sprachen übersetzten Bestseller „Das Blütenstaubzimmer" von Zoe Jenny ausgemalt ist, bei dem diese Konstellation ein Leitmotiv darstellt. Man könnte sagen, in diesem Adoleszenzroman sucht die Tochter auch als Adoleszente immer weiter nach dem Nest, während die zudem getrennten Eltern stets im Aufbruch sind. Das Nest ist immer schon leer, bevor die Tochter gehen kann. Dieser Roman setzt ins Bild, dass die Spannung zwischen den Generationen in modernisierten Gesellschaften auch im Besetzen der adoleszenten Möglichkeitsräume *durch die je Erwachsenen* zum Ausdruck kommen kann. Dies wird am Beispiel der Familie besonders anschaulich, betrifft jedoch auch die pädagogischen Generationenbeziehungen in anderen, außerfamilialen sozialen Räumen und Institutionen. Es handelt sich dabei um eine Begleiterscheinung von Modernisierungsprozessen, insofern soziale Beziehungen an Verbindlichkeit einbüßen und sich auch für Erwachsene die Anforderungen etwa an Flexibilität erhöhen – was sich wiederum auf die Fähigkeit auswirken kann, für die Umgestaltungen der Adoleszenten verlässliche generative Bedingungen herzustellen. Man könnte auch sagen, wo in überfordernder Weise Flexibilität abverlangt wird, vermindert sich, wie es Luise Winterhager-Schmid (2004: 178) formuliert hat, der generationale oder ‚pädagogische Bindungswille' und damit auch die generative Haltung, aus der heraus im Generationenverhältnis das Neue des Anderen, des generationell Anderen, zugelassen werden kann. Daraus entstehen in Bezug auf die Bedingungen der Adoleszenz neue Varianten und Kombinationen von sozialen Ungleichheiten, bei denen sozioökonomische Faktoren und generationale Dynamiken ineinander greifen. So finden wir auch am Beginn des 21. Jahrhunderts aufgrund ökonomischer und sozialer Bedrängnisse *verkürzte*

Adoleszenzverläufe. Mit ähnlichen Effekten können Benachteiligungen in Bildungs- und Beschäftigungssystem und hemmende intergenerationale Konstellationen zu *überdehnter Adoleszenz* führen. Eine in einigen Aspekten neue Variante der Verhinderung stellt die *enteignete Adoleszenz* dar, bei der die Erwachsenen, wie beschrieben, die adoleszenten Spielräume selbst besetzen. Auf verschiedene Weisen müssen auch in modernisierten Gesellschaften Heranwachsende um adoleszente Möglichkeitsräume ringen – um adoleszente Bildungsspielräume, die intergenerational geprägt und dabei, auch in Abhängigkeit von Geschlecht, sozialer Herkunft und Migrationsstatus, ungleich verteilt sind. Eine der zentralen Aufgaben außerschulischer Jugendarbeit besteht vor diesem Hintergrund darin, adoleszente Räume gerade für benachteiligte Jugendliche überhaupt zu schaffen und zudem professionell adäquate generative Voraussetzungen für adoleszente Bildungsprozesse herzustellen.

6. Schlussfolgerungen zu professionellen pädagogischen Generationenbeziehungen in der außerschulischen Bildung von Adoleszenten

Zusammengefasst sind die Professionalitätsanforderungen in der außerschulischen Bildung von Adoleszenten durch folgende, aufeinander zu beziehende Aspekte bestimmbar:

1. die intergenerationale Dynamik, also den Zusammenhang von *pädagogischer Generativität und Bildung,*
2. die *spezifische Gestalt* dieses Zusammenhangs in Bildungsprozessen der Adoleszenz,
3. in Verbindung mit der *Eigenlogik des Feldes* (Differenz zu Schule und Familie).

Professionalität erweist sich in der außerschulischen Bildung zunächst darin, sich auf die entwicklungsspezifischen Anforderungen, in diesem Fall der Adoleszenz, ausrichten zu können. Bildungsprozesse der Adoleszenz beinhalten besondere Herausforderungen in pädagogischen Generationenbeziehungen, die sich in gesellschaftlichen Transformationsprozessen zudem für beide Seiten verändert haben. Ein weiteres Merkmal modernisierter Gesellschaften liegt darin, dass sich die Räume der Adoleszenz vervielfältigen: in Familie und Peers, Schule und diverse außerschulische Bereiche. Die verschiedenen Erfahrungsräume der Adoleszenz erfüllen unterschiedliche Funktionen und stehen zugleich in potenziell fördernden, aber auch potenziell kontraproduktiven Wechselwirkungen. Um negativen Wechselwirkungen entgegenzusteuern, wie sie mit sozialen Ungleichheiten oft einhergehen, muss sich Jugendarbeit auf Auswirkungen ungünstiger familialer oder schulischer Bedingungen einzustellen und zugleich die Differenz zu wahren wissen. Der Eigenlogik des Feldes folgend, im Rahmen pädagogischer Generationenbeziehungen, die im Verhältnis zu schulischen gestaltbarer sind und vonseiten der Adoleszenten freiwillig eingegangen werden, im Verhältnis zu familialen jedoch institutionalisiert, zeit-räumlich begrenzt und professioneller Bearbeitung und systematischer Reflexion zugänglich, kann in der Jugendarbeit spezifischer Raum geschaffen werden für die Auseinandersetzung mit den adoleszenztypischen, alltäglichen, mitunter bedrängenden Lebensthemen. Außerschulische Bildung stellt von daher einen spezifisch geeigneten Ort dar für die Bewältigung des ‚Anerkennungsvakuums', wie es mit dem adoleszenten Ringen um Selbstwerdung einhergeht. Die Bewältigung des Anerkennungsvakuums vollzieht sich, so wurde betont, einerseits in Gleichaltrigenbeziehungen, andererseits in der adoleszenztypisch vermittelten Auseinandersetzung mit den generational Anderen, mitunter auch verborgen in Abgrenzung, Indifferenz oder provozierender und destruktiv wirkender Aggressivität. Dies erfordert, neben Fallkompetenz, im Besonderen eine professionelle Auseinandersetzung mit Ambivalenz. Denn die eingangs ausgeführten Bildungsziele außerschulischer Jugendarbeit wie Teilhabe, eigene kulturelle Praxis, Körperaneignung und gelingende Lebensbewältigung realisieren sich wesentlich, wenn auch indirekt, aus der intergenerationalen Auseinandersetzung und müssen – der antinomischen Struktur von Selbstbildung entsprechend – gleichsam durch das Nadelöhr des Anerkennungsvakuums und ambivalenter generationaler Dynamiken hindurch. Das Ringen um Trennung, Umgestaltung und das Hervorbringen des Eigenen, die damit einhergehenden, je nach Ressourcen und sozialer Lage variierenden Suchbewegungen und Konflikte stellen in diesem Sinne adoleszente Bildungs*anlässe* dar, die unter geeigneten generativen Bedingungen im Kontext von Jugendarbeit Bildungsprozesse werden können. Auch auf der Ebene der Praxiskonzeptionen geht es in diesem Sinne darum, der *widersprüchlichen Einheit von Kontinuität und Bruch* in Generationenbeziehungen gerecht zu werden, wie sie mit Bildungsprozessen der Adoleszenz gegeben ist.

Bildungs- und Entwicklungsprozesse, bei denen Neues hervorgebracht und Selbst- und Weltverhältnisse transformiert werden, beinhalten im Kern eine Bewegung der aneignenden Individuation, die den generationell Anderen attackiert und vom hervorgehobenen Platz schiebt. Diese Zusammenhänge werden nicht nur intrapsychisch, sondern auch intersubjektiv oder psychosozial bedeutsam. Sie gelten nicht nur für die Nahbeziehungen der familialen Sozialisation, sondern wirken sich auf besondere Weise in außerfamilialen pädagogischen Generationenbeziehungen aus. Pädagogische Generationenbeziehungen bekommen dabei im Verhältnis zu familialen psychodynamisch einerseits die Funktion des Dritten, d.h. potenziell die Bedeutung, durch zunehmende Erweiterung von Spielräumen und Erfahrungsmöglichkeiten die psychischen Kompetenzen zu verstärken und damit die Individuationsprozesse zu befördern. Zum andern jedoch werden in dem Maße, wie Individuationsprozesse in familialen Kontexten vermieden werden oder eingeschränkt sind, die Ausdrucksformen der damit einhergehenden Krisen und Konflikte zwangsläufig auch in pädagogischen Generationenbeziehungen thematisch – sie werden in der Konflikthaftigkeit von Bildungs- und Entwicklungsprozessen auch in pädagogischen Generationenbeziehungen zum Ausdruck gebracht oder in Szene gesetzt. Im Unterschied zur familialen Beziehung, in der solche Konflikte mehr oder minder reflektiert ablaufen, können sie in der außerfamilialen pädagogischen Generationsbeziehung zum Gegenstand professioneller Reflexion werden. Ihre Bearbeitung ist mit der professionellen Balance von Nähe und Distanz verknüpft.

Professionalität ließe sich dann nicht nur dadurch bestimmen, dass die emotionalen Gehalte und psychischen Bedeutungen der Beziehungsgestaltungen zum generationell Anderen der pädagogischen Generationsbeziehung gelesen werden können, was wiederum emotionale Nähe im Sinne von Empathiefähigkeit und professionelle Distanz voraussetzt. Professionalität drückte sich darüber hinaus darin aus, dem Ringen um Individuierung fördernden Raum geben zu können, die damit einhergehenden Ambivalenzen zu ertragen und weder destruktiv noch, im Sinne einer indirekten Attacke, durch Distanzierung im Alleine-lassen zu agieren. Die Spannung von Nähe und Distanz, von persönlich-emotionalen und rollenförmigen Beziehungsaspekten, ist zwangsläufig in eine, bewusste oder unbewusste, Auseinandersetzung mit dem Wechsel von Vermeidung und Behauptung von Individuation eingebettet. Das eine kann auch zur Abwehr des anderen in den Vordergrund geschoben werden und umgekehrt.

Denn Individuation, so gilt es sich zu vergegenwärtigen, ist für beide Seiten des Generationenverhältnisses mit Angst und Ambivalenz verbunden, sodass die Zuspitzung naheliegt, dass gerade das Durcharbeiten und konstruktive Bearbeiten von Angst und Ambivalenz Bildungs- als Individuationsprozesse überhaupt ermöglicht und zur Entstehung von Neuem führen kann. *Diese, die Bedeutung der eigenen Vorstellungen relativierende Bewegung auszuhalten, zu befördern und nicht destruktiv zu bekämpfen oder verhindern zu wollen, bedeutet im emphatischen Sinne, eine generative Position einzunehmen.* Pädagogische Generativität meint insofern keinesfalls den autoritativen Gestus derer, die es besser wissen. Pädagogische Generativität meint auch anderes als eine einfache Weitergabe und soziale oder kulturelle Vererbung an die nachkommende Generation, und sie erfordert weitaus mehr als die berühmte Aufforderung zur Selbsttätigkeit: Sie erfordert weitaus mehr, insofern es darum geht, die mit der Selbsttätigkeit der generationell Anderen konstitutiv verbundene Relativierung des Eigenen in der generativen Abfolge zu ertragen und Neues auch im einfachen Sinne von Anderem zuzulassen. In diesem Sinne handelt es sich um eine zwangsläufig instabile Haltung, um ein Moment professioneller Kompetenz, das riskant ist und um das immer wieder gerungen werden muss.

Literatur

Arendt, H., 1981: Vita activa oder Vom tätigen Leben. München

Erikson, E., 1959: Identität und Lebenszyklus. Frankfurt a.M. (1966)

Helsper, W., Hörster, R., Kade, J. (Hrsg.) 2003: Ungewissheit. Pädagogische Felder im Modernisierungsprozess. Weilerswist

Hornstein, W., 2004: Bildungsaufgaben der Kinder- und Jugendarbeit auf der Grundlage jugendlicher Entwicklungsaufgaben. In: Sturzenhecker, B., Lindner, W. (Hrsg.): Bildung in der Kinder- und Jugendarbeit. Weinheim und München: 15–33

King, V., 2004: Die Entstehung des Neuen in der Adoleszenz. Individuation, Generativität und Geschlecht in modernisierten Gesellschaften. Wiesbaden (1. Aufl. 2002)

Koller, H.-Ch., 2005: „Bildung (an) der Universität? Zur Bedeutung des Bildungsbegriffs für Hochschulpolitik und Universitätsreform". In: Liesner, A., Sanders, O. (Hrsg.): Bildung der Universität. Bielefeld: 79–100

Koselleck, R., 2000: Zeitschichten. Studien zur Historik. Frankfurt a.M.

Kramer, R.-T., Helsper, W., Busse, S., 2001: Pädagogische Generationsbeziehungen und die symbolische Generationsordnung – Überlegungen zur Anerkennung zwischen den Generationen als antinomischer Struktur. In: Dies. (Hrsg.): Pädagogische Generationenbeziehungen, Opladen: 129–155

Liesner, A., Wimmer, M., 2003: Der Umgang mit Ungewissheit. Denken und Handeln unter Kontingenzbedingungen. In: Helsper, W. u.a. (Hrsg.): Ungewissheit. Pädagogische Felder im Modernisierungsprozess. Weilerswist: 23–49

Müller, B., 2000: Jugendarbeit als intergenerationaler Bezug. In: King, V., Müller, B. (Hrsg.): Adoleszenz und pädagogische Praxis. Bedeutungen von Geschlecht, Generation und Herkunft in der Jugendarbeit. Freiburg: 119–142

Müller, B., Schmidt, S., Schulz, M., 2005: Wahrnehmen können. Jugendarbeit und informelle Bildung. Freiburg i.B.

Oevermann, U., 1996: Theoretische Skizze einer revidierten Theorie professionalisierten Handelns. In: Combe, A., Helsper, W. (Hrsg.): Pädagogische Professionalität. Frankfurt a.M.: 70–182

Rauschenbach, Th. u.a. (Hrsg.) 2004: Konzeptionelle Grundlagen für einen nationalen Bildungsbericht. – Non-formale und informelle Bildung im Kindes- und Jugendalter. BMBF, Berlin

Schleiermacher, F., 2000: Texte zur Pädagogik. Kommentierte Studienausgabe, hrsg. v. Winkler, M., Brachmann, J., Frankfurt a.M.

Winterhager-Schmid, L., 2004: Generationenbeziehungen der Sorge. Fragen an die Zukunft des pädagogischen Generationenvertrags. In: Hörster, R., Küster, E.-U., Wolff, St. (Hrsg.): Orte der Verständigung. Beiträge zum sozialpädagogischen Argumentieren. Freiburg i.B.: 173–186

Zinnecker, J., 1997: Sorgende Beziehungen zwischen Generationen im Lebensverlauf. Vorschläge zur Novellierung des pädagogischen Codes. In: Lenzen, D., Luhmann, N. (Hrsg.): Bildung und Weiterbildung im Erziehungssystem. Frankfurt a.M.: 199–227

Zinnecker, J., 2000: Selbstsozialisation. Essay über ein aktuelles Konzept. In: ZSE, 20. Jg., H. 3: 272–290

Thomas Klatetzki

Wie die Differenz von Nähe und Distanz Sinn in den Einrichtungen der Sozialen Arbeit stiftet
Eine organisationstheoretische Deutung

Einleitung: Die organisatorische Form Sozialer Arbeit

Im Rahmen einer theoretischen Perspektive, die Mary Jo Hatch (1997) als „modern" bezeichnet hat, werden Organisationen häufig als soziale Systeme zur Verrichtung von Arbeit verstanden (Perrow 1967, Morgan 1986). Organisationen werden gebildet durch die Relationierung sozialer Positionen („Stellen"), so dass es einer Menge von Akteuren möglich wird, „Rohmaterial" unterschiedlichster Art – seien dies nun Objekte oder Subjekte – in gewünschter Weise zu verändern. So gesehen lassen sich sozialarbeiterische und sozialpädagogische Einrichtungen als Organisationen beschreiben, deren zu bearbeitendes „Rohmaterial" Subjekte sind, wobei diese Subjekte, aus welchen Gründen auch immer, noch nicht oder nicht mehr über ausreichende Fähigkeiten verfügen, um ihre Lebensprobleme eigenständig zu bewältigen. Die Subjekte sollen durch die personenbezogene Arbeit der Organisationen so verändert werden, dass sie zu einer autonomen Lebensführung (wieder) in der Lage sind.

In der organisationstheoretischen und in der (sozial-)pädagogischen Literatur wird dabei übereinstimmend davon ausgegangen, dass die durch die Organisationen zu verrichtende Veränderungsarbeit mit einem „Technologiedefizit" behaftet ist (Luhmann/Schorr 1982, Hasenfeld 1983). Damit ist gemeint, dass die Einrichtungen über keine verlässlichen technischen Prozeduren verfügen, die die gewünschten Veränderungen der Subjekte in einer eindeutig vorher bestimmbaren Weise möglich machen. Technologien basieren auf einem Wissen, das innerhalb einer akzeptablen Variationsbreite erfolgreiche Veränderungen sicherstellt und das die Ausbildung von Personal für die Durchführung dieser Arbeit ermöglicht. Der Grad der Bestimmtheit einer Technologie ist eine Funktion dreier Variablen (Hasenfeld/English 1974):

a) dem Grad, in dem das gewünschte Ergebnis des Veränderungsprozesses klar definiert und feststellbar ist;

b) dem Ausmaß an Stabilität und Invarianz des Rohmaterials;
c) dem verfügbaren Wissen über Ursache – Wirkungsbeziehungen hinsichtlich der einzusetzenden Interventionen.

Für sozialpädagogische und sozialarbeiterische Organisationen wird angenommen, dass die gewünschten Ergebnisse im Allgemeinen nicht einfach definierbar und auch nicht einfach feststellbar sind. Dies bedeutet, dass ein durch die Veränderungsarbeit angestrebtes Ziel wie z.B. die autonome Lebensführung eines Klienten mehrdeutige Interpretationen und vielfältige Messmöglichkeiten erlaubt, so dass unterschiedliche Auffassungen darüber bestehen können, was das Ergebnis der Veränderungsarbeit ist und ob das gewünschte Ergebnis erreicht wurde. Weiterhin wird davon ausgegangen, dass im Rohmaterial, also in der Population der Klienten ein hohes Maß an Variabilität und Instabilität vorhanden ist, das heißt, dass die Problemlagen sich von Fall zu Fall unterscheiden und dass sich zudem die Probleme eines einzelnen Falles im Laufe der Zeit ändern können. Schließlich wird im Hinblick auf soziale personenbezogene Dienstleistungsorganisationen unterstellt, dass sie über kein verlässlich anwendbares Kausalwissen für Interventionen verfügen. Die Veränderungsarbeit in sozialen Einrichtungen gilt daher als technologisch defizitär oder auch als nicht technologisierbar, mit der Folge, dass die Wirksamkeit der Methoden zur Veränderung der Klienten unklar ist. In kognitiver Hinsicht besteht in sozialpädagogischen und sozialarbeiterischen Einrichtungen daher ein hohes Maß an Ungewissheit, in Bezug auf Entscheidungen herrscht mithin Unsicherheit und für das Handeln ergibt sich demzufolge ein hohes Maß an Unbestimmtheit.

Um dennoch die notwendige Veränderungsarbeit leisten zu können, wird in den Organisationen ein speziell ausgebildetes Personal eingesetzt – die Professionellen –, von dem angenommen wird, dass es aufgrund einer langen meist akademischen Ausbildung über die nötige Kompetenz verfügt, solche mit Ungewissheit, Unsicherheit und Unbestimmtheit behafteten Aufgaben zu bearbeiten. Durch den Einsatz professionellen Personals erhalten die sozialpädagogischen und sozialarbeiterischen Einrichtungen ihre spezifische organisatorische Form. Während in Organisationen, die mit technisierbaren Arbeitsaufgaben konfrontiert sind, sich Regeln für die Handlungsweisen des Personals erstellen lassen, muss bei nicht technologisierbaren Arbeitsaufgaben der Interventionsprozess insgesamt an die Professionellen übertragen werden. Die Arbeit in den Organisationen wird daher nicht durch Vorschriften, sondern durch Delegation strukturiert (Dornbusch/Scott 1975). Das bedeutet, dass sich der Ort der Handlungsinitiative verlagert: Im Fall bestimmbarer, technisierbarer Arbeitsaufgaben liegt der Ort der organisatorischen Handlungsinitiative zentralisiert bei denjenigen, die die Regeln und Vorschriften für das Arbeiten festlegen – das ist üblicherweise das Management –, und es ergibt sich eine hierarchische Organisationsform. Idealtypisch ist diese Hierarchie eine pyramidenförmige

Monokratie mit nur einem „Herrn" an der Spitze (Weber 1972). Im Fall nicht technologisierbarer, unbestimmter Arbeitsaufgaben liegt der Ort der Handlungsinitiative dagegen dezentralisiert bei den einzelnen Professionellen an der „front line" (Smith 1974, Lipsky 1980, Jones/May 1992), mit der Folge, dass die Organisation eine flache, horizontale Form annimmt, die idealtypisch als ein egalitäres, polykratisches Kollegium beschrieben wird (Rothschild Whitt 1979, Rothschild Whitt/Whitt 1986, Waters 1993).

Die dezentralisierte Machtverteilung verweist darauf, dass der operative Kern (Mintzberg 1989), d.h. die Gruppe der handelnden Professionellen, der wichtigste Bestandteil der Organisation ist, denn die Professionellen – und nicht das Management – realisieren die sozialpolitischen Strategien in den sozialpädagogischen und sozialarbeiterischen Einrichtungen. Es ist daher nicht verwunderlich, dass die Veränderungs- und Verbesserungsbemühungen im Feld der Sozialen Arbeit regelmäßig bei den Professionellen ansetzen. Indem ihnen neue Konzepte und Wissensbestände zur Handhabung der nicht technologisierbaren Arbeitsaufgaben vermittelt werden, soll die Veränderungsarbeit der professionellen Organisationen an Qualität gewinnen.

Ein neuer Vorschlag für den Umgang mit den von Unbestimmtheit, Unsicherheit und Ungewissheit behafteten Problemen in sozialen personenbezogenen Dienstleistungsorganisationen besteht darin, das professionelle Handeln mit Hilfe der Differenz von Nähe und Distanz zu orientieren: „Professionelles Handeln unterscheidet sich vom laienhaften Alltagshandeln darin, dass es fähig ist, Nähe und Distanz zu seinen Adressaten und deren Problemen auf kunstvolle Weise zu verschränken und miteinander zu vermitteln" (Müller 2004: 1). Die Fokussierung auf den gekonnten Umgang mit Nähe und Distanz wird damit begründet, dass es sich bei dieser Problematik um den Kern professionellen Handelns handelt: „Das Versprechen, intime Probleme der Menschen zu lösen, *ohne* ihnen zu nahe zu treten, ist die große Zauberformel der klassischen Professionen, der diese ihren historischen Siegeszug zu verdanken haben" (Müller 2004: 2, Herv. i. O.).

Aus einer organisationstheoretischen Perspektive kann der Einsatz der Unterscheidung von Nähe – Distanz zur Professionalisierung sozialpädagogischen und sozialarbeiterischen Handelns als ein kognitives Schema verstanden werden, das die Professionellen als Instrument der Sinnstiftung bei der Bearbeitung der ungewissen, unsicheren und unbestimmten Arbeitsaufgaben einsetzen sollen (Weick 1979, 1995). Von dem Einsatz dieses Instrumentes erhofft man sich eine qualitative Verbesserung sozialpädagogischer und sozialarbeiterischer Arbeit. Um einschätzen zu können, ob das Schema von Nähe und Distanz in der Lage ist, den erhofften Zuwachs an Qualität in den Einrichtungen der Sozialen Arbeit zu erzeugen, wird im Folgenden zunächst der Prozess der Sinnstiftung erläutert (1). In einem weiteren Schritt wird die Unterscheidung von Nähe und Distanz als Sinnstiftungsinstrument dann einer kritischen Betrachtung unterzogen (2).

1. Der Prozess der Sinnstiftung

Sozialpädagogische Einrichtungen sind bei ihrer Arbeit notorisch mit Unbestimmtheit, Ungewissheit und Unsicherheit konfrontiert und überantworten die Bewältigung dieser Aufgabe einem professionellen Personal. Da die Verhältnisse unklar sind und sich wandeln, müssen die Mitarbeiterinnen der Einrichtungen zuerst und vordringlich eine Antwort auf die Frage finden: Was geht hier vor? Das Interpretieren und Definieren der Situation, das „Sensemaking" wird damit zum grundlegendsten Bestandteil professioneller Aktivität (Abbott 1988). Professionelles Handeln basiert auf einem vorgängigen Prozess der Sinnstiftung, von dem es seine inhaltliche Bedeutung bezieht und zu dessen Inhalten und Form es beiträgt. Aus dieser Perspektive ergibt sich, dass für das professionelle Vorgehen „die interpretierende Ordnung ebenso bedeutungsvoll ist wie die Spezifizierung bestimmter Vorgehensweisen" (March 1990: 16).

Für eine genauere Darstellung des Prozesses der Sinnstiftung lassen sich nun zwei Schritte unterscheiden: Der erste Schritt der Sinnstiftung besteht darin, dass der Strom der alltäglichen Ereignisse in einer Organisation in einer bestimmten Weise unterteilt wird. Sinnstiftung beginnt damit, dass die Aufmerksamkeit auf bestimmte Phänomene gerichtet wird, dass also diese (und nicht andere) Phänomene aus dem Strom der Ereignisse herausgehoben („eingeklammert") werden. Ganz allgemein lässt sich sagen, dass Aufmerksamkeit dadurch hervorgerufen wird, dass der selbstverständliche, gewohnte, normale Verlauf der Ereignisse durch irgendetwas unterbrochen wird. Bezogen auf das Handlungsfeld der Sozialpädagogik und Sozialarbeit dürfte dieses „irgendetwas" vor allem ein Verstoß gegen die informellen und formellen Regeln des Zusammenlebens sein, die bei den Professionellen Aufmerksamkeit erzeugen (Baecker 1994).

In einem zweiten Schritt werden die durch die Ausrichtung der Aufmerksamkeit isolierten Phänomene des Ereignisstroms mit kognitiven Kategorien und sprachlichen Etiketten versehen. Der Fluss der Ereignisse wird auf diese Weise strukturiert und stabilisiert. Inhaltlich wird durch die Kategorisierung und Bezeichnung Realität konstituiert. Wo vorher nur ein Strom von Ereignissen war, wird jetzt z.B. abweichendes Verhalten „festgestellt". Die hierzu verwendeten Kategorien und Etiketten sind Bestandteile größerer Netzwerke von Ideen und Worten („Vokabularien"), so dass durch die Benennung zugleich eine Einbindung des Geschehens in ein kognitives und sprachliches System erfolgt. Es entsteht so nicht weniger als eine umfassende Sichtweise der Realität, wobei diese Realität, auch wenn den Akteuren das vielfach nicht bewusst ist, eine durch den organisatorischen Sinnstiftungsprozess erzeugte Realität ist.

Wenn bei der Sinnstiftung die erste Frage der Professionellen lautet: Was geht hier vor?, so lautet die folgende, nicht minder wichtige Frage. Was tue ich als nächstes? Sinnstiftung dient dazu, weiteres Handeln zu ermöglichen. Das Verhältnis von Handeln und Sinnstiftung ist dabei kein lineares, sondern ein zirkuläres, das als ein Denken im Handeln („reflection in action", Schön 1983) bezeichnet worden ist. Mit dieser Formulierung soll deutlich gemacht werden, dass Sinnstiftung ein fortwährender, sich immer wieder ereignender Prozess ist. Wie zeitlich kurz oder lang einzelne Zirkel von Sinnstiftung und Handeln sind, hängt dabei von der Frequenz der Unterbrechungen und der dadurch erzeugten Aufmerksamkeit ab. So kann es längere Zeiten eines störungsfreien routinemäßigen Handelns geben oder aber eine rasche Abfolge von Unterbrechungen, die vielfache Realitätsbestimmungen notwendig machen.

Im Hinblick auf den Prozess der Sinnstiftung werden in der Literatur (Weick 1995) drei Aspekte besonders hervorgehoben, nämlich, dass Sinnstiftung in Identitäten gründet, dass Sinnstiftung ein kollektives Phänomen ist und dass der Prozess der Sinngebung retrospektiv erfolgt. Auf diese persönliche, soziale und zeitliche Dimension des Sinnstiftungsprozesses soll kurz eingegangen werden:

1. **Sinnstiftung gründet in Identitäten:** Die Identität des Akteurs spielt im Prozess der Sinnstiftung eine zentrale Rolle, denn das Selbstverständnis (Wer bin ich?) hängt unmittelbar zusammen mit der Interpretation der Realität (Was geht hier vor?) und der Frage des Handelns (Was tut jemand wie ich angesichts dieser Situation als nächstes?) (March 1994). Die Identität einer Person lässt sich als eine sozial situierte, dynamische interpretative Struktur verstehen, die zwischen intrapersonellen und interpersonellen Prozessen vermittelt. Identität bildet sich dabei auf der Basis 1. eines Bedürfnisses nach Selbstbestätigung: Personen streben danach, ein positives kognitives und emotionales Selbstbild zu erlangen und zu erhalten, 2. eines Bedürfnisses nach Selbstwirksamkeit: Personen haben das Bedürfnis, sich selbst als Akteure zu erfahren, die etwas bewirken in der Welt, und 3. auf der Basis eines Bedürfnisses nach Selbstkonsistenz: Personen streben in Bezug auf ihr Selbst nach kompatiblen und kontinuierlichen Erfahrungen (Erez/Earley 1993). Aus diesem theoretischen Hintergrund lässt sich ableiten, dass Sinnstiftungsprozesse einsetzen, wenn das positive Selbstbild eines Akteurs bedroht ist, wenn keine Selbstwirksamkeit erfahren wird und wenn das Gefühl von Selbstkonsistenz nicht aufrechterhalten werden kann. Beim Handeln an der „frontline" in sozialen personenbezogenen Dienstleistungsorganisationen (besonders mit schwierigen Klienten) dürften häufig genug alle drei Bedürfnisse des Selbst unterminiert werden. Das Technologiedefizit führt zu einem Verlust des Erlebens von Selbstwirksamkeit, turbulente Situationen können zu Handlungen führen, die der Akteur als nicht konsistent mit seinem Selbst ansieht und bei Konflikten mit den Klienten wird oftmals die Bestätigung des Selbst vorenthalten.
2. **Sinnstiftung ist ein kollektives Phänomen:** Der Begriff Sinnstiftung ver-

leitet dazu, sich nur auf die Ebene des Individuums zu konzentrieren und dabei aus dem Blick zu verlieren, dass menschliches Denken und Sprechen in sozialen Bezügen stattfindet. Die Sinnstiftung des Einzelnen erfolgt aber stets in der Gegenwart anderer Akteure, seien diese nun körperlich präsent, vorgestellt oder impliziert. Sinnstiftung in Organisationen geschieht daher im Wissen darum, dass andere Personen (vor allem die Kolleginnen und Kollegen), die individuelle Sinngebung verstehen und/oder anerkennen und/oder fortsetzen müssen. Sinnstiftung ist folglich inhärent ein kollektives Phänomen. Die Kategorien und Etikettierungen, die zur Konstituierung von Realität verwendet werden, sind Kategorien und Etiketten, die die Akteure gemeinsam haben. Die Organisation einer sozialpädagogischen oder sozialarbeiterischen Einrichtung lässt sich aus der Perspektive der Sinnstiftung daher als ein Netzwerk intersubjektiver Bedeutungen verstehen, das durch die Entwicklung und den Gebrauch gemeinsamer kognitiver Kategorien und eines gemeinsamen Vokabulars in Alltagsinteraktionen aufrechterhalten wird.
3. **Sinnstiftung erfolgt retrospektiv:** Sinnstiftung beginnt mit der Zuwendung von Aufmerksamkeit auf den Strom der Ereignisse. Und das bedeutet, dass die Aufmerksamkeit und die nachfolgende Bezeichnung und Kategorisierung sich auf das richtet, was bereits geschehen ist. Wenn die Akteure Aspekte aus dem Strom der Ereignisse hervorheben und sie z. B. als „angemessene Reaktion" oder „abweichendes Verhalten" deklarieren, so erfolgt das im Nachhinein. Handlungen werden daher erst gewusst, nachdem sie ausgeführt worden sind, die Akteure hinken ihren Handlungen stets hinterher bzw. die Handlungen eilen den Akteuren voraus. Sinnstiftung impliziert somit ein Zuspätkommen menschlichen Verstehens: Das Leben wird vorwärts gelebt und rückwärts verstanden. Dass Sinnstiftung retrospektiv ist, bedeutet, dass alles, was passiert ist, nur als Erinnerung existiert, und das bedeutet auch, dass alles, was das Erinnern beeinflusst, Auswirkungen auf die Sinngebung hat.

Damit wäre der Vorgang der Sinnstiftung in Organisationen und einige seiner wesentlichen Charakteristika kurz dargestellt. Vor dem Hintergrund dieses Verständnisses soll im nächsten Abschnitt der Vorschlag, das Schema von Nähe und Distanz als Instrument zur Professionalisierung der Sinnstiftung in sozialpädagogischen und sozialarbeiterischen Einrichtungen einzusetzen, einer kritischen Betrachtung unterzogen werden.

2. Die Metapher von Nähe und Distanz als Sinnstiftungsinstrument

Der Vorschlag, die Differenz von Nähe – Distanz zur Professionalisierung sozialpädagogischen und sozialarbeiterischen Handelns einzusetzen, nutzt ein kognitives Schema, das keiner spezifischen sozialwissenschaftlichen Theorie entstammt, sondern Bestandteil des Alltagswissens ist. Das Schema von Nähe und Distanz lässt sich daher als eine allgemein verfügbare Metapher verstehen (Lakoff/Johnson 1980). Metaphern sind kognitive Instrumente der Sinnstiftung. Sie erzeugen Sinn, indem sie Wissen über einen bekannten Sachverhalt (im vorliegenden Fall die Erfahrung mit räumlichen Entfernungen) auf einen unbekannten Sachverhalt (die Ereignisse in Interaktionen mit Klienten) transferieren. Metaphern haben eine generative Qualität (Schön 1993, Grant/Oswick 1996): Durch die metaphorische Denkweise werden (neue) Sichtweisen der Realität erzeugt.

Wenn man die Unterscheidung von Nähe und Distanz metaphorisch versteht, so kann ihr Wert für die Professionalisierung sozialpädagogischen und sozialarbeiterischen Handelns darin liegen, dass es sich um eine starke Metapher handelt. Starke Metaphern weisen im Unterschied zu schwachen zwei Merkmale auf: Emphase und Resonanz (Black 1993). Emphase meint, dass die Worte für die Verwendung der Metapher so wirkungsvoll sind, dass sie ein lebhaftes, kompaktes Bild für etwas liefern, das vorher nicht wahrnehmbar und ausdrückbar war. Die Realität wird gewissermaßen auf interessante Weise erleuchtet. Resonanz bedeutet, dass es durch die Verwendung der Metapher möglich wird, weitere Ausarbeitungen, relativ reichhaltige Implikationen vorzunehmen. Starke Metaphern haben eine „befreiende" Wirkung, sie ermöglichen neue Denk- und Handlungsweisen. Schwache Metaphern hingegen illuminieren die Realität nicht, sie liefern auch keine weiteren Optionen, so dass ihre Verwendung gewissermaßen witzlos ist.

Befragt man vor dem Hintergrund dieses Kriteriums die Metapher von Nähe und Distanz auf ihre Eignung zur Professionalisierung des Handelns in sozialpädagogischen und sozialarbeiterischen Einrichtungen, so ist zunächst festzuhalten, dass sie sich als Sinnstiftungsinstrument gerade deswegen einsetzen lässt, weil sie aus dem Alltagswissen stammt. Dieser Umstand macht sie zu einem kollektiven Sachverhalt: Jeder kennt und versteht die Beschreibung sozialer Realität anhand dieses Schemas. Mit ihm ist es daher umstandslos, d.h. ohne aufwendige Vermittlung von gesonderten Wissensbeständen möglich, eine von allen Organisationsmitgliedern geteilte, gemeinsame und damit auch plausible Realitätssicht zu etablieren.

Durch die Verwendung der Metapher von Nähe und Distanz wird die soziale Realität in einer bestimmten inhaltlichen Weise konstituiert. Wenn man, wie Burkhard Müller dies exemplarisch tut, professionelles Handeln als kunstvolle Verschränkung und Vermittlung von Nähe und Distanz zu den Adressaten und deren Problemen bestimmt, dann hebt diese Definition aus der Vielzahl der Ereignisse die soziale Beziehung zwischen den Adressaten und dem Personal der Organisation hervor. Die in der Definition verwendete Metaphorik von Nähe und Distanz wird dann als Nähe und Distanz zwischen zwei Personen, zwischen dem Klienten und Professionellen, verstanden. Das Interesse richtet sich auf die Ebene der face-to-face Interaktionen, mit der Folge, dass andere Ebenen sozialer Realität, wie z.B. die Ebene der Sozialstruktur oder die Ebene der Kultur, aus dem Blickfeld geraten. Auf diese Weise sieht sich die Organisation mit einer Realität konfrontiert, die aus vielen einzelnen, voneinander unabhängigen sozialen Beziehungen besteht und die gebildet wird, durch die Interaktionen zwischen jeweils bestimmten Klienten und bestimmten Professionellen. In dieser Hinsicht erzeugt die Metapher keine neuen Einsichten. Sie rekonstruiert lediglich das, was in den Wirklichkeitskonstruktionen der Sozialen Arbeit eh schon ubiquitär ist, nämlich die Beziehung zum Klienten. Andere Realitätssichten, wie sie z.B. mit der Sozialraumorientierung versucht worden sind zu etablieren, werden durch die Metapher daher nicht befördert.

Die Metapher von Nähe und Distanz transportiert zudem eine bestimmte Form der Beziehung zwischen dem Klienten und dem Professionellen, und zwar dadurch, dass sie eine horizontale Raumvorstellung impliziert. Übertragen auf die soziale Beziehung zwischen Klienten und Professionellen bedeutet dies, ein auf Gleichheit beruhendes, egalitäres Verhältnis. Die Metapher vermittelt also nicht die Vorstellung einer ungleichen, hierarchischen Beziehung, denn eine solche Beziehung wird nicht durch die Differenz von Nähe und Distanz, sondern durch die von Oben und Unten vermittelt. Die Metapher blendet damit auf der Ebene des Handelns Macht und Herrschaft aus. Auch diese Außerachtlassung und Vernachlässigung ist in sozialpädagogischen und sozialarbeiterischen Handlungsfeldern häufig anzutreffen. Die Metapher von Nähe und Distanz passt dann zu dieser Praxis, fügt ihr aber eben wiederum keine neuen Akzente hinzu. Einer Verwendung der Metaphorik von Nähe und Distanz, die auf eine Steigerung von Professionalität abzielt, kann man daher den Vorwurf ideologischer Verzerrung machen, denn es lässt sich argumentieren, dass Macht- und Herrschaftsrelationen geradezu konstitutiv für die Praxis der sozialen Arbeit sind.

Als eine räumliche Metapher impliziert die Differenz von Nähe und Distanz auch Zeit, denn Vorstellungen des Raumes sind untrennbar mit Vorstellungen von Zeit verbunden. Die Metapher von Nähe und Distanz lässt aber offen, wie die Zeitdimension und auch die Raumdimension strukturiert ist bzw. wie sie zu strukturieren ist. Sie gibt den Professionellen keine Hinweise darauf, wann und wo Nähe bzw. Distanz herzustellen ist. Im Einklang mit einer in vielen sozialpädagogischen und sozialarbeiterischen Einrichtungen bestehenden Praxis dürfte die Frage des Ortes und der Zeit daher am ehesten so verstanden werden, dass Nähe mit schnellen, „heißen" Interaktionen mit den Klienten vor Ort an der „front-line" der Organisation assoziiert wird, während Distanz mit der eher „kühlen" Reflexion in Teambesprechungen, die meist in dem geschützten Rahmen der Büros der Einrichtung stattfinden, in Zusammenhang gebracht wird (Klatetzki 1993). Auf diese Weise fügt sich die Metaphorik problemlos in die in den Einrichtungen gängige Form der Arbeitsstrukturierung, die neben dem Dienst am Klienten die meist wöchentlich stattfindende rituelle Teambesprechung der in diesem Dienst aufgetretenen Probleme mit den Klienten vorsieht. Auch hinsichtlich der räumlichen und zeitlichen Strukturierung könnte die Metapher in der Praxis vor allem dazu verwendet werden, bestehende Praktiken zu bestätigen. Sie vermag von sich aus keinen Beitrag für das zu leisten, worauf es beim professionellen Handeln ankommt, nämlich auf das Denken im Handeln, wie man also z. B. mit aggressiver, verführerischer, peinlicher oder aufdringlicher Nähe in Interaktionen umgeht.

Dieser Sachverhalt lässt sich noch einmal auf andere Weise verdeutlichen, wenn man daran denkt, dass die Metapher von Nähe und Distanz auch die Vorstellung physikalischer Bewegung impliziert. Distanzen kann man verringern oder vergrößern, in dem man sich auf einen Punkt zu bewegt oder sich von ihm entfernt. Auf diese Weise wird mehr oder weniger Nähe, mehr oder weniger Distanz hergestellt. Übertragen auf soziale Beziehung legt dies die Vorstellung einer mechanistischen Handhabbarkeit des Interaktionsgeschehens nahe. Die Metapher kann suggerieren, dass ein Interaktionspartner, der Professionelle, über die Fähigkeit verfügt, sich dem anderen, dem Klienten, nach eigenem Ermessen zu nähern oder sich von ihm zu entfernen und dass darin also die „kunstvolle Verschränkung und Vermittlung von Nähe und Distanz" liegt. Diese Vorstellung der technischen Handhabbarkeit von Interaktionen macht den Klienten jedoch zu einem passiven Objekt. Nimmt man aber an, dass der Klient (ebenfalls) ein aktives Subjekt ist, also auch beweglich ist und sich nähern und entfernen kann, dann zerfällt die Vorstellung einer einseitigen Manipulierbarkeit des Interaktionsgeschehens durch den Professionellen. Der Metapher fehlt es aber an Resonanz, um diesen Sachverhalt zu erfassen: im Hinblick auf diese Situation bietet sie nicht die Möglichkeit der weiteren, implikationsreichen Elaboration.

Dass die Metapher nur geringe Implikationen für das Handeln aufweist, ist ein gravierender Mangel, denn damit bleibt offen, wie eine professionelle Verschränkung und Vermittlung von Nähe und Distanz aussehen soll. Andere sozialwissenschaftliche Schemata, die die Handlungsorientierung von Professionellen zu beschreiben in der Lage sind, sind hier hilfreicher, wie ein Blick auf das klassische Beispiel der Mustervariablen von Talcott Parsons (1951) zeigt. Nach Parsons können soziale Beziehungen strukturiert werden in Bezug auf

- das Ausmaß an emotionaler Beteiligung – es variiert zwischen hoher Affektivität und völliger Neutralität
- den Grad der Ausschließlichkeit, mit der Themen behandelt werden – er

variiert zwischen reiner Spezialisierung (Spezifität) und einer umfassenden Vermischung verschiedenster Sachverhalte (Diffusität)
- den Horizont der Handlungen, d.h., ob die Handlungen an Einzigartigkeit orientiert sind (Partikularismus) oder ob es sich um verallgemeinerbare, allgemeingültige Handlungen handelt (Universalismus)
- das Ausmaß der Eigenbeteiligung der Handelnden – es variiert zwischen Selbst-Steuerung (Leistung) und bloß passiver Ausführung (Zuschreibung)
- die Frage, worauf sich die Handlungen beziehen – auf die Akteure (Selbstorientierung) oder auf einen sozialen Zusammenhang (Kollektivorientierung)

Mit Hilfe dieser Variablen lassen sich Interaktionen reichhaltiger interpretieren als mit dem Nähe – Distanz Schema. Distanz lässt sich gemäß der Parsons'schen Unterteilungen etwa durch eine Orientierung des Handelns an Neutralität, Spezifität, Universalismus, Zuschreibung und am Kollektiv herstellen. Die Metapher von Nähe und Distanz an sich leistet eine solche Ausrichtung des Handelns nicht, hierfür muss man auf andere komplexere Wissensbestände wie z.B. auch der psychoanalytischen Konzeption der Übertragung zurückgreifen. Eine genauere Betrachtung im Hinblick auf das Handeln zeigt also, dass die generative Kraft des Schemas von Nähe und Distanz gering ist und dass die Metapher hier eher als schwach gelten muss. Insgesamt legt das die Einschätzung nahe, dass das Potential des Schemas für eine weitere Professionalisierung des sozialpädagogischen und sozialarbeiterischen Handelns nicht groß ist, sondern dass es vielmehr der Bestätigung und Stabilisierung der bestehenden Praxis dienen kann.

Eine solche Einschätzung beruht allerdings auf dem Umstand, dass die generative Qualität der Metapher im Hinblick auf die kognitive Strukturierung des Handelns den Fokus der Analyse bildet. Geht man dagegen davon aus, dass es bei der Anwendung gar nicht um Hinweise für das Handeln geht, sondern darum, die Arbeit mit den Klienten für die Professionellen emotional erträglich und aushaltbar zu machen, dann ändert sich das Bild. Die Metapher von Nähe und Distanz bezieht so gesehen ihre Nützlichkeit für die Praxis daher, dass sie ein kollektiv verfügbares Instrument der Sinnstiftung ist, das emotionale Verwicklungen in kognitiv einfacher und unmittelbar plausibler Form verständlich macht und dadurch zum „emotional coping" in „front-line"-Organisationen beiträgt (Korczynski 2003). Wenn man die Metapher in Bezug auf ihre Funktion für die Ebene der Emotionen und Bedürfnisse betrachtet, dann kann man das Schema als ein Instrument auffassen, das eben gar nicht der Strukturierung des Handelns dient, sondern das vielmehr auf die Stützung und Stärkung sozialpädagogischer und sozialarbeiterischer Identitäten abzielt.

Wie oben erwähnt lässt sich nämlich argumentieren, dass in den Einrichtungen der sozialen Arbeit die Identität des Personals gefährdet ist, weil die

Bedürfnisse nach Selbstwirksamkeit, Selbstkonsistenz und nach einem positiven Selbstbild im Arbeitsalltag nicht in ausreichendem Maße Erfüllung finden. Die Metapher von Nähe und Distanz kann dann zur Befriedigung dieser Bedürfnisse beitragen, weil ihre Deklaration und Verwendung mit dem Etikett ‚professionell' versehen wird und so ein positives Selbstbild fördert. Auch der Umstand, dass die Metapher soziale Beziehungen als technisch handhabbar darstellt, erscheint dann in einem anderen Licht: auf diese Weise wird das Bedürfnis nach Selbstwirksamkeit bedient. Und das Schema eignet sich auch zum Erhalt und zur Wiederherstellung von Selbstkonsistenz. Indem der gängigen Praxis gemäß der Pol der Distanz in den reflektierenden Teambesprechungen verortet wird und Nähe als „front-line" Interaktion verstanden wird, lässt sich die Reflexion mit den Kolleginnen und Kollegen als eine Prozedur verstehen, die der durch ein Kollektiv abgesegneten retrospektiven (Wieder-)Herstellung eines konsistenten Selbst einer Person dient.

Wenn man die Verwendung der Metapher von Nähe und Distanz so versteht, dann dient die „kunstvolle Verschränkung und Vermittlung von Nähe und Distanz" in erster Linie der Bewältigung der emotionalen Belastungen, denen Professionelle an der „front-line" immer wieder in heftigem Maße ausgesetzt sind. Das bedeutet zweierlei: Zum einen müssen qualitative Verbesserungen nicht auf die Veränderung einer bestehenden Praxis zielen. Sie treten vielmehr auch auf, wenn es einer Praxis gelingt, sich unter aversiven Bedingungen zu erhalten. Was bisher an der Verwendung des Nähe-Distanz Schemas kritisiert wurde, nämlich, dass es eine etablierte Praxis bestätigt, erscheint nun in einem anderen Licht. Zum anderen bedeutet das, dass die Wirkung des Schemas nicht direkt, sondern mittelbar erfolgt: Indem bedrohte Identitäten stabilisiert und gefestigt werden, wird durch die Verwendung der Differenz von Nähe und Distanz auch ein professionellerer Umgang mit den Klienten vorbereitet.

Literatur

Abbott, A., 1988: The System of Professions. An Essay on the Division of Labour, Chicago.
Baecker, D., 1994: Soziale Hilfe als Funktionssystem der Gesellschaft. In: Zeitschrift für Soziologie, Jg. 23, Heft 2: 93–110.
Black, M., 1993: More about Metaphor. In: A. Ortnoy (Ed.): Metaphor and Thought, Chicago: 19–41.
Dornbusch, M.S., Scott, R.W., 1975: Evaluation and the Exercise of Authority, San Francisco.
Erez, M., Earley, P.C., 1993: Culture, Self-Identity and Work, New York.
Grant, D., Oswick, C. (Eds.), 1996: Metaphor and Organizations, London.
Hatch, M.J., 1996: Organization Theory, Oxford.
Hasenfeld, Y., 1983: Human Service Organizations, Englewood Cliffs.
Hasenfeld, Y., English, R.A. (Eds.), 1974: Human Service Organizations, Ann Arbor.

Jones, A., May, J., 1992: Working in Human Service Organizations, Melbourne.
Lakoff, G., Johnson, M., 1980: Metaphors We Live By, Chicago.
Lipsky, M., 1980: Street Level Bureaucracy, New York.
Klatetzki, T., 1993: Wissen, was man tut. Professionalität als organisationskulturelles System, Bielefeld.
Korczynski, M., 2003: Communities of Coping: Collective Emotional Labour in Service Work, Organization, Vol. 10 (1): 55–79.
Luhmann, N., Schorr, K.E., 1982: Das Technologiedefizit der Erziehung und die Pädagogik. In: dies. (Hrsg.): Zwischen Technologie und Selbstreferenz, Frankfurt a.M.: 11–40.
March, J. (Hrsg.), 1990: Entscheidung und Organisation, Wiesbaden.
March, J. 1994: A Primer on Decision Making. How Decisions Happen, New York.
Mintzberg, H., 1989: Mintzberg über Management, Wiesbaden.
Morgan, G., 1986: Images of Organization, London.
Müller, B., 2004: Nähe, Distanz, Professionalität. Zur Handlungslogik von Heimerziehung als Arbeitsfeld. Unveröffentlichtes Manuskript.
Parsons, T., 1951: The Social System, Glencoe.
Perrow, C., 1967: A Framework for Comparative Organizational Analysis, American Sociological Review 32: 194–208.
Rothschild-Whitt, J., 1979: The Collectivist Organization. An Alternative to Rational Bureaucratic Models, American Sociological Review 44: 509–27.
Rothschild-Whitt, J., Whitt, J.A., 1986: The Cooperative Workplace. Potentials and Dilemmas of Organizational Democracy and Participation, Cambridge.
Schon, D.A., 1983: The Reflective Practitioner. How Professionals Think in Action, New York.
Schon, D.A., 1993: Generative Metaphor: A Perspective on Problemsetting in Social Policy. In: Ortnoy, A. (Ed.): Metaphor and Thought, Chicago.
Smith, D.E., 1972: Front-line Organization of the State Mental Hospital. In: Hasenfeld, Y., English, R.A. (Eds.): Human Service Organizations: A Book of Readings, Ann Arbor: 347–62.
Waters, M., 1993: Alternative Organizational Formations: A Neo-Weberian Typology of Polycratic Forms, Sociological Review 1993: 25: 55–81.
Weber, M., 1972: Wirtschaft und Gesellschaft, Tübingen.
Weick, K.E., 1995: Sensemaking in Organizations, Thousand Oaks.
Weick, K.E., 1979: The Social Psychology of Organizing, Reading.

Teil II
Professionalität im Spannungsfeld von sozialer und psychosexueller Frage

Barbara Rendtorff

Geschlechtsspezifische Aspekte von Nähe und Distanz – zur Sexuierung der Professionalisierungsdebatte

Kürzlich fiel mir ein alter Aufsatz von Dagmar Hänsel in die Hand, über „die männliche und die weibliche Form des Lehrerseins" (vgl. Hänsel 1991). Die Autorin vergleicht darin die Konzeption von Pädagogischem Bezug und Lehrersein bei Herman Nohl mit der bei Siegfried Bernfeld, und zwar hinsichtlich ihrer Geschlechtstypologie. Ich war etwas beschämt, denn die Geschlechterperspektive war mir von der Lektüre des Sisyphos gar nicht so deutlich erinnerlich – deshalb hat mich diese Lektüre bewogen, mir den mittleren Teil des Sisyphos über „Voraussetzung und Funktion der Erziehung" noch einmal vorzunehmen und auch bei Herman Nohl und anderen Autoren nach Beschreibungen zu suchen, die den mütterlichen Beitrag zur Erziehung, die Beschreibung von Väterlichkeit und das Konzept von pädagogischem Handeln voneinander absetzen. Sie gelangen so zu einem Modell von pädagogischer Haltung, en passant aber auch zu einem impliziten Entwurf von Männlichkeit und Weiblichkeit im Kontext pädagogischen Handelns, der selbstverständlich auch auf die in unserer Zeit gedachten Konzepte abgefärbt hat.

1. Herman Nohl – Mutterliebe und Vaterführung

Von Herman Nohl ist vielleicht bekannt, wie er in seinem pädagogischen Konzept Mutterliebe und Vaterführung, Mütterlichkeit und Ritterlichkeit einander kontrastierend gegenüberstellt. Er konzipiert in seiner Schrift Charakter und Schicksal" (Nohl 1970: 127ff.) die Mütterlichkeit nicht von der „biologischen Funktion", der Gebärfähigkeit her, und auch nicht, wie viele Autoren, aus einer Gegensätzlichkeit gegenüber dem anderen Geschlecht. „Empfänglichkeit und Spontaneität, Person und Sache und wie die Gegensätze sonst heißen, […] beziehen sich zu einseitig auf den Gegenpol, also eben die Frau auf den Mann. [Aber] in Wahrheit enthält das Geschlecht noch einen ganz anderen Bezug, nämlich den zu den Kindern." Dies sei das für die „Wesensbestimmung des Weiblichen" Entscheidende, ihr „geistiges Ideal", das „über alles Biologische weit hinausreicht, das ganze Leben formt".

Die Vaterschaft ist für Nohl „nicht in dem Sinne die organisierende Energie des männlichen Wesens" wie die Mutterschaft für die Frau, sondern das männliche Ideal sei die Ritterlichkeit. Auch diese ist „in der biologischen Funktion begründet und zeigt sich schon bei Tieren, die in Gruppen leben, wo das männliche Tier die eigentümliche Aufgabe des Schutzes und der Führung übernimmt. Wer einem Hühnervolk zusieht, wird angesichts der Sorge des Hahns für die Hennen beim Futtersuchen diese Ritterlichkeit nicht verkennen. […] Das aktive Einsetzen der Person für eine Sache, die helfende Haltung gegenüber dem Schwächeren, die Achtung vor dem Gegner, wie die Selbstverständlichkeit des sauberen Spiels" – das sei als Instinkt der Ritterlichkeit „in jedem Knaben angelegt". Was hier betont wird, sind Sorge und Verantwortung als „instinktive Leistungen für die Gruppe", die den „geistigen Kampf" des Lebens jedes Mannes durchwirken.

Natürlich wirken diese Wesensbestimmungen auch auf die Ebene der Erziehung und des pädagogischen Handelns. Nohl unterscheidet hier deutlich zwischen der Liebe der Mutter zu dem Kind in seiner Wirklichkeit und der Orientierung des Vaters am persönlichen Ideal des Kindes. Das wird noch verstärkt durch die Gegenüberstellung der Liebe der Mutter und ihrer Lebensgemeinschaft mit dem Kind auf der einen Seite, der auf der anderen der Stolz des Vaters, der die Forderungen des höheren Lebens verkörpert, auf die Leistungen des Sohnes gegenübersteht. Daraus folgt dann notwendig, dass die Beziehung der Mutter auf das je einzelne Kind zielt, die des Vaters aber einen stärkeren Bezug zum Allgemeinen der „Gruppe" und zur gesellschaftlichen Verantwortung aufweist; zweitens ist die Mutter auf das kleine, das noch zum Kreise der Familie gehörende Kind bezogen, der Vater aber „auf den 12Jährigen"; und drittens ergibt sich eine Kontrastierung von Fordern und (Sein-)Lassen wie auch von Nähe und Distanz: für die mütterliche Seite Nachgiebigkeit und unmittelbare Nähe, für die väterliche Seite schreibt Nohl, dass die Vaterschaft doch nicht in demselben Sinne die „organisierende Energie" des männlichen Wesens sei wie die Mutterschaft bei der Frau. Er sieht beim Vater eine gewisse Entfernung, die man als sachliche Neutralität lesen könnte oder als geringere Verbundenheit: „Es ist immer wieder überraschend„ wie gleichgültig, ja feindlich der Vater seinem Sohn gegenübersteht, wenn er den Ruf der Familie bedroht, während die Mutter den verstoßenen Sohn heimlich noch immer unterstützt und an ihn glaubt." Deshalb sei es eben die Ritterlichkeit, die die Position des Vaters am besten kennzeichne.

Der pädagogische Takt des Erziehers zuletzt zeichnet sich aus durch eine „eigentümliche Distanz zu seiner Sache wie zu seinem Zögling" (Nohl 1961: 137). Im pädagogischen Bezug sollen väterlicher und mütterlicher Pol einander ergänzend wirksam werden, aber es gehört zu den typischen Figuren der erziehungswissenschaftlichen Denktradition, dass sie auch bei Nohl eben doch voneinander getrennt bleiben. Fordern und Lassen werden auf Mann und Frau verteilt, so dass zwei „Formen des erzieherischen Verhältnisses" entstehen: die phylogenetisch und ontogenetisch größere Nähe von

Mutter und Kind und ihre „instinktmäßige Handlungsweise" lässt die pädagogische Eignung von Frauen quasi naturhaft sich auf das Kleinkind, vielleicht noch auf das Vor- und Grundschulkind beschränken, sie „legt das Fundament", während Vater und Lehrer „für den 12-Jährigen" zuständig sind – denn erst der kann das Verhältnis zum echten Lehrer würdigen, das „grundlegendste, das unser Dasein am stärksten erfüllt und formt". Wo die Nähe von Frau und Kind über die je persönliche Wirklichkeit hergestellt wird und den Eigenwillen des Kindes betont, so die Nähe von Vater/Erzieher/Lehrer und Kind über den gemeinsamen Bezug auf die Sache, auf Geistiges und Ideale – mit dem Ziel, die freiwillige Unterordnung des Kindes unter seine Autorität als Ausdruck einer Anerkennung zu erreichen.

Nohl hat sich bekanntlich sehr positiv auf die Frauenbewegung bezogen. Er vertritt emphatisch das Konzept der Geistigen Mütterlichkeit, das ja auch von den frühen Sozialpädagoginnen (wie Alice Salomon, Gertrud Bäumer) kommuniziert wurde. Hier wird das konservative Moment auf der weiblichen Seite zum rettenden: die Frau bewahre das Gute, und auch das Deutsche, gegenüber dem modernistischen westlichen zerstörerischen Einfluss, dem der Mann stärker ausgesetzt sei. Auch diese Denkfigur kennen wir aus der Sozialarbeit – dass sie damit zugleich auch den bürgerlichen Frauen eine wertvollere Position gegenüber den proletarischen und kleinbürgerlichen sicherte, die (sich) diesen Dienst an der Nation nicht leisten konnten, steht auf einem anderen Blatt.

2. Siegfried Bernfeld – männliche und weibliche „Urreaktionen"

Weniger geläufig als dieser Ansatz, immerhin eine Grundlage der geisteswissenschaftlichen Pädagogik und ein Ausdruck dominierenden pädagogischen Denkens bis in die 1960er Jahre, ist Siegfried Bernfelds Geschlechtsmodell der Erziehung. Bernfeld ist ja neben seiner Verbindung mit der Psychoanalyse vor allem bekannt als ein politischer Autor („Die Schule als Institution erzieht"), weshalb wir gewöhnt sind, sein Konzept eines pädagogischen Bezugs als eines zu sehen, das die Verhaftung des Erziehers in seiner eigenen psychischen Geschichte mit bedenkt (dem Erzieher/Lehrer stehe mit dem Zögling/Schüler immer auch das ‚Kind in sich' gegenüber – so eine Grundfigur seiner Pädagogik) wie auch den Erziehungsprozess gesellschaftlich-politisch kontextualisiert.

Die Geschlechterunterschiede und ihre Bedeutung für pädagogische Prozesse bezeichnet Bernfeld im Sisyphos (Bernfeld 1971) als männliche und weibliche „Urreaktionen", zu ihrer Illustration und ihrem Verständnis bezieht er sich vor allem auf Kulturgeschichte, Beschreibungen von Naturvölkern und ihren Initiationsriten sowie auf Freuds Totem und Tabu. Es entsteht so etwa folgendes Tableau:

Die Ureinrichtungen der Erziehung, schreibt Bernfeld, entstehen aus psychologischen Gründen, aus der weiblichen Urreaktion, der „Liebe der Weiber zu ihrer Frucht", und der männlichen Urreaktion, dem „Vernichtungstrieb" der Männer gegenüber ihren Söhnen und ihrer daraus folgenden Vergeltungsfurcht. Dies seien kollektive Phänomene, aber auch individualpsychologische Konstanten und gehörten „als individuelles Besitztum den tiefsten, normalerweise unbewussten, Schichten der Einzelpersönlichkeit an": die weibliche Reaktion intensiviere die zärtlichen Abläufe und ermäßige die aggressiven, während die männliche Reaktion umgekehrt „die zärtlichen hemmen und die aggressiven verstärken wird". Die gesellschaftliche Funktion und soziale Folge der weiblichen Urreaktion ist klar: sie sichert den physischen Bestand der Gesellschaft, indem sie den Impuls der Männer zur Kindstötung verhindert. Sie braucht dazu keine eigenen „weiblich gedachten Institutionen" – und so ist denn auch die weibliche Reaktion, „soweit die Geschichte zurück- und vorwärtsreicht", nie „institutiv" für die Erziehung gewesen. (73) Denn die ursprüngliche, rein weibliche Erziehung müssen wir uns „wie die der Tiere" vorstellen – sie sichert das Heranreifen des Jungen „in Form, Inhalt, Umfang und Terminen erbhaft vorausbestimmten Reifens" durch libidinöse Identifikation, indem sie Liebe spendet (74, 77). Die Funktion der Mutter liegt also darin, ein „Milieu" zu schaffen: „wahrscheinlich" fördere die Erziehung den biopsychischen Entwicklungsprozess, schreibt Bernfeld, „vielleicht beeinflusst sie ihn auch. Die Frage ist unentscheidbar", doch da der Entwicklungsprozess der „Auslösungen, der Sicherungen, der beeinflussenden Faktoren" bedarf, ist es die Mutter, die diese bereitstellt.

Die Funktion der männlichen Reaktion dagegen ist genau entgegengesetzt. Um den Inzest zu verhindern, nehmen die Männer den Müttern ihre Knaben weg (Mädchen gibt es in diesem Text nicht), und um die Realisierung ihres Tötungswunsches („Vernichtungstrieb") zu verhindern – anders gesagt: zur Bewältigung von Scham und zur Errichtung von Inzestscheu – erfinden sie die vielfältigen Formen der Initiation. Diese „ungeheuren Erfindungen" (Bernfeld lässt sich hier geradezu schwärmerisch hinreißen) von „absoluter Originalität" und „prinzipieller Neuheit" sind „wirkliche Überleistungen, durch die sich das Biopsychische über sich selbst erhebt" (82), sie übersteigen alle späteren Erfindungen wie „Werkzeug, Sprache, Denken, Gesellschaft". Die Ur-Erfindung der Männer, mit der sie die Knaben vor den Müttern und vor sich selber schützen, ist also das „Kulturplus" (85) und durch dessen Erziehung konserviert sich die erwachsene Gesellschaft in der von ihr erzogenen „Generation". Die Männer halten die Knaben auf Abstand, um sie vor allzu viel Nähe zu den Müttern zu schützen (bzw. damit diese nicht inzestuös wird), und zugleich auf Abstand von sich selbst, um sie zu schützen vor ihrem eigenen Aggressionspotential.

Neben einigen jetzt schon aufgefallenen Ähnlichkeiten in den Konzepten von Nohl und Bernfeld (auf die hingewiesen zu werden Bernfeld sicherlich nicht gefallen hätte) wird auch das Problem der tendenziellen Unschärfe und Idealtypik der Geschlechterbilder von beiden ähnlich beantwortet. So heißt es bei Nohl, dass der Geschlechtscharakter nichts Eindeutiges und Einfaches sei, sondern „ein lebendig Totales mit einer Mannigfaltigkeit von geistigen Richtungen […] Ihre letzten Grundlagen liegen allerdings in jenen ewigen biologischen Kräften und Idealen, die wir die Mütterlichkeit und Ritterlichkeit nannten, und auf ihnen ruht unabhängig von allen historischen Verfassungen jede höhere Kultur des gesellschaftlichen Daseins" (Nohl 1970: 138), und auch Bernfeld konzediert, dass im Einzelfall „ein weiblicher Körper die männliche, ein männlicher Körper die weibliche Reaktionsweise bergen" könne – so sei es beispielsweise bei Pestalozzi gewesen. (Bernfeld 1971: 72)

3. Gefährliche Nähe

In beiden Texten fällt auf, dass Nähe eine problematische Angelegenheit und tendenziell gefährlich ist. Bei Nohl ist sie als mütterlich-weibliche ein Zeichen dafür, dass die Suche des Subjekts nach (innerer) Freiheit und Entwicklung noch nicht begonnen hat: das Verhältnis zur (leiblichen oder geistigen) Mutter bzw. die damit assoziierte Nähe zeigt Kindlichkeit an und ist insofern als eine unzureichende Vorstufe zum eigentlich wichtigen Verhältnis, dem zum (männlichen) Lehrer gekennzeichnet, der mit seiner „pädagogischen Distanz" ein neues, qualitativ höherstehendes Niveau von Erziehung ermöglicht. Bei Bernfeld wird das ‚Gefährliche' der Nähe entsprechend der psychoanalytischen Perspektive in seiner libidinösen Komponente betrachtet, ist aber noch deutlicher als ein grundlegender psychodynamischer Strukturaspekt aufzufassen. Hier haben wir einerseits die Nähe zwischen Mutter und Kind: deren Gefährlichkeit liegt im Inzestwunsch, der durch „Zerschlagung der Mutter-Kind-Gruppe" durch die Inzestscheu ersetzt werden muss – deshalb muss das Kind vor seiner „Mannbarwerdung" in ein „neues Milieu" überführt werden, „das eine Änderung der Richtung der libidinösen Identifikation bewirkt". (84f.) Die Nähe zur Mutter ist also etwas, das Unreife anzeigt, und das man folglich überwinden muss, weil ihr festhaltender, verschlingender Aspekt (die Trennung vom Kind, d.h. seine Autonomie „rückgängig" zu machen) seine Entwicklung behindert. Die Mutter und ihre Art von mütterlicher Nähe muss verlassen, überwunden werden, um durch die Vermittlung von Mann-Vater-Lehrer am „Kulturplus" teilhaben zu können. (Hier können wir bereits absehen, worin die Aufgabe des Pädagogen bestehen wird und warum dieser Pädagoge keine Frau sein kann.)

Aber es gibt bei Bernfeld noch eine andere Nähe, die auch gefährlich ist, und die resultiert aus dem Tötungswunsch, der „Tötungstendenz" der Väter/ Männer gegenüber den Kindern – Bernfeld leitet diese in Anlehnung an Freuds „Totem und Tabu" aus der unbewussten Konkurrenz der Männer untereinander (um die Frauen) ab, in deren Folge die Söhne als Rivalen erscheinen, und bringt sie (spekulativ) mit der „menschlichen Urordnung" in Verbindung, in der das „Weibchen" (die Mutter) die Männchen durch Inzestgewährung im Zaum zu halten wusste (so dass „nach Jahrtausenden noch die griechischen Heroen vor den Amazonen zitterten" (73). Diese aus einer physisch-räumlichen Nähe zu den Männern/Vätern entstehende Gefahr ruft die mütterliche schützende Nähe erst auf den Plan, diese erscheint also nun als eine gesellschaftliche Funktion. Wenn die Männer/Väter die Jungen (wie gesagt: Mädchen gibt es hier nicht – ein Problem, das ja schon die Lektüre von „Totem und Tabu" immer erschwert hat) mit Hilfe diverser Initiationsriten, also ihrer symbolischen Tötung, in den Kreis der Männer aufgenommen haben, ist diese Funktion der Mutter erfüllt und ihre Aufgabe beendet. Es zeigt sich also auch hier die oben schon erwähnte Figur, dass die Nähe zur Mutter eine Phase der Unreife (und Schutzbedürftigkeit) anzeigt, die im Moment der symbolischen und gesellschaftlichen Anerkennung des Kindes durch die Väter/Männer überflüssig wird.

4. Geschlechterzuschreibungen und Professionsentwürfe

Nehmen wir jetzt im Folgenden diese beiden Konzepte, gerade in ihren Gemeinsamkeiten, als Hinweis auf eine virulente Struktur pädagogischen Denkens, wie sie (davon dürfen wir ausgehen) auch die Professionsentwürfe von SozialpädagogInnen, Erzieherinnen und Lehrern stark gefärbt haben, so muss das unseren Blick auf die Frage richten, in welcher Weise Geschlechterzuschreibungen hier als Qualitätsaspekt oder als Hinweis auf Unzulänglichkeit auftauchen. Ein neueres Beispiel wäre etwa die Darstellung des Kollegen Lenzen, der die Professionalität von weiblichen Grundschullehrerinnen mit der von Lagerarbeiterinnen und Kassiererinnen gleichsetzt und entsprechend abqualifiziert (vgl. Lenzen 2003). Abgesehen davon, dass es doch immer wieder erstaunlich und auch wirklich entmutigend ist, wie wenig es die Disziplinen für nötig befunden haben, sich mit den in ihren jeweiligen Theorietraditionen mittransportierten Geschlechtervorstellungen auseinanderzusetzen, ergeben sich an dieser Stelle zwei wichtige Punkte, über die sich nachzudenken lohnt – diese beziehen sich auf das Verhältnis privat-öffentlich und die Auffassung von Mutter und Vater im Kontext von Symbolisierungsprozessen.

In einigen Punkten können wir die von Nohl angesprochenen Aufteilungen unschwer auch heute noch erkennen. In unserer Kulturtradition ist der fordernd-fördernde Aspekt von Entwicklung im Konzept von Mütterlichkeit unterbetont, auch das Verhältnis von Idealbild und Wirklichkeit in der väterlichen Wahrnehmung scheint mir noch aktuell zu sein. Aus Untersuchungen zu Schulerfolgserwartungen wissen wir auch, dass Eltern am Idealbild ihrer Söhne (in Bezug auf die ihnen zugetraute Leistung) trotz schlechterer Noten eher festhalten, während sie das Idealbild ihrer Töchter schneller aufgeben und ihre Erwartungen der Schulrealität anpassen. (Stöckli 1997: 56)

Dagmar Hänsel übrigens greift in ihrem anfangs zitierten Aufsatz an dieser Stelle die Gegenüberstellung auf, die die Frauenforschung in Bezug auf die Hausarbeit diskutiert hat: das professionell betriebene Erziehen und Lehren als bezahlte Berufstätigkeit sei ein Konzept für Männer, die Unterrichts- und Erziehungstätigkeit der Frauen sei gedacht als unbezahlte Arbeit aus Liebe, und diese sei abgeleitet aus der unterschiedlichen Körperlichkeit von Frauen und Männern. Dieser Aspekt ist natürlich nicht unwichtig. Die Auffassung, dass der Komplex Liebe-Nähe-Empathie, sofern ein Wesenszug des Weiblichen, eine den Frauen ‚gegebene' Fähigkeit sei, die folglich nicht zugleich als Aspekt professioneller Tätigkeit gelernt und gelehrt werden könne, legt den Schluss nahe, dass es sich bei dieser Tätigkeit eben überhaupt nicht um Arbeit handele, weshalb sie folglich auch nicht als Arbeit entlohnt werden muss – so weit, so bekannt. Und je nachdem, wie in einem jeweiligen historischen Diskurs die Aufgabe der Pädagogik definiert wird, leitet sich gerade aus diesem Punkt die geschlechtstypische Konzeptualisierung der Profession und ihrer Ausübung ab.

Abgesehen davon denke ich aber, dass die Fokussierung auf die Figur „Arbeit aus Liebe" (für die Hänsel hier stellvertretend zitiert wird) um ein Entscheidendes zu kurz greift. Erstens ist es nicht (oder nur zum Teil) der Körper der Mutter, von dem aus bei den beiden hier betrachteten Autoren argumentiert wird, sondern ihr spezieller Bezug zum Kind – ein Bezug, als dessen (ideale, imaginäre) Qualitätsaspekte Unmittelbarkeit, Unaufkündbarkeit, Verlässlichkeit gelten können –, und zweitens gerät so aus dem Blick, dass die Erziehungstätigkeit der Mutter, auch wenn sie nicht als professionelle gedacht ist, doch Teil eines gesellschaftlichen Arrangements ist, das nicht nur die geschlechtliche Arbeitsteilung, sondern auch im pädagogischen Bereich den gesamten Komplex von Erziehung und Bildung in bestimmte Aufgaben und Teilaspekte unterteilt und verteilt.

5. Vater und Mutter

Es würde nun aber ebenso wenig ausreichen (wie es manche Texte nahe legen), die mütterliche Haltung als menschlich und nah, die männliche dagegen als distanziert und sachdominiert darzustellen (und zu diskriminieren), denn das verstellt den Blick darauf, dass das, was an beiden Seiten unterbetont ist, der Aspekt von Entwicklung ist, also eine einigermaßen klare Vorstellung davon, wie das Lassen und das Fordern (das ja beides zur menschlichen Entwicklung gehört, und zwar nicht nacheinander, sondern immer gleichzeitig) als Qualitätsaspekte pädagogischen Handelns nicht zer- und verteilt, sondern in einem produktiven Spannungsverhältnis, beide zugleich als Handlungsmodalitäten zur Verfügung stehen.

Was den Bildungsbereich angeht, ist es natürlich auf den ersten Blick evident, dass die Verteilung von Frauen und Männern entlang der beiden Pole Kindbezogenheit und Fachbezogenheit verteilt ist, was wiederum korrespondiert mit einer mütterlich-stützenden Haltung auf dem einen und einer fordernden Haltung an dem anderen Pol. Aber wenn das alles wäre, dann müssten wir nur in der Aus- und Fortbildung von Frauen die Fähigkeit zum Abstandhalten und die Sachbezogenheit fördern, und bei den Männern die Fähigkeit zu Empathie bzw. zum Sich-Einlassen auf das „Kind in seiner Wirklichkeit".

Aber so einfach ist es eben nicht, weil auf diese Weise weder die Bedeutung der Aufteilung männlich-weiblich noch ihre Funktion berührt wird, und die hat, wie ja auch bei Bernfeld gesehen, zentral mit Mutter und Vater zu tun.

Der Vater taucht bei Bernfeld – und da ist er ganz konform zu den Hauptlinien der traditionellen Geschlechterordnung – auf als ein Getrennter, der erneut Trennungen macht (der Knaben von den Müttern), die einerseits auf (Sexual-)Neid beruhen (den Knaben sei die Mutter nicht gegönnt) und auf einer schmerzlichen Selbstbestrafung, aus der sich die Grausamkeit der Initiationsriten speist: man muss sich und die anderen vor der gefährlichen Nähe des Vaters schützen – er könnte einen auffressen. Wie man sieht, bleibt Bernfeld hier vollständig im Imaginären.

Die Mutter wird im Gegenzug dazu reduziert auf ihre reale Seite, ihre Körperschwere, ihre Sexualität. Drei Wendepunkte gebe es im Beziehungsleben des Knaben zu seiner Mutter, schreibt Bernfeld: die Geburt wendet es von innen nach außen („aber es bleibt in Körpernähe der Mutter"), der erste Schritt wendet es vom Körper der Mutter weg (aber er „bleibt Ziel seiner Ruhewünsche"). Und als Erwachsener wendet es sich gegen die Mutter und sieht in ihr nurmehr „ein Weib wie jedes andere, Trägerin eines lustspendenden Organs". (81) Wohlgemerkt: wenn nicht die Inzestscheu etabliert wäre, deren Aufgabe es ist, das Kind aus der gierigen oder verlockenden mütterlichen Anziehung zu retten. (Wir sehen hier, dass die so gezeichnete Mutter doch nicht nur eine reale, sondern auch eine imaginäre Seite hat: als verschlingende.) Die Inzestschranke zu errichten – also: Distanz zu schaffen, liegt in der Verantwortung des Vaters/Mannes, woraus erhellt, dass ein Scheitern der Loslösung des Kindes als eine Folge des Scheiterns der väterlichen Funktion zu sehen wäre (die Mutter bleibt passiv).

Selbstverständlich ist nichts an der Darstellung auszusetzen, dass das Inzestverbot ein Fundament der Entwicklung menschlicher Gesellschaften ist, dass Entwicklung nur möglich ist um den Preis von Trennung und sich ein „Kulturplus" nur aus realen und symbolischen Versagungen entwickeln kann. Aber Bernfeld hätte nicht auf Lacan warten müssen, es hätte genügt, Freud zuzuhören, um zu merken, dass diese Positionierung des Mannes als exklusivem Kulturschöpfer hinkt. Denn zumindest die allererste Einführung in die symbolische Ordnung ruft die Mutter auf – durch ihre Versagungen, durch ihr auf einen anderen als das Kind gerichtetes Begehren, durch ihr Kommen und Gehen, das mit dem fort-da sowohl die Sprache wie die Aktivität und Symbolisierungsarbeit des Kindes initiiert. (Nach meiner Auffassung ist es übrigens auch die Mutter, die den Platz des Vaters eröffnet, aber das würde jetzt zu weit führen.)

Die Verteilung des Entwicklungsweges auf Mutter und Vater erfolgt in unserer Kulturtradition entlang von kreatürlichem Bewahren auf der einen und Überwindung der Kreatürlichkeit durch den Geist auf der anderen Seite, oder, wie es bei Bernfeld hieß: organisches Rekapitulieren und libidinöse Identifikation am (konservativen) Platz der Mutter, und nach der mehr oder weniger gewaltsamen Loslösung von ihr warten die Effekte der männlichen Funktion der Erziehung, Kulturplus und gesellschaftlicher Fortschritt. In der erziehungswissenschaftlichen Theorietradition ist dies ein Punkt, an dem die Unterscheidung von Erziehung und Bildung ihren Sinn bekommt: Erziehung ist Einfügung, ist kindnah, konservativ-beharrend, von mütterlicher Nähe geprägt und der Entwicklung nur so weit zuträglich, wie sie das Kind auf das ‚Eigentliche' vorbereitet, den Weg in die (Bildungs-)Freiheit – darüber sind sich die Autoren von Schleiermacher bis Mollenhauer weitgehend einig. Bildung dagegen wird mit Freiheit und Entwicklung verbunden, mit dem Lehrer mehr als mit dem Vater, mit dem Wissen, das, in die Hand des Educandus gegeben, sich auf seinem Bildungsweg vermehren kann usw.: Bildung bedeutet Hoffnung, sogar Auftrag, durch Welt- und Selbsterkenntnis zu einer Steigerung des Bewusstseins zu gelangen, einem Wachsen und Werden der Persönlichkeit – und das erfordert Distanz zu sich selbst und zur unmittelbaren Lebenswelt. Die Mutter wird konzipiert (und festgelegt) als diejenige, die das Kind auf seinem Weg ins Leben gewissermaßen hinter sich zurücklässt, damit ist das von ihr betreute Kapitel Liebe-Nähe-Verständnis-Schutz-Verbundenheit, der mütterliche Modus der Erziehung, abgeschlossen, eine Rückkehr durch die Inzestschranke verwehrt. Danach tritt das Kind der Welt des Wissens gegenüber. Das Wissen wird vom Vater/ Lehrer einerseits „bewacht", auch geschützt, aber zugleich werden die Heranwachsenden auf seine Weiterentwicklung verpflichtet („Kulturplus" als Fortschrittsversprechen). Das kann nur gehen, wenn die Heranwachsenden mit den Vätern/Lehrern in eine Rivalität eintreten.

6. Produktive Rivalität

Das scheint mir nun ein entscheidender Punkt zu sein, der für eine pädagogische Professionalität von größter Bedeutung ist – und es wäre eine große Hilfe, wenn es gelänge, in einem ersten Schritt Frauen und Männer nicht mit den traditionellen Positionen von Mutter und Vater zu identifizieren, sondern einen weiblich-mütterlichen Stil oder Modus von einem männlich-väterlichen zu unterscheiden, der durch den Lehrer repräsentiert wird. In einem zweiten Schritt müsste man dann deren Funktion und ihre gegenseitige Abhängigkeit analysieren und zueinander in Beziehung setzen. Ein solches Vorhaben wird natürlich dadurch sehr erschwert, dass die Bilder von weiblich/Mutter und männlich/Vater so tief in das kulturelle Gedächtnis eingelassen sind, und ebenso dadurch, dass es in diesem Gedächtnis im Grunde kein altes, gewachsenes und gewohntes Bild von lernenden und lehrenden Frauen und Mädchen gibt.

Produktive Rivalität oder Wetteifern, das gegenseitige Sich-Anfeuern bei der Lösungssuche usw., dass also das Nicht-Gewusste neugierig macht, zum Herausfinden verlockt und nicht etwa Angst macht oder unberührt lässt, ist eine zentrale Voraussetzung für die aktive Aneignung von Wissen. Für diejenigen, die eng in einem mütterlichen Modus handeln, ist also nicht nur der Sachbezug unterbetont (wie vorhin gesehen), sondern vor allem auch Rivalität, Herausforderung und Ehrgeiz – sie verwechseln Rivalität mit dem Sich-Abwenden, dem Hinter-sich-Zurücklassen. Für diejenigen, die eng im väterlichen Modus handeln, besteht dagegen die Gefahr, dass die Rivalität nicht produktiv werden kann – mit Bernfelds Worten: weil der Tötungsimpuls so stark ist, dass die ganze zur Verfügung stehende Energie davon aufgebraucht wird, ihm zu widerstehen (also das Kind auf Distanz gehalten werden muss zu beider Sicherheit), oder, allgemeiner gesagt: weil es nicht gelingt, eine rivalisierende Nähe, eine gewissermaßen sportive Gemeinsamkeit herzustellen. Es ist also nicht, wie es vorne in der „einfachen Lösung" erschien, in erster Linie mangelnde Empathie, die den im väterlichen Modus handelnden Lehrer auszeichnet, sondern eine Unklarheit im (männlichen) Generationenbezug, wobei der Impuls, das Kind kleinzuhalten, und der Auftrag, es zur Weiterentwicklung des „Kulturplus" anzuleiten, nicht zusammenkommen. Der zu eng im väterlichen Modus Handelnde verwechselt gewissermaßen diese Rivalität mit der mörderischen aus Totem und Tabu: weil Nähe exklusiv dem privat-mütterlichen Bereich zugeordnet wurde, ist es nun schwierig, sie hier als produktives Moment von Rivalität zu erkennen.

Wie sich nun zeigt, ist der Bereich des Lehrerberufs, der die beste, qualifizierteste und auch psychologisch fundierteste Ausbildung verlangt, das Grundschullehramt, weil die Basis für die produktive Rivalität eben dort gelegt wird und dem Kind in der Auseinandersetzung mit späteren LehrerInnen und deren Problemen eine gute Grundlage geben kann. Ausgerechnet da aber herrscht eine ganz andere Grundhaltung – sehr häufig wird hier eine sanfte, mütterliche Vermittlung präferiert, in der Nähe ausgedehnt und die Kinder vor Brüchen und Distanzen geschützt werden sollen. Die grundsätzliche Problematik des Lehrerberufs, zwischen Person und Profession zu unterscheiden und doch beides zu sein, ist hier besonders groß, und macht es besonders schwer, Rudolf Eksteins warnende Worte zu beherzigen, dass der Lehrer „eher mit dem Prozess der Erziehung selbst identifiziert sein [muss] als mit irgend einem daran Beteiligten." „Es gibt kein Lehren, ohne zeitweise natürliche Feindseligkeit zu erzeugen. Der Lehrer kann nicht erwarten, dass die Kinder ihn vor allem lieben werden. Es mag schon sein, dass sie ihn vor allem lieben, aber zum Teil müssen sie ihn auch nicht mögen oder gar hassen, weil er ihnen Struktur auferlegt." (vgl. Müller 2002: 112f.)

Literatur

Bernfeld, S., 1971: Voraussetzung und Funktion der Erziehung. In: ders.: Sisyphos oder die Grenzen der Erziehung. Frankfurt a.M. (1925)
Böhm, W., 1989: Männliche Pädagogik – weibliche Erziehung? Innsbruck
Bollenbeck, G., 1996: Bildung und Kultur. Glanz und Elend eines deutschen Deutungsmusters. Frankfurt a.M.
Erdheim, M., 1988: Die Gesellschaftliche Produktion von Unbewusstheit. Frankfurt a.M.
Hänsel, D., 1991: Die männliche und die weibliche Form des Lehrerseins. In: Neue Sammlung 2/1991: 187–202
Lenzen, D., 2003: Diagnose Lehrer. Plädoyer für die Professionalisierung eines Berufsstands. In: universitas, Mai 2003: 475–486
Mollenhauer, K., 1970: Pädagogik und Rationalität. In: ders.: Erziehung und Emanzipation. München
Müller, B., 2002: Wie der „aktive" Schüler entsteht. Oder: „From learning for love to the love of learning". In: Datler, W. et al. (Hrsg.): Das selbständige Kind. Jahrbuch für Psychoanalytische Pädagogik 12, Gießen: 102–119
Nohl, H., 1961: Die Autonomie der Pädagogik. In: ders.: Die pädagogische Bewegung in Deutschland und ihre Theorie. Frankfurt a.M.
Nohl, H., 1970: Charakter und Schicksal. Frankfurt a.M.,1938
Rendtorff, B., 2000: Pädagogischer Bezug und Geschlechterverhältnis. In: Pädagogische Rundschau, 54. Jahrgang, 6/2000: 703–722
Rendtorff, B., 2003: Kindheit, Jugend und Geschlecht. Einführung in die Psychologie der Geschlechter. Weinheim und München
Schleiermacher, F., 1996: Schriften, hrsg. v. Andreas Arndt, Frankfurt a.M.
Stöckli, G., 1997: Eltern, Kinder und das andere Geschlecht. Selbstwerdung in sozialen Beziehungen. Weinheim und München
Strotmann, R., 1997: Zur Konzeption und Tradierung der männlichen Geschlechterrolle in der Erziehungswissenschaft. Frankfurt a.M.
Weber, E. (Hrsg.) 1976: Der Erziehungs- und Bildungsbegriff im 20. Jahrhundert, Bad Heilbrunn

Christian Niemeyer

Sozialpädagogik zwischen sexueller und sozialer Frage
Zur fortdauernden Ambivalenz eines Grundkonflikts

1. Vorbemerkung

Vor einigen Jahren beklagte Klaus Mollenhauer in der Zeitschrift für Pädagogik, dass sich die Sozialpädagogik, zwischen „soziologischen und therapeutischen Bemühungen um angemessene Problemdefinitionen eingeklemmt", schwer getan habe, „einen genuinen pädagogischen Gedankengang gut begründet aufrechtzuerhalten" (Mollenhauer 1996: 278). Das Letztere klang mir seinerzeit (vgl. Niemeyer 1996) etwas zu sehr nach Wilhelm Flitners Forderung, wonach „angesichts der fortschreitende(n) Ausdehnung und Spezialisierung des Wissens" gewährleistet werden müsse, „daß in allen speziellen Forschungsfeldern und in allen pädagogischen Ausbildungsgängen (...) die Reflexion auf einen (pädagogischen; d. Verf.) Grundgedankengang alles einzelne (...) zusammenhält" (Flitner 1976: 493f.). Und es klang mir auch noch etwas zu sehr nach Herman Nohl und Erich Weniger und ein bisschen so wie die Idee, dass doch in irgendeiner Weise eine Autonomie des Pädagogischen auch in den Teildisziplinen zu sichern sei (vgl. Niemeyer 1998a: 191ff.).

Mit der Diagnose hingegen, also mit dem ersten Teil, hatte Mollenhauer meines Erachtens seinerzeit Recht, und er hat nach wie vor Recht:

> Die Sozialpädagogik wird entweder – wenn dieser grobe Blick erlaubt ist – so betrieben, als handele es sich bei ihr um eine Art angewandte Soziologie, oder, um die Begrifflichkeit von Aloys Fischer aus den Zwanziger Jahren in Erinnerung zu rufen: als gehe es bei ihr um soziologische Pädagogik resp. pädagogische Soziologie.
> Oder aber die Sozialpädagogik wird als angewandte Psychologie betrieben, sei es in der Variante klinischer Sozialarbeit, sei es in der Variante psychoanalytischer Sozialpädagogik oder wie auch immer.

Und diese Diagnose, so will mir scheinen, gibt fürwahr Anlass zur Sorge.
Ein Beispiel, anknüpfend an das letztgenannte (wenn dieses Wort hier erlaubt ist:) ‚Krankheitsbild' der Sozialpädagogik, sofern diese kaum noch

Wissenschaft und jedenfalls in erster Linie Profession zu sein wünscht: Es macht mir durchaus Sorge, an Lehrende zu denken, die den Eindruck erwecken und auch tatsächlich so reden, als müssten Studierende in diesem Fach möglichst vom ersten Semester an in keinen anderen Kategorien denken lernen als jenen des KJHG und ansonsten vom Morgen bis zum Abend gedanklich und auch praktisch darauf vorbereitet werden, irgendwann einer Klientel gegenüber zu sitzen, auf die hin alles Mögliche zu bedenken sei: die schwere Kindheit, aber eben auch die schwere Gegenwart (bis hin zur Frage, ob der Helfer möglicherweise für nichts anderes steht als für des Hilfesuchenden Vater oder Mutter oder eine andere Figur der ihn auch aktuell bedrohenden Gewalt).

Ich bitte darum, mich hier nicht falsch zu verstehen: Alle diese Themen und Fragen sind wichtig. Sie sind aber erstens nicht alternativlos, zweitens nicht ausreichend und sie dürfen drittens das andere, wenn nicht gar das zentrale Ansinnen zumindest des universitären Studiums nicht in Vergessenheit bringen: ein Ansinnen, welches, eben weil und solange es an Universitäten erfolgt, nicht nur sich in einem Brotstudium erschöpfen darf, sondern in dessen Verlauf eine Art Anweisung zu ergehen hat,

- wie man sein Subjekt durch Bildung retten und schützen kann;
- wie man sich seine intellektuelle Neugier in einem umfassenden Sinn (weit über Klientelprobleme hinausgehend) erhält;
- wie man auf jene Spur gelangt, in deren Linie Neues gedacht und gewagt werden kann im Blick auf die zahlreichen Anforderungen in der vielbeschworenen Wissensgesellschaft.

Es läge nahe, diese Diagnose nun auch für die andere Seite der Medaille durchzuführen, also über Lehrende zu reden, die ihren Studierenden einzureden suchen, die genaueste Kenntnis aktueller Arbeitslosenstatistiken und weitergehender Sozialstaatsanalysen sei die eigentliche via regia zum späteren Berufserfolg. Ich denke aber, wir können die Sache hier abkürzen, in zwei Punkten gesprochen:

- Mollenhauer hat offenbar nach wie vor Recht mit seiner 1996er Kritik, die wir nun lesen können einerseits als Klage gegen eine zur bloßen Profession verkommene ‚therapeutische' Sozialpädagogik.
- Und Mollenhauer hat nach wie vor Recht, wenn er andererseits Klage führt gegen eine Art angewandter Wissenschaft, die den missverständlichen Titel ‚Sozialpädagogik' im Schilde führt, obwohl sie doch mit demjenigen, was unter diesem Titel dereinst verhandelt wurde, kaum noch etwas anzufangen weiß und sehr viel eher unter Titeln wie ‚soziologische Pädagogik' resp. ‚pädagogische Soziologie' zu beheimaten wäre.

Die herkömmliche Reaktion auf dieses Dilemma besteht darin, beiden auseinanderfallenden Seiten des sozialpädagogischen Berufsbewusstseins Einheitsstiftendes aus der pädagogischen Wundertüte zu verabreichen, etwa – erinnert sei an das eingangs gegebene Mollenhauer-Zitat – einen „genuinen pädagogischen Gedankengang" (Mollenhauer), in dessen Logik der Sozialpädagogik gleichsam ihr Eigenes wiedergebracht werden könne. Ich halte dieses Vorgehen allerdings für kaum praktikabel und auch für wenig durchdacht, zumal mir die Diagnose noch der Präzisierung, auch der historischen Kontextualisierung, bedarf. So hat Mollenhauer beispielsweise gänzlich außer Acht gelassen, wie sich ‚die' Sozialpädagogik im Verlauf ihrer Geschichte einerseits im Blick auf die „soziologischen" und andererseits im Blick auf die „therapeutischen" Bemühungen um „angemessene Problemdefinitionen" zu profilieren suchte.

Ich beginne, um in dieser Frage weiterzukommen, mit einem kurzen Blick in die Vorgeschichte und greife mir dabei zwei Exempel heraus: einerseits Pestalozzi, andererseits Wichern. Bei beiden, so will ich zeigen, ist der „soziologische" Blick schwach ausgeprägt, ebenso wie das „therapeutische" Bemühen um „angemessene Problemdefinitionen". Dies hat, so will ich im Folgenden zeigen, Gründe, die sich im weiteren Sinne aus der Ressentimentstruktur dieser beiden zentralen Klassiker der Sozialpädagogik erklären – Gründe allerdings auch, die im engeren Sinn Folge des Umstandes sind, dass beide sich je auf ihre Weise als das verstanden, was Mollenhauer der Gegenwart als Desiderat vorhält: Pestalozzi wie Wichern machten sich einen „pädagogischen Gedankengang" zu eigen – und verfehlten eben deshalb eine „angemessene Problemdefinition".

2. Abwehr der sexuellen Frage – Pestalozzi und Wichern

Der Fall Pestalozzi ist in dieser Hinsicht recht schlicht auf den Begriff zu bringen: Ursprünglich Rousseau-Anhänger, übersah er dabei doch nicht das, was er für Rousseaus Hauptschwäche hielt: die wenig geordnete Lebensführung, über die Rousseaus Autobiographie *Les Confessions* lebhaft Auskunft gibt. Hier nämlich spricht ein Mensch über fast all seine Probleme, Wünsche, Sünden und Gelüste in einer bis dato unbekannten Offenheit. Auf diese Weise wollte Rousseau seiner Epoche, die sich doch stolz als eine der Aufklärung verstand, eine Membran hinterlassen für die Destillierung nicht etwa von Moralen, sondern von Psychologien (vgl. Niemeyer 1993).

Pestalozzi indes verstand diese Botschaft nicht. Rousseaus Dilemma, so der selbst weitgehend vaterlos Aufgewachsene angesichts des verqueren Lebenslaufs des seinerseits mutterlos Aufgewachsenen, habe darin bestanden, „nicht von seinen Eltern zu seinem Nahrungs-Erwerb sorgfältig angeführt, vorbereitet, und ausgebildet worden" zu sein (zit. n. Niemeyer 1998a: 20). Also sprach der Sozialpädagoge Pestalozzi – und machte gegenüber Rousseau des Weiteren geltend, dieser sei infolge zahlreicher Affären mit fragwürdigen Frauengestalten des „Pflichtgefühl(s) für ein ordentliches Leben und einen häuslichen Beruf" ledig geblieben und habe so „die Grundlagen der Leiden seines Lebens" (ebd.: 27) gelegt. Derlei moralischer Rigorismus findet sich auch in *Lienhard und Gertrud* – in Gestalt des Plädoyers für eine umfängliche Domestizierung: Trotz all der Gärtner- und Wachstumsmetaphorik – am Anfang steht nicht Wachsenlassen, am Anfang steht Führung, Eingriff und Normalisierungsarbeit. Anlass hierfür ist das „Sittenverderben () des Landvolks" (ebd.) allgemein und das sittliche Verderben im engeren Sinn, angefangen von den „Verwirrungen des Geschlechtstriebs, vom Liebäugeln hinauf bis zum Kindermord" (ebd.). So gesehen überrascht es wenig, dass sich Pestalozzi über den „uneheliche(n) Beyschlaf" ebenso erregt wie über die „wilde Schweinordnung" der Partnersuche, wozu er die „neueingerissenen Frechheiten" rechnet, „mit Wein und Geschenken" um die Braut zu werben, anstatt sich an die tradierten „Ehrenfestigkeits-Regeln" zu halten, „nach welchen eine brave Tochter den Knaben, der sie in Ehren sucht, Schritt für Schritt näher kommen lassen" (ebd.: 28) muss. Dem korrespondiert eine ausgefeilte „Keuschheits-Gesetzgebung", die dafür Sorge trägt, „den bösen Geist", als welcher der Geschlechtstrieb vorgestellt wird, „an die reinliche Ordnung (…) zu gewöhnen, und ihn allfällig, wenn er poltern wollte, an die Kette zu legen" (ebd.).[1] Wir sehen hier und halten als ersten Ertrag fest: Es war offenbar die ‚sexuelle' Frage, die damals, neben der ‚sozialen', nach Antwort verlangte – nach einer rigiden und versagenden, wie nun nicht weiter zu erläutern ist.

Ähnliches lässt sich im Fall Wichern beobachten: Man muss sein Verdienst ums Hamburger ‚Rauhe Haus', um die Rettungshausbewegung und die Innere Mission gar nicht in Abrede stellen, um im hier interessierenden Zusammenhang eines als auffällig zu empfinden: Die von Wichern praktizierte Dämonisierung des Zöglings und die dem innewohnende Auslegung des Erziehungsgeschäftes als eine Art Exorzismus des Bösen. Denn die Er-

---

1 Wenn man, wie bei Dieter Hoof (1987: 401 ff.; 1996) beobachtbar, diesen Kodex und mithin das (präskriptive) Kapitel *Seine* (Arners; d. Verf.) *Gesetzgebung wider den Geschlechtstrieb* gar nicht zur Kenntnis nimmt und meint, sich auf den (deskriptiven) Abschnitt *Volksphilosophie über den Geschlechtstrieb* beschränken zu dürfen, und wenn man dies dann noch anreichert mit dem Hinweis auf gleichfalls fraglos weit weniger anstößige Passagen aus sehr viel früheren Werkphasen – dann, so viel sei zugestanden, kann man durchaus zu der Auffassung gelangen, Pestalozzi habe „ein unverstelltes, lebenszugewandtes Verständnis von Sexualität" (Hoof 1996: 111) vertreten und „Perspektiven für ein glückliches Sexualleben aller Menschen" gewiesen (ebd.: 108), mehr als dies: Pestalozzi habe Handlungsvorschläge unterbreitet, „die man unter Verwendung heutiger Begriff einer sexualpädagogischen Sozialarbeit zuordnen kann." (ebd.: 112) Mit einem allerdings hat derlei Urteilsfreude nichts mehr zu tun: mit Aufklärung in Sachen Pestalozzi, und zwar auch und gerade im Blick auf dessen dunkle Seiten.

zieher des ‚Rauhen Hauses' waren auf diese Weise der Reflexion ihrer eigenen Verantwortung für das auffällige Verhalten der Problemzöglinge enthoben. Und sie konnten sich ganz in der vergleichsweise bequemen Rolle des Beobachters und Kontrolleurs der Boshaftigkeit des anderen einrichten. Entsprechend sah Wichern auch keine Probleme, die neu aufgenommenen Kinder, denen der „Trieb und die Liebe zu ihrer Sünde" noch wie eine „ansteckende Krankheit" (zit. n. Niemeyer 1998a: 59) innewohne, vorübergehend in einem für sie eingerichteten Noviziat unter Quarantäne zu halten (oder jedenfalls doch mit besonderer Vorsicht zu beobachten und mit Strenge zu behandeln).

Noch gravierendere Begleiterscheinungen zeigt Wicherns pietistische Kulturkritik dort, wo sie die eigentlich notwendige Sozialkritik deutlich überlagert. Ein Beispiel hierfür ist Wicherns Aufsatz *Ein Votum über das heutige Sodom und Gomorrha* (1851), in welchem er ein Porträt großstädtischen Sittenverfalls gibt und von den „nächtlichen Feuer(n) des Verderbens" redet, von der „Schlangenbrut der heimlichen Hurerei", von „heidnischen Orgien greulichster Art", von den „Werke(n) des Satans" und der „Höllenwirtschaft" und schließlich von der Notwendigkeit, dieses Sodom und Gomorrha zu zerstören, bevor es „uns" zerstört (zit. n. Niemeyer 1998a: 69), kurz: Es dominiert die (mittelalterliche) Metaphorik vor der (neuzeitlichen) Analyse, und diese selbst beschränkt sich im wesentlichen auf eine – ganz der pietistischen Tradition entsprechende – Kritik der Kultur unter dem Signum ihrer Gottesferne.

3. Weitere Antworten auf das Anstößige

Vor diesem Hintergrund mag es ein Trost sein, dass diese fachspezifische Vorgeschichte einer gleichsam ‚Schwarzen Sozialpädagogik' ihr Ende zu finden schien ausgerechnet um 1900, als mindestens fünferlei populär zu werden begann: die Vokabel ‚Sozialpädagogik', die Vokabel ‚Jahrhundert des Kindes', die Jugendbewegung, das Reden über Nietzsche als ‚Jugendverführer' sowie – fast hätte ich es vergessen – Freud. Denn mit Freud endete offenbar die dunkle, fast noch mittelalterliche Epoche der Sexualitätsverfolgung – dies jedenfalls, wenn man Heinrich Meng Glauben schenken darf, der sich 1928 sicher war:

> „Hatte Kant an der Wende des achtzehnten Jahrhunderts die Onanie als Sünde schlimmster Art gebrandmarkt, bei der sich der Mensch ‚unter das Vieh herabwürdigt', so trat mit der Forschung Freuds an der Wende des neunzehnten Jahrhunderts eine Forschung ins Leben, die im Laufe der letzten dreißig Jahre die Grundlage zu einer menschenwürdigen und affektfreien Betrachtung des Problems gab." (Meng 1927/28: 113)

Dies war gut gesagt und hoffnungsfroh gesprochen – wenngleich, so meine ich, ohne zureichende Würdigung der diesbezüglichen Vorläuferschaft Nietzsches[2] –, aber man täusche sich nicht: Der ‚Neukantianer' wie ‚Pestalozzianer' Paul Natorp, der um 1900 seine spezifische ‚sozialpädagogische' Antwort zu geben suchte auf die ‚soziale Frage', sah beharrlich davon ab, dass zeitgleich von Wien aus neben dieser Frage auch jene – von Kant über Pestalozzi bis hin zu Wichern auf so skandalöse Weise beiseitegesetzte – ‚sexuelle Frage' als eine dringlich der Antwort bedürftige herausgestellt wurde (vgl. Niemeyer 1998a: 79 ff.). Die Pointe dessen gab unlängst Rüdiger Lautmann zur Besichtigung frei:

> „Probleme des Sexualverhaltens stehen nicht auf den vorderen Rängen der sozialarbeiterischen Agenda – jedenfalls heute nicht. Vorneweg marschieren vielmehr die Folgen, die sich aus den Komplexen Armut/Arbeitslosigkeit/Randständigkeit einerseits, Delinquenz/Kriminalität andererseits ergeben" (Lautmann 2005: 237).

Man kann das Beispiel Natorp aber auch noch in einer etwas anderen Richtung ein Stück weit verallgemeinern, etwa wie folgt: Diejenigen, die damals zwar die ‚soziale', keineswegs jedoch die ‚sexuelle Frage' ins Zentrum gerückt wissen wollten, haben letztlich immer auch von der anderen Seite der Vernunft geschwiegen – beispielsweise (um nun nicht den Eindruck zu erwecken, ich hätte irgendetwas gegen Männer) auch Alice Salomon. 1916 beispielsweise, mitten im Krieg und mitten auch im Rausch infolge des kriegsbedingten Aufschwungs der Wohlfahrtspflege, rechnete sie, durchaus im Sinne Natorps, mit dem träumerischen Anarchismus ‚der' weiblichen Vorkriegsjugendbewegung ab. „Unverstandene () Mädchen", so Salomon, hätten hier vor dem Krieg das große Wort geführt, „problematische () Naturen", die „keiner Lage" gewachsen gewesen seien – eine Generation, „die

---

2 Zu denken ist etwa an Nietzsches Aphorismensammlung *Morgenröthe* (1881), in welcher der Naumburger Pastorensohn zu Felde zieht gegen das Christentum, dem es gelungen sei, „aus Eros und Aphrodite – großen idealfähigen Mächten – höllische Kobolde und Truggeister zu schaffen, durch die Martern, welche es in dem Gewissen der Gläubigen bei allen geschlechtlichen Erregungen entstehen ließ." (Nietzsche 1881: 73) Fast wie ein Propagandist sexueller Libertinage auftretend, fährt Nietzsche fort: „An sich ist den geschlechtlichen wie den mitleidenden und anbetenden Empfindungen gemeinsam, dass hier der eine Mensch durch sein Vergnügen einem anderen Menschen wohlthut – man trifft derartige wohlwollende Veranstaltungen nicht zu häufig in der Natur! Und gerade eine solche verlästern und sie durch das böse Gewissen verderben! Die Zeugung des Menschen mit dem bösen Gewissen verschwistern!" (ebd.) Nietzsche meinte dies selbstredend anklagend, nicht fordernd, wie der Folgesatz deutlich macht: „Zuletzt hat diese Verteufelung des Eros einen Komödien-Ausgang genommen: der ‚Teufel' Eros ist allmählich den Menschen interessanter als alle Engel und Heiligen geworden, Dank der Munkelei und Geheimnisthuerei der Kirche in allen erotischen Dingen" (ebd.: 73 f.).

aus der widerlichen Redensart, sich ausleben zu wollen, ein Ideal machte" (Salomon 1916: 441); eine Generation, die sich beispielsweise habe verführen lassen durch die kritischen Vorkriegsbeiträge etwa eines Siegfried Bernfeld oder Walter Benjamin in der jüdisch-linksintellektuellen Jugendbewegungszeitschrift *Der Anfang*, deren „frivole Äußerungen" wiederzugeben sie, Salomon, sich scheue, weil in ihnen „giftige(r) Infektionsstoff" verborgen sei, geeignet zur „Auflösung unentbehrlicher und unersetzlicher Werte" (ebd.: 445f.). Nach dem Krieg machte die auf diese Weise neu eingestimmte Frauenbewegungsgeneration Karriere im Rahmen behördlicher Sozialarbeit – ‚Karriere' jedenfalls, sofern es die den Innendienst dominierenden Männer zuließen; und sofern es der Männerspott zuließ, der einem beispielsweise Mitte der Zwanziger Jahre bei Aloys Fischer begegnet, der nun Kritik für geboten hielt an den „Fanatiker(innen) der sozialen Arbeit" (Fischer 1924/25: 404), bei denen die Gefahr bestehe, „daß sich der Drang nach Geltung (...) und vielleicht sogar die Flucht vor sich selbst in den Purpur einer höchsten sozialen Tugend kleidet" (ebd.: 406) – wie vor vielen Jahren in brillanter Weise am Exempel von Bertha Pappenheim alias Anna O. gezeigt (vgl. de Clerck-Sachße/Sachße 1981). Zumal Fischers Therapeutikum – in erster Linie „Selbsterkenntnis" – hat also bis auf den heutigen Tag nichts an Relevanz verloren, im Gegensatz, wie ich meine, zu der Theorie, der es der Sache nach zugehört.

4. Psychoanalytisch-pädagogische Aufklärung und ihr vorläufiges Ende

Denn was meint denn „Selbsterkenntnis", radikal gedacht? Es meint doch nicht nur, das vielbeschworene Helfersyndrom qua Supervision in Aufsicht zu nehmen. Es meint doch auch, Experte und Anwalt des eigenen, unausgelebten Begehrens zu werden – und sich von hier aus kritisch zu verhalten gegenüber der je vorgefundenen Kulturordnung, sofern diese sich als versagend und verleugnend und insgesamt als verlogen erweist. Es meint damit zugleich, als Pädagoge aller erst die Rolle des Experten und, gegebenenfalls, auch die Rolle des Anwalts des unausgelebten und sich in verstörenden Form agierenden Begehrens des Educanden anzustreben. So jedenfalls haben psychoanalytische Pädagogen der Weimarer Epoche die Sache gesehen – etwa jene, die (wie Paul Federn, Heinrich Meng, Eduard Hitschmann, Karl Landauer, Hans Zulliger, Wilhelm Reich oder Vera Schmidt) 1927/28, im Nachgang zur ersten (Wiener) Debatte dieser Art aus dem Jahre 1912, ein ganzes Sonderheft der *Zeitschrift für psychoanalytische Pädagogik* dem Thema „Onanie" und deren Relevanz und Nützlichkeit widmeten, um schlussendlich in der nach wie vor von Erziehern wie Kinderärzten vorangetriebene Bekämpfung derselben eine – so Mary Chadwick – „allgemeine Verschwörung zur Verleugnung" (Chadwick 1928/29: 128) zu identifizieren.

Dieser insoweit gleichsam zweite Höhepunkt psychoanalytischer Aufklärung war allerdings nicht von langer Dauer, am Beispiel eines damals noch recht unbekannten Tübinger Assistenzarztes namens Werner Villinger gesprochen: Schon 1926 hatte dieser in der von Herman Nohl mitherausgegebenen *Zeitschrift für Kinderforschung* die einschlägigen psychoanalytischen Beiträge kritisch gemustert, endend mit dem Befund, dass „ein geübter Psychotherapeut" jederzeit Mittel und Wege finden würde, „wenn nicht die Schlange Onanie abzuwürgen, so doch mindestens ihr die Giftzähne auszuziehen." (Villinger 1926a: 134) Villinger traf zumal mit diesem Satz zwar auf den empörten Widerspruch eines psychoanalytisch orientierten Wiener Kinderarztes (vgl. Friedjung 1926; 1927/28). Aber nach 1933 und zumal nach 1938, als die Nazis nun auch der in Wien beheimateten Hochburg des ‚jüdischen Pansexualismus' habhaft geworden waren[3] und nachdem die meisten und zumal die jüdischen Psychoanalytiker vertrieben waren oder, so wie etwa Bruno Bettelheim, im KZ saßen, musste sich Villinger um derlei Kritiker keine Sorgen mehr machen. Ungehemmt konnte er folglich, nun in seiner Eigenschaft als Chefarzt der Bodelschwinghschen Anstalten in Bethel (1934–1939), in der nämlichen, inzwischen auch von ihm[4] mitherausgegebenen *Zeitschrift für Kinderforschung* Propaganda machen für eine Art ‚Endlösung' nun auch der ‚sexuellen Frage'. Denn kaum anders als mit diesem Wort wird man es wohl zu bezeichnen haben, wenn Villinger zumal im Blick auf „sexuell verwahrloste () weibliche Fürsorgezöglinge" (Villinger 1938: 12) die Notwendigkeit eines ‚Reichsbewahrungsgesetzes' meinte unterstreichen zu können, um ansonsten dafür zu plädieren, dem Volkskörper, auch mittels „eugenische(r) Ausmerze", „Schädlinge und Schmarotzer" (ebd.: 20) fernzuhalten.[5]

---

3 Villingers Replik auf Friedjungs Kritik bringt gleich zu Beginn den Satz: „Es ist durchaus wahrscheinlich, daß die Eigenart der Wiener Bevölkerung eine größere Häufigkeit sexueller Frühreife und autoerotischer Betätigung im Kindesalter bedingt, als wir es hier in Württemberg sehen." (Villinger 1926b: 293) Worauf der Autor mit dieser provokanten Bemerkung abzielte, tritt nur zutage, wenn man das damals in Antisemitenkreisen gängige Klischee mitbedenkt, wonach ‚der' Jude als besonders sinnenfroh zu gelten habe und dies zumal dort sei, wo er sich – wie eben in Wien – mit besonderer Vorliebe niedergelassen habe. Ganz abgesehen davon zielte Villinger ganz bewusst und in (gleichfalls) extrem demagogischer Form an Friedjungs Argument vorbei, insofern dieser lediglich gegen Villingers Forderung nach einer durch die Eltern zu leistenden Sexualaufklärung eingewandt hatte, „daß bei uns in Wien die meisten Eltern von diesen unentbehrlichen (von Villinger unter Vokabeln wie ‚feinfühlig', ‚ehrfurchtsvoll', ‚innerlich wahr und frei' geforderten; d. Verf.) Erziehertugenden kaum ein Hauch besitzen, und ich würde mich wundern, wenn dies in Tübingen anders wäre" (Friedjung 1926: 292).
4 Zusammen mit (nach wie vor) Herman Nohl sowie (ab 1935) der Nohl-Schülerin Erika Hoffmann.
5 Es korrespondiert dieser durchgängig verrohten Denk- und Sprechweise, wenn Erika Hoffmann im Referateteil des nämlichen Heftes dieser Zeitschrift der „Willensschwäche und Rücksichtslosigkeit des Einzelgängers" unter Verweis darauf den Kampf an-

Nicht abgesehen werden kann in diesem Zusammenhang von Herman Nohl selbst bzw. von dem im Göttinger Nachlass deponierten Vorlesungsskript *Die Grundlagen der nationalen Erziehung*, das Nohl in den Wintersemestern 1933/34 und 1935/36 zum Vortrage brachte. Nohl nämlich redete hier, angetrieben von der damals politisch herrschend gewordenen „Sorge um den Erbstrom und die vitale Substanz unseres Volkes" (Nohl 1933/34: 9), der Zwangssterilisation das Wort, „wie das Gesetz zur Verhütung erbkranken Nachwuchses das fordert, das am 1. Januar 1934 in Kraft getreten ist", denn: „Die Sterilisation der Erbkranken, die nicht Kastration, also kein Angriff auf die Persönlichkeit des Menschen, sondern nur die Verhinderung seiner Zeugungsunfähigkeit ist, nimmt ihm nicht das Glück der geschlechtlichen Liebe, nur das der Elternschaft." (ebd.: 18) Diese durchaus abenteuerliche Argumentation, die fast nahtlos jener (Selbst-)Beruhigungsstrategie korrespondiert, wie sie Villinger zeitgleich in der *Zeitschrift für Kinderforschung* zum Vortrage brachte, krönte Nohl noch durch den Hinweis, dass er auch nichts gegen die Sterilisation bei „grobem Alkoholismus" habe, und zwar nicht so sehr wegen der „kranke(n) Erbmasse", sondern wegen der „Bedenkenlosigkeit und Rücksichtslosigkeit dieser Gruppen im geschlechtlichen Verkehr" (ebd.: 19).

Nachzutragen bleibt vielleicht noch, dass Villinger – um von Nohl hier ganz abzusehen (vgl. hierzu u.a. Klafki/Brockmann 2002) – derlei Äußerungen nach 1945 nicht schadeten und er, der 1939 einem Ruf von Bielefeld nach Breslau folgte, von wo aus er Euthanasie-Gutachten verfertigte (vgl. Kappeler 2000: 318), keine Probleme hatte, 1946 Ordinarius in Marburg zu werden und in der Folge bis zu seinem Unfalltod im August 1961 zum führenden Vertreter der Jugendpsychiatrie in der Adenauerära aufzusteigen. Dazu gehörte die gleichsam unverdrossene Wiederaufnahme des Kampfes gegen die psychoanalytische Triebpsychologie resp. gegen die – wie Villinger 1956 im ersten Band des von ihm begründeten Nachfolgeorgans der 1944 eingestellten *Zeitschrift für Kinderforschung* schrieb – den „seit einem halben Jahrhundert allzu sehr nach abwärts auf das Vital-Organische, das ‚Es'hafte, Primitive gerichteten Blick(s)", um ersatzweise dem Charakter „als Inbegriff stabiler Gewohnheiten, Gesinnungen, Wertskalen" und mithin als „Zuchtprodukt der Gesellschaft" ebenso das Wort zu reden (Villinger 1956: 18) wie einer Pädagogik, die sich wieder traue, „Führung und Bindung" (ebd.: 25) zu vermitteln. Dass man in der Folge in dem von Villinger begründeten *Jahrbuch für Jugendpsychiatrie* immer mal wieder die sexuelle Frage im Geiste des ‚Dritten Reichs' verhandelte, kann insoweit nicht überraschen.

---

sagt, dass diesem „die gemeinschaftsbewußte, auf ihre völkische Zugehörigkeit stolze Jugend an richtiger Stelle packen und zur Einordnung bereit machen (wird)." (Hoffmann 1938: 7)

5. „Erziehung nach Auschwitz" und die sexuelle Frage

Damit freilich, so könnte man noch ergänzen, war wenig später Schluss – im Sog von Flower Power, Minirock, Oben-ohne-Kampagne und weiterer Strategien der – repressiven – Entsublimierung. Wenngleich: Aus heutiger Sicht nimmt es sich durchaus ein wenig pubertär aus, beispielsweise aus dem *Jahrbuch der Sozialarbeit 1976* erfahren zu müssen: „Angesichts der rigorosen Unterdrückung freier sexueller Betätigung in Fürsorgeheimen wurden im Verlauf der Heimkampagne mit Nachdruck Forderungen erhoben wie ‚Abschaffung sexueller Repression', ‚Koedukative Heime', ‚Abschaffung zölibatärer Erzieher', ‚Öffnung der Heime Tag und Nacht', ‚unkontrollierter Besuch durch Mädchen und Jungen'" (Barabas/Blanke/Sachße/ Stascheit 1975: 343). Beenden wir folglich dieses eher etwas trübe Kapitel aus den Flegeljahren jener Disziplin, der ich zugehöre, um zweierlei auf den Punkt zu bringen:

Der Fall Villinger und vor allem der Umstand, dass er bis heute nicht zum Fall wurde, gibt ein Beispiel für eine ebenso unselige wie nicht untypische Form deutscher Vergangenheitsverleugnung. Was Not täte, wäre folglich ein neues Kapitel für ein noch zu schreibendes Buch mit dem Titel *Erziehungswissenschaft nach Auschwitz*.

Das andere Beispiel hingegen, das Beispiel Heimkampagne also, steht dafür, dass die studentenbewegte Gründergeneration der BRD-Sozialpädagogik offenbar nur unvollständig verstanden hat, was das Wort „Erziehung nach Auschwitz" meint, in positiv formulierter Lektion dargeboten:

Die ‚sexuelle' Frage hat mit sexueller Befreiung vergleichsweise wenig zu tun und ist ihrem substantiellen Kern nach nicht mehr und nicht weniger als die von Adorno als Post-Auschwitz-Lektion ins Zentrum gerückte Frage nach dem ‚richtigen' Leben und mithin danach, wie die Menschen „ihr Denken und Handeln" so einzurichten vermögen, „daß Auschwitz sich nicht wiederhole, nichts Ähnliches geschehe" (Adorno 1966: 358).

Insoweit stellt die sexuelle Frage zugleich die Frage nach einem transparenten und offenen Umgang mit Theorie- und Menschenproblemen und mithin auch: sie führt in ihrem Rücken die Frage mit nach der Offenheit gegenüber dem Fremden und Anderen.

Wer diese Fragen ignoriert, muss nicht notwendig in jener Grammatik der Härte und Menschenverachtung sich wieder finden, wie sie am Fall Villinger zu studieren ist. Immerhin aber gilt: Wer die so zu verstehende und in dieser Weise einzubettende ‚sexuelle Frage' ausblendet, wer sie für entbehrlich hält, wer, wie dies beispielsweise Eduard Spranger noch 1958 in seiner Schrift *Der geborene Erzieher* tat, davon meint reden zu können, dass die Begriffe der Psychoanalyse die einer irrlichtenden Alchemie seien, weil so nicht transparent werden könne, wie die Realität sui generis, die dem Geistigen zuzuweisen sei, eine Würdigung erfahre, weil, prinzipieller geredet, aus Tierischem und Triebhaftem unter keinen Umständen Geistiges werden könne (vgl. Spranger 1958: 315) – wer, so meine ich, derartige Sätze unwidersprochen stehen lässt, huldigt im metaphysischem Verstande dieses Begriffes einer Setzung des Dinges an sich für die Zwecke dessen, was sich geisteswissenschaftliche Pädagogik heißt (und was Mollenhauer via Nohl und Weniger unter dem Titel ‚Göttinger Schule' vermittelt bekam).

Wissenschaft freilich und Aufklärung und Kritik ist dann nicht mehr möglich. Was vielmehr dominiert, sind Setzungen und Denkverbote in schulenbildender Absicht, die man dann auch studieren kann am Exempel etwa eines Siegfried Bernfeld, der mittels seiner Tagebuchforschung und der hier problematisierten Onanieregister Jugendlicher sich durchaus seine Verdienste erwarb im Rahmen der angesprochenen Onaniedebatte und der sich in der Summe letztlich um nichts weiter bemüht hat als um die Klarstellung, dass das pädagogische und auch das sozialpädagogische Handeln, wenn es unerörtert bleibt bezogen auf die Motiviertheit aus dem Biographischen, unerörtert bezogen auf die eigene Gewordenheit des Handelnden, unerörtert bezogen auf das, was sich an unbewussten Phantasien noch bis zum Erwachsenenalter hinein aufrecht erhält und was sich dann im interaktiven Geschehen beispielsweise in einer Heimerziehungsszene wiederholend niederschlägt, dass, wenn man all dies außer Betracht lässt und meint, man könne das Geistige vom Triebhaften trennen und müsse nicht erkennen, wie das eine sich dem anderen abnötigt und aufzwingt, man nur über eine halbierte Rationalität verfügt, die man seinem Handeln fahrlässig zugrunde legt.

6. Resümee oder: Über das Zusammendenken der sozialen und der sexuellen Frage

Um 1900 – so will es jedenfalls die gleichsam ‚monumentale' sozialpädagogische Geschichtsschreibung – eskalierte die ‚soziale Frage' und in deren Folge die sozialpädagogische Antwort mit dem Ergebnis, dass uns die Rede vom ‚sozialpädagogischen Jahrhundert' fast schon so etwas sein will wie eine zweite Haut.

Um 1900 – so wäre nun als Teil einer gleichsam ‚kritischen' sozialpädagogischen Geschichtsschreibung des Weiteren zu Gehör zu bringen – eskalierte aber auch die ‚sexuelle Frage' und mit ihr die Psychoanalyse und mit dieser wiederum die Antwort, dass uns an sich jede zweite Haut verdächtig sein sollte, so, als bekunde sich in ihr eine ganz besondere Not: die Not beispielsweise, sich mit der stolzen Rede vom ‚sozialpädagogischen Jahrhundert' hinwegzutrösten über die Versagungen und Enttäuschungen, die der Berufsalltag bereithält.

Die letztgenannte Bemerkung bitte ich zu streichen – es schien mir Zeit für einen kleinen Zwischenspott –, zumal mir das Dual: ‚soziale' versus ‚sexuelle' Frage sehr viel wichtiger ist, durchaus geeignet dazu, das von

Mollenhauer angeprangerte ‚Eingeklemmtsein' der Sozialpädagogik zwischen „soziologischen und therapeutischen Bemühungen um angemessene Problemdefinitionen" auf den – etwas deftigeren – Begriff zu bringen: auf den des ‚Verklemmtseins'. Denn kaum anders als auf diese Weise, kaum anders also als im Sinne eines Fortwirkens bildungsbürgerlicher Vorstellungen vermeintlicher Reinheit kann ich es mir erklären, dass die Sozialpädagogik etwa eines Paul Natorp nur Antwort geben wollte auf die ‚soziale Frage'.

Sehen wir aber von diesem Fall – um frei zu reden: dem der ‚Verklemmtheiten' des Pastorensohnes Natorp – ab und sichern nur das Ergebnis in der Hauptsache:

Die Sozialpädagogik, wenn man sie ihrer historisch gewordenen Denkform nach begreift, scheint an die ‚soziale Frage' gebunden, hätte an sich aber auch auf die ‚sexuelle Frage' eine Antwort geben müssen.
Sie hätte sich folgerichtig auch mit beiden Folgekonzepten auseinandersetzen müssen, nämlich mit jenem, bei dem nach dem ‚guten' Leben, und mit jenem anderen, bei dem nach dem ‚richtigen' Leben gefragt wird. Letzteres nicht getan zu haben, wird hiermit also der Sozialpädagogik zum Vorwurf gemacht.

Natorp beispielsweise hat nur nach dem ‚guten' Leben gefragt, dieses Wort hier selbstredend nur als Metapher verstanden für ein Leben in Würde und ohne soziale Not, für ein Leben – wie Natorp sagt –, bei dem der ‚Krieg aller gegen alle um die soziale Existenz' nicht auch noch weitergehendere Wunden schlägt in Gestalt der Verwahrlosung und Entsittlichung auch des sozialen Lebenszusammenhangs.

Dies freilich war nicht die primäre Sorge Freuds gewesen, die vielmehr dem ‚richtigen' Leben galt – wiederum eine Metapher, die gleichfalls recht vieles beherbergt. Denn natürlich war es Freud nicht nur um die Anerkennung des Sexuellen als Lebensmacht im Verlauf des Biographischen zu tun. Sondern Freuds früher Kampf gegen Repression und für sexuelle Aufklärung war immer auch schon Teil eines Kampfes im Dienste soziologischer Aufklärung – mit der Pointe, dass die Rede vom ‚richtigen' Leben immer auch das Utopische streift und mithin die Frage, ob es eigentlich ein ‚richtiges' Leben geben könne im ‚falschen'. Kritische Theorie ist also mit Psychoanalyse in dieser Frage weitgehend einig gewesen, und dies, so denke ich, sollte der modernen psychoanalytischen Sozialpädagogik auch weiterhin zu denken geben.

Von hier aus wird man die Frage von Mollenhauer, ob Sozialpädagogik nicht ihr Eigentliches verlöre, insofern sie eingeklemmt bleibe zwischen Beidem, nämlich zwischen der therapeutischen und der soziologischen Zuspitzung ihres Problems, vielleicht dahingehend sich zurechtlegen dürfen, dass Sozialpädagogik möglicherweise noch gar nicht erkannt hat – allerdings in Zukunft erkennen muss (vgl. auch Niemeyer 2005) –, wie sehr sie eben immer auch beides zu bedienen hat, eben die ‚soziale' und die ‚sexuelle' Frage und damit die Frage nach dem ‚guten' und die nach dem ‚richtigen' Leben. Beide Fragen lassen sich nicht getrennt voneinander erörtern. In dem Zusammenführen dieses insoweit notwendig aufeinander Verwiesenen verbirgt sich möglicherweise jener pädagogische Grundgedanke, den Mollenhauer so schmerzlich vermisste und den die Sozialpädagogik heutzutage wieder stärker zur Geltung bringen sollte, nun wirklich abschließend und unter Aufgreifen eines einleitend genutzten Bildes gesprochen: Mir ist an Lehrenden gelegen, die den Eindruck erwecken und auch tatsächlich so reden, als müssten Studierende in diesem Fach möglichst vom ersten Semester an in beiden Kategorien denken lernen:

- in jenen des Helfens, das Not tut unter den Bedingungen beschädigten Lebens; und das dabei sowohl selbst-, als auch metareflexiv bedacht werden muss;
- und in jenen des Hilfevermeidens, das Not tut, weil und insofern niemand wollen kann, das jene Strukturen bestehen bleiben, die schädigend sind.

Dabei gilt es zusätzlich noch zu bedenken und als Teil universitärer Lehre im Modus ‚kritischer' Historie zu verankern, dass das Wissen darum wach gehalten wird, wie rasch und vollständig schon einmal in Deutschland jene Strukturen und Felder des Wissens zerschlagen oder in Vergessenheit gebracht wurden, derer sozialpädagogische Professionalität bedarf. Die Folgen liegen auf der Hand: Nicht nur um die fernen, hehren Werte sollte es uns primär zu tun sein, nicht um das, was Eduard Spranger in seiner *Psychologie des Jugendalters* fast schon verzweifelt tat: nämlich das Ausschau halten nach „große(n) Gegenstände(n), die die Seele ganz erfüllen" und die ihr als „Schutzwehr" dienen können angesichts der „sexuellen Not" und der Gefahr des „Hinabsinken(s) in das Gemeine" (Spranger 1925: 138). Sondern es sollte uns zuallererst gehen um die „nächsten Dinge" (Nietzsche 1880: 703) und beispielsweise um die Frage, wie wir gerecht urteilen lernen und im Wissen um den Abgrund in uns und nicht umgetrieben von Affekten und Klugheitserwägungen. Dies schon zeigt oder deutet doch an: Es geht nicht nur um die Rückbesinnung auf Freud, sondern es muss auch gehen um Nietzsche – ein Hinweis, der hier nicht mehr erläutert werden kann (vgl. Niemeyer 1998b: 221ff.), der allerdings zumindest doch durch sein Wort aus *Die fröhliche Wissenschaft* illustriert sein mag, wonach es an der Zeit sei, aus unseren „Erlebnissen eine Gewissenssache der Erkenntnis" zu machen, „unseren Erlebnissen so streng in's Auge [zu] sehen, wie einem wissenschaftlichen Versuche, Stunde für Stunde, Tag um Tag!" (Nietzsche 1882/87: 551) Denn vielleicht war es ja dies, was beispielsweise Bettelheim seinen Erziehern hatte vermitteln wollen – und was heutzutage, angesichts von Geschichten wie jener um den Erfurter Amokläufer Robert Steinhäuser, auf der Agenda steht.

Literatur

Adorno, Th. W., 1966: Negative Dialektik. In: Gesammelte Schriften. Bd. 6. Hrsg. v. R. Tiedemann. Frankfurt a.M. 1977

Barabas, F./Blanke, Th./Sachße, Ch./Stascheit, U., 1975: Jahrbuch der Sozialarbeit 1976. Projekte, Konflikte, Recht. Reinbek

Chadwick, M., 1927/28: Die allgemeine Verschwörung zur Verleugnung. In: Z. f. psychoanalytische Pädagogik. 1: 128–132

de Clerck-Sachße, R./Sachße, Ch., 1981: Sozialarbeit und Sexualität. Eine biographische Skizze. In: Jahrbuch der Sozialarbeit 4. Reinbek

Fischer, A., 1924/25: Über Hemmungen und Fehlentwicklungen des sozialen Bewußtseins. In: Leben und Werk. Bd. 3/4. Hrsg v. K. Kreitmair. München o.J.

Flitner, W., 1976: Rückschau auf die Pädagogik in futuristischer Absicht. In: Gesammelte Schriften. Hrsg. v. K. Erlinghausen, A. Flitner u. U. Herrmann. Band 3. Paderborn u.a. 1989

Friedjung, J.K., 1927/28: Zur Frage der Onanie des Kindes. In: Z. f. psychoanalytische Pädagogik, II: 117f.

Friedjung, J.K., 1926: Über Onanie im Kindesalter. In: Z. f. Kinderforschung, 31: 289–292

Hoffmann, E., 1938: Pädagogisches Sammelreferat. In: Z. f. Kinderforschung 47, H. 1, Referateteil: 1–70

Hoof, D., 1987: Pestalozzi und die Sexualität seines Zeitalters. Quellen, Texte und Untersuchungen zur Historischen Sexualwissenschaft. Sankt Augustin

Hoof, D., 1996: Pestalozzis Entwurf sexualpädagogischer Sozialarbeit und Familienhilfe – Historische Verfrühung oder Utopie? In: Hager, F., Tröhler, D. (Hrsg.): Pestalozzi – wirkungsgeschichtliche Aspekte. Bern

Kappeler, M., 2000: Der schreckliche Traum vom vollkommenen Menschen. Rassenhygiene und Eugenik in der Sozialen Arbeit. Marburg

Klafki, W., Brockmann, J.-L., 2002: Geisteswissenschaftliche Pädagogik und Nationalsozialismus. Herman Nohl und seine ‚Göttinger Schule' 1932–1937. Weinheim

Lautmann, R., 2005: „Gibt es nichts Wichtigeres?" – Sexualität, Ausschluss und Sozialbeit. In: Anhorn, R., Bettinger, F. (Hrsg.): Sozialer Ausschluss und Soziale Arbeit. Positionsbestimmungen einer kritischen Theorie und Praxis Sozialer Arbeit. Wiesbaden

Meng, H., 1927/28: Das Problem der Onanie von Kant bis Freud. In: Z. f. psychoanalytische Pädagogik, II: 112–114

Mollenhauer, K., 1996: Über Mutmaßungen zum „Niedergang" der Allgemeinen Pädagogik – eine Glosse. In: Z. f. Pädagogik, 42: 277–285

Niemeyer, Ch., 1993: Rousseau auf der Couch. „La Héloïse" als Schlüssel zu seinem Kindheitstrauma. In: Psyche, 47: 441–463

Niemeyer, Ch., 1996: Sozialpädagogik als Pädagogik und als Erziehungswissenschaft. Kritische Anmerkungen anlässlich einer Glosse Klaus Mollenhauers. In: ders.: Sozialpädagogik als Wissenschaft und Profession. Weinheim u. München 2003

Niemeyer, Ch., 1998a: Klassiker der Sozialpädagogik. Einführung in die Theoriegeschichte einer Wissenschaft. Weinheim u. München

Niemeyer, Ch., 1998b: Nietzsches andere Vernunft. Psychologische Aspekte in Biographie und Werk. Darmstadt

Niemeyer, Ch., 2005: Essay: Sozialpädagogik zwischen Gut und Böse. Ein Problemaufriss. In: Z. f. Sozialpädagogik, 3: 2–10

Nietzsche, F., 1880: Vermischte Meinungen und Sprüche. In: Kritische Studienausgabe. Bd. 2. Hrsg. v. G. Colli u. M. Montinari. München 1988

Nietzsche, F., 1881: Morgenröthe. In: Kritische Studienausgabe. Bd. 3. Hrsg. v. G. Colli u. M. Montinari. München 1988

Nietzsche, F., 1882/87: Die fröhliche Wissenschaft. In: Kritische Studienausgabe. Bd. 3. Hrsg. v. G. Colli u. M. Montinari. München 1988

Nohl, H., 1933/34: Die Grundlagen der nationalen Erziehung. UB Göttingen: Cod. Ms. H. Nohl 830: 1a

Salomon, A., 1916: Jugendgruppen und moderne Jugendbewegung. In: Ausgewählte Schriften. Bd. 2: 1908–1918. Hrsg. v. A. Feustel. Neuwied, Kriftel, Berlin 2000

Spranger, E., 1925: Psychologie des Jugendalters. 4. Aufl. Leipzig

Spranger, E., 1958: Der geborene Erzieher. In: Gesammelte Schriften. Hrsg. v. H. W. Bähr u. a. Bd. I. Tübingen, Heidelberg 1969

Villinger, W., 1926a: Über Onanie im Kindesalter. In: Z. f. Kinderforschung, 31: 111–134

Villinger, W., 1926b: Erwiderung auf vorstehende Arbeit „Onanie im Kindesalter" von J. K. Friedjung. In: Z. f. Kinderforschung, 31: 293–295

Villinger, W., 1938: Die Notwendigkeit eines Reichsbewahrungsgesetzes vom Jugendpsychiatrischen Standpunkt aus. In: Z. f. Kinderforschung, 47, Heft 1: 1–27

Villinger, W., 1956: Vom anthropologischen Hintergrund der seelisch-geistigen Situation unserer Jugend. In: Jahrbuch f. Jugendpsychiatrie 1: 9–25

Teil III
Felder der Vermittlung professioneller Nähe und Distanz

Ursula Rabe-Kleberg

Kontrolle – Markt – Vertrauen. Grundlegende Kategorien einer Theorie professionellen Handelns?

Das Beispiel der gesellschaftlichen Kleinkinderziehung im Umbruch der Neuen Bundesländer

Sprechen wir von Unsicherheit oder Ungewissheit, gar von doppelter Ungewissheit analog zur „Verdoppelung" der Modernisierungsprozesse im Rahmen der raschen Transformation, so stellen wir uns damit zum einen in einen Diskurs, der mit der Moderne und damit mit der Entdeckung beginnt, dass Gesellschaft keine göttliche oder Naturtatsache ist, sondern von Menschen gemacht, also gestaltbar und veränderbar ist (z.B. Durkheim 1992, Elias 1990). Zur Moderne gehört auch die Ausdifferenzierung von Berufen, die wissenschaftlich generiertes Wissen auf technische und soziale Probleme anwenden. Parsons (1968) hält dieses Phänomen sogar für ein konstitutives Merkmal moderner Gesellschaften, ohne die diese nicht denkbar seien. Parsons nennt Personen, die solche wissenschaftsbasierten Berufe ausüben, „Professionals".

1. Gesellschaft im Umbruch – Handeln in Ungewissheit

Aus den Diskurszusammenhängen der 80er Jahre um die Beck'sche Risikogesellschaft (Beck 1986) und der Habermas'schen Unübersichtlichkeit der Gesellschaft (Habermas 1981) soll hier vor allem auf die Studie von Evers und Nowotny (1987) mit dem für diesen Themenkreis wegweisenden Titel „Über den Umgang mit Unsicherheit" eingegangen werden. Dies vor allem deshalb, weil die Autorin und der Autor auf gesellschaftliche Verhältnisse und Strukturen schauen, in denen systematisch Ungewissheit angelegt ist sowie auf die Potentiale von Institutionen und Akteuren, mit dieser strukturell verankerten Ungewissheit umzugehen. Dabei verstehen sie die Frage des Umgangs mit Ungewissheit nicht nur als eine Frage vorübergehender Krisenbewältigung, sondern als ein andauerndes, also letztlich nicht effektiv zu lösendes Problem. Weiterhin fragen sie, wie sich dieser Umgang in Phasen sozialer Transformation verändert bzw. erneut anpasst. Als zentrale Ressource des Umgangs mit Unsicherheiten in modernen Gesellschaften bezeichnen sie Wissen. Gemeint sind damit zum einen kulturelle Grundmuster und Orientierungen, in erster Linie aber Paradigmen, wissenschaftlich basiertes und (im weiten Sinne) technisch anwendbares Wissen. Dessen Status kann in Phasen raschen gesellschaftlichen Umbruchs prekär werden. Sie fragen: woher kommt neues Wissen, wie wird es etabliert und wie kann dieses Wissen wieder eine sichernde Funktion für das Handeln der Individuen erhalten? Hierzu schlagen sie vor, zum einen auf regulierende Institutionen zu schauen, die Unsicherheiten minimieren und erneut zu einem normalisierenden Umgang beitragen könnten. Zum anderen aber verweisen sie auf soziale Lernprozesse von Individuen und Gruppen und orientieren so auf transformatorische Prozese und Diskurse, an denen dies empirisch zu untersuchen wäre.

Gerade in Zeiten gesellschaftlicher Umbrüche könnte das Bedürfnis nach Gewissheit wachsen, bzw. die Strategie gewählt werden, an alten, u.U. kaum noch geltenden Gewissheiten festzuhalten, zumindest so lange, bis sich neue anbieten. Wie später zu zeigen sein wird, leidet unter dieser starren Strategie die im professionellen Handeln notwendige Balance von Nähe und Distanz in besonderer Weise, birgt dieses Verhältnis doch die Anforderung an die Professionellen, sich systematisch auf Ungewissheitsstrukturen einzulassen.

Schauen wir auf die Transformationsprozesse, die im Osten Deutschlands seit ca. 15 Jahren zu beobachten sind, so gelingt es kaum, darin notwendige oder gar gesetzmäßig verlaufende Entwicklungsprozesse zu erkennen. Vielmehr stellen sich die Phänomene als Konsequenzen spannungsgeladener Verhältnisse, als Ergebnisse von Aushandlungsprozessen und als teils abgebrochene, teils unterbrochene Prozesse mit ungewissem Ausgang dar. Forscher und Forscherinnen, die diese Phänomene zeitnah verfolgen, sind selbst Teil der Prozesse und haben so Anteil an der Ungewissheitsstruktur (vgl. Elias 1990).

2. Professionelles Handeln, Handeln in Ungewissheit

Im Folgenden soll anhand von Ergebnissen aus dem Projekt „Elternhaus und Kindergarten"[1] sowie aus zwei vorgängigen Projekten zum selben Themenkreis[2] aufgezeigt werden, wie sich im gesellschaftlichen Umbruch

---
1 Das Projekt wurde im Rahmen des SFB 580 (Halle/Jena) durchgeführt.
2 1992 Vollerhebung aller erwerbstätigen Kindergärtnerinnen/Erzieherinnen in Halle/Saalkreis, n = 973, durch die KSPW gefördert. 1992 Qualitative Untersuchung mit biographischen Interviews mit der gleichen Gruppe, n = 30. 2002/3 Qualitative Untersuchung mit themenzentrierten Interviews mit Erzieherinnen und Leiterinnen in 20 Kindergärten, n = 40.

ein spezifischer Umgang mit Ungewissheit im Feld der gesellschaftlichen Kleinkinderziehung in doppelter Weise verändert hat und in welch einer ungeklärten – unaufgeklärten – Lage sich diese soziale Praxis jetzt befindet. Im Laufe der Darlegung wird versucht, die Frage nach den unterschiedlichen Modi des Umgangs mit Ungewissheiten, nach der Handlungsweise der Experten oder nach der des Professionals, am Material zu explizieren.

Zuvor eine grobe, weil kurze Skizze der sozialen „Arena", in der sich die hier interessierenden Prozesse des Wandels im Umgang mit grundlegenden Ungewissheitsstrukturen abspielen: Kaum ein Bereich sozialer Institutionen hat mit der sogenannten „Wende" in Ostdeutschland einen so grundlegenden und einschneidenden Wandel erlebt, wie der Bereich der gesellschaftlich organisierten, sogenannten „öffentlichen" Kleinkinderziehung – und kaum ein Veränderungsprozess in der Transformation ist so wenig thematisiert worden, wie dieser.[3] Zu nennen sind hier vor allem die Verschiebung der gesamten Institution Kleinkinderziehung aus dem Bildungs- in das Sozialsystem, die Abwertung des Berufs der Kindergärtnerin zu einem traditionellen Frauenberuf mit seinen gendertypischen strukturellen Beschränkungen[4] sowie – und das interessiert hier vor allem – die Entwertung, besser das zumindest formale Auslöschen des gesamten beruflichen Wissens, ohne dass hier institutionell angeleitet ein anderes berufliches Wissen an die Stelle des vorherigen gesetzt worden wäre (vgl. Rabe-Kleberg 1994, 1996, 1999).

In den angesprochenen Projekten wurden zu verschiedenen Zeitpunkten, relativ bald nach der „Wende" (1992) sowie ca. zehn Jahre später, umfassende biographische Interviews mit in der beruflichen Praxis tätigen Kindergärtnerinnen bzw. Erzieherinnen geführt, in denen das berufliche Selbstverständnis, d.h. das Verständnis ihres beruflichen Handelns, sowie seine Veränderungen durch die Prozesse und Auswirkungen der Transformation im Zentrum standen. In allen Interviews wurde von den Erzieherinnen das Problem des Handelns in Ungewissheit thematisiert, und dies gleich in doppelter Hinsicht: zum einen als Ungewissheit der beruflichen Biographie, zum anderen als Ungewissheit über das nun von ihnen erwartete berufliche Handeln in der Praxis der Kleinkinderziehung. Es ist vor allem diese Kumulierung oder zumindest Verdoppelung von Ungewissheit, die bei vielen unserer Interviewpartnerinnen zu höchst negativen Besetzungen des Umbruchs – zumindest im Feld ihrer beruflichen Praxis – geführt hat und die nicht selten zu Beharrungstendenzen und nur in Ausnahmen zu Neustrukturierungen ihrer täglichen beruflichen Praxis geführt hat.

---

3 Dieses Versäumnis wird auch im politischen Diskurs allmählich erkannt und in seinen Folgen für die aktuellen Versuche, den Kindergarten als einen Ort frühkindlicher Bildung zu rekonstruieren, kritisiert.
4 Der Beruf der Kindergärtnerin war in der DDR zwar Frauen vorbehalten, hatte aber nicht die gendertypischen Beschränkungen in Bezug auf Ausbildung, Karrieremöglichkeiten und Bezahlung.

Von allen Erzieherinnen wird mehr oder weniger deutlich der Umbruch 1989 als ein Ereignis und ein Prozess beschrieben, der inhaltlich-berufliche und existentielle Ungewissheit hervorbrachte. Eine Erzieherin sagt:

„... Damals war das ja nun gerade alles 89/90 mit dem Ganzen. Jeder hatte Angst, was wird nun? Es waren die ersten Kündigungen schon da und all so' was"
„... Denn die Ängste, die dann kamen, allein schon, was geht nun weiter mit dem Job? Und wie geht es weiter mit dem und dem und, also das war schon ziemlich hart. Und das ist ja im Prinzip heute noch so. Jeder muss zusehen, wie er irgendwo an Land kommt, jede Frage, hast Du, hast Du Arbeit, irgendwo steht einem das bis (...) bis sonst wo. Irgendwo. Und immer auch dieses, diese Angst, diese Angst, diese Angst, diese Angst. Was wird danach? Wie weit(...) , das hatten wir früher nicht ..."
(R-Erz-2,22-24, 178-183)

Mag diese Erzieherin die Zeit der sogenannten Wende in ihren Erinnerungen wie in ihrer Erfahrung der heutigen Konsequenzen vielleicht besonders krass ausdrücken, so kann doch davon ausgegangen werden, dass nur wenige der von uns Interviewten den Prozess als eine „Befreiung" begreifen. Alle anderen beschreiben den Prozess 13 Jahre danach – auch wenn sie nicht ihre Arbeit und ihren Beruf verloren haben – in einer Weise als vernichtend, angsterzeugend, vereinsamend, heute noch mit wenig Distanz, dass dieses einer Erklärung bedarf.

Im Folgenden wird versucht, anhand des Interviewmaterials drei Konstellationen von beruflichem Wissen und Handlungspraxis zu typisieren, in denen sich drei unterschiedliche Modi des Umgangs mit dem in pädagogischen und kommunikativen Prozessen grundlegendem Problem der Ungewissheit herauskristallisieren lassen. Diese drei Modi können nur zum Teil als Phasen im Prozess der Transformation verstanden werden, nämlich nur insofern, als bestimmende, sich wandelnde gesellschaftliche Bedingungen als Voraussetzung angesehen werden können: die Zeit der DDR, die Phase der Transformation und eine, eher zukünftig zu erwartende, Phase der Entwicklung des Kindergartens als Ort von Bildungsprozessen. In der untersuchten Praxis sind Elemente aus allen drei Modi des Umgangs mit Ungewissheit eher vermischt anzutreffen, trotzdem sind sie anhand des Materials durchaus zu identifizieren.

Modus 1: Kontrolle

Die Praxis der Erziehung in Kindergärten basierte in der DDR auf einem klar abgegrenzten Kanon von Wissensbeständen, einer einheitlichen Ausbildung der Kindergärtnerinnen, einem einheitlichen, für die tägliche Praxis verbindlichen, hoch differenzierten Curriculum („Bildungs- und Erziehungsplan") und einem fest installierten Top-Down-Kontrollsystem von der Akademie der Pädagogischen Wissenschaften bis zum kleinen Dorfkindergarten. Das Wissen wie das Handeln der Kindergärtnerin war nach dem Muster des technischen Experten konzipiert. Es gab klare Vorstellungen über Ziele, Methoden und Instrumente und die Möglichkeit, diese zu kontrollieren. Effektivität und Effizienz des pädagogischen Handelns richtete sich nach technischen Kriterien. Umwege, individuelle Lösungen oder Überschreiten vorgegebener Zeiten galten als Fehler, die zu vermeiden waren. Der pädagogische Führungsanspruch der Kindergärtnerin gründete in dieser technologisch orientierten Perspektive auf Lern- und Bildungsprozesse der Kinder und richtete sich auch auf die Eltern und die Familien, die die Arbeit der Kindergärten im Sinne des Plans zu unterstützen hatten.

Kontrolle galt aber nicht nur dem Kind, sondern auch der Erzieherin, die in ihrer täglichen Arbeit jederzeit Überprüfungen durch höhere pädagogische Instanzen ausgesetzt sein konnte. Angesichts der hohen Wertschätzung der Arbeit der Kindergärten durch Staat und Partei konnte diese (auch politische) Kontrolle als Ausdruck der Teilhabe an gesellschaftlicher und politischer Herrschaft und dem sich daraus ergebenden sozialen Status verstanden werden, was sich nicht zuletzt in dem hohen Respekt ausdrückte, der ihnen von den Eltern entgegengebracht wurde.

Wissen und berufliches Handeln war in diesem Modus an der Minimierung oder Vermeidung jeglicher Erscheinungsformen von Ungewissheit orientiert und war – glaubt man den biographischen Narrationen der Kindergärtnerinnen – in der Praxis durchaus erfolgreich im Sinne des Funktionierens, im Sinne der Nachweisbarkeit von Erfolgen im Rahmen des Systems. Der Modus Kontrolle ist demnach auf Distanz zum Klienten und Laien oder, in dem hier angesprochenen Zusammenhang, zu Eltern und Kindern aufgebaut. Er betont nur die eine Seite des Verhältnisses, Nähe bleibt symbolisch oder wird privat-familialistisch praktiziert.

Modus 2: Markt

Mit dem gesellschaftlichen Umbruch wurde der Kindergarten als Institution vom Bildungssystem in ein grundlegend anders strukturiertes verlagert, in das Sozialsystem. Bereits 1989 wurden zugleich der Bildungs- und Erziehungsplan und die entsprechenden Instanzen der Produktion und Kontrolle des beruflichen Wissens abgeschafft. Das bis dahin hoch geschätzte berufliche Expertenwissen wurde so von einem auf den anderen Tag entwertet und zumindest institutionell ausgelöscht, ohne dass von dem neuen System ein anderer gesicherter Korpus von Wissen angeboten wurde, der das alte hätte „beerben" und neue Gewissheiten hätte geben können. Vielmehr entstand eine Art „Markt der Möglichkeiten", auf dem den Einrichtungen und nunmehr „Erzieherinnen" genannten Fachkräften eine unübersehbare Vielfalt pädagogischer Konzepte und Rezepte angeboten wurde. Welches von welcher Einrichtung „gewählt" wurde, hing durchweg von Zufällen, Marktpräsenz der Konzepte und Fortbildungsinstitute sowie dem pädagogischen „Geschmack" der Träger oder Teams ab. Eine kritische Auseinandersetzung mit den neuen wie den alten Konzepten und Praxen fand so gut wie nicht statt.

Verschärft wurde diese marktförmige Beliebigkeit und Zufälligkeit durch eine zunehmende Konkurrenz der Kindergärten um Kinder und zahlende Eltern, die angesichts der demographischen Entwicklung ein immer knapper werdendes Gut wurden. Konzepte und Angebote wurden zunehmend nach der (teils vermuteten) Nachfrage der Eltern ausgerichtet und werbewirksam vermarktet. Diese Entwicklung der Ausrichtung am zahlenden Kunden wurde eher von den Kindergartenleiterinnen betrieben, unter Gewinn eines Selbstkonzeptes als Managerin. Die meisten Erzieherinnen aber litten zunehmend unter diesem Modus, da sie ihre Vorstellungen von Fachlichkeit nicht mehr oder nur unter Schwierigkeiten realisieren konnten. Erzieherinnen leiden bis heute vor allem an dem Verlust der ihr berufliches Handeln sichernden Wissensbasis.

Nicht nur, dass sie die meisten der neuen Konzepte in Bezug auf die dahinter stehenden theoretischen Grundlagen nicht befragen konnten, sie schätzen auch die angebliche Freiheit der Wahl keineswegs als Chance für ihre eigenständige berufliche Weiterentwicklung. Unter den gegebenen Bedingungen ist diese auch nur höchst eingeschränkt gegeben, richtet sich doch die Wahl der pädagogischen Konzeption in erster Linie nach dem Markt und dem Medium Geld. Eltern aber werden von den Erzieherinnen – in der Tradition der DDR-Pädagogik – durchweg als nicht kompetent, oft sogar zunehmend als weniger kompetent im Umgang mit ihren Kindern eingeschätzt. Die Abhängigkeit von ihnen und von ihrem Geld wird als Abwertung ihres Berufes im Vergleich zu der Anerkennung in der DDR erfahren.

Es entsteht so ein Maß an Ungewissheit im Umgang mit der grundlegenden Ungewissheit pädagogischen Handelns, der viele Erzieherinnen so unter Druck setzt, dass sie explizit oder verdeckt – teils auch unverstanden – auf angeblich bewährte Konzepte der pädagogischen Führung und Kontrolle zurückgreifen. Bekenntnisse zu neueren pädagogische Ansätzen bleiben oberflächlicher Rhetorik verhaftet oder sind – um im Bild zu bleiben – als PR zu interpretieren. Statt die Balance von Nähe und Distanz zu suchen, kommt es hier zu einschneidenden Entfremdungsprozessen, von der eigenen beruflichen Identität aber auch von den anderen Akteuren, den Kolleginnen, den Eltern und nicht zuletzt zu den Kindern.

Modus 3: Vertrauen

Einige wenige Erzieherinnen haben sich zumeist schon in Zeiten der DDR unter Schwierigkeiten kritisch mit den Implikationen des Führungsanspruches der Kindergärtnerin gegenüber den Kindern und ihren Bildungsprozessen auseinandergesetzt. Für sie ist die Beliebigkeit der Wissensbasis und die Kundenorientierung der pädagogischen Konzepte eine Fehlentwicklung, der sie sich zumeist allein und ohne professionelle oder wissenschaftliche Unterstützung entgegenzusetzen versuchen. Diese Erzieherinnen ringen regelrecht um ein neues Bild vom Kind und um ein besseres Verhältnis zum Kind. Sie reflektieren ihr Verhältnis zu den Kindern und benutzen dabei immer wieder den Begriff Vertrauen.

Dabei gibt es eine Reihe von ihnen, die Vertrauen so verstehen, dass Kinder sich genau so verhalten, wie die Erzieherinnen das erwarten bzw. vorschreiben. „Ich muss mich darauf verlassen können, dass die vorher eingeübten Regeln und Normen eingehalten werden, auch wenn ich nicht hinschaue" sagt eine. Für sie ist Vertrauen nur die weichere Variante von Kontrolle, es bietet fast genau so viel Gewissheit. Es gibt aber auch eine kleine Zahl von Erzieherinnen, die von dem starren herrschaftsinduzierten Defizitansatz wegkommen und die Kinder als Subjekte von hoher Individualität entdecken.

Als Gegenbegriff zu Kontrolle und Ausschluss von Ungewissheit setzt Vertrauen im pädagogischen Prozess (wie überhaupt in jeder Kommunikation, Interaktion oder dem sozialen Handeln) auf die Ressourcen, Potentiale und die Motivation des Anderen, zur Lösung des anstehenden Problems produktiv beizutragen. Dabei sind diese Lösungen und das entsprechende Handeln aber nicht vorherzusehen. Es wird darauf vertraut, dass hierbei nicht nur alte Lösungen wiederholt werden, sondern neue, dem Problem, dem Fall angemessene gefunden werden.

So formuliert eine Erzieherin noch sehr vorsichtig:

„Denn eigentlich, ja, wenn man sich überlegt, was die Kinder jetzt alles im Prinzip selbständig machen. (…) Ich meine, man sitzt ja im Prinzip und guckt eigentlich nur noch zu. Das was eigentlich schon so übergeht, wo man ja eigentlich nur noch, ja, Beobachter ist oder auf die Kinder hört, wie sie sich unterhalten oder wie sie sich jetzt erziehen." (Erz.8, 783–789)

Es kann aber auch Unsinn, Chaos oder ein Desaster dabei herauskommen. Nicht nur aber vor allem bei Kindern. Es handelt sich also beim Modus Vertrauen um den Umgang mit Ungewissheit unter höchst komplexen Umständen und mit offenen Möglichkeiten bei einem minimalen Institutionalisierungsgrad des Erwachsenen – Kind – Verhältnisses. Aber, und damit kommen wir zum dritten Teil der Überlegung und lassen das empirische Feld hinter uns, hier scheint der einzig angemessene Umgang mit Ungewissheit zu sein – so lange es sich um Menschen handelt.

3. Vertrauen als grundlegende Kategorie professionellen Handelns

Nähern wir uns den nicht hintergehbaren Grundlagen professionellen Handelns an, so erscheint es sinnvoll, zwischen zwei unterschiedlichen, ja gegensätzlichen Praxen im Umgang mit Ungewissheit zu unterscheiden, der Praxis des Experten und der des Professionals. Oevermann führt dies am Beispiel des Automechanikers und des Arztes vor (2000). Der Automechaniker oder andere technische Experten verfügen über ein spezielles Wissen, das technologisch ausgerichtet ist, d.h. allgemeine naturwissenschaftliche, physikalische oder mathematische Wissensbestände werden in technisch verfügbare übersetzt und als solche im Handeln in der Natur, mit Maschinen und allgemein Artefakten umgesetzt. Das Grundprinzip „ingenieurialen" Handelns ist dabei auf normierbare und standardisierbare Funktionszusammenhänge ausgerichtet. Ungewissheit muss soweit wie möglich minimiert, möglichst ganz ausgeschlossen werden. Geschieht das nicht, ist es als ein Fehler anzusehen.

Auch der Arzt und andere Professionals verfügen über spezifische Wissensbestände. Diese müssen aber bei jedem Be-Handeln auf den je spezifischen Fall angewendet werden, wobei der Fall ein Mensch ist mit einer hohen Individualität – auch in den Phänomenen, die wir Krankheit nennen, – mit einer je fallspezifischen Eigenlogik. Bedarf an professionellem Handeln entsteht, wenn die Autonomie des Klienten, Patienten oder allgemein Hilfesuchenden beschädigt ist, sei es durch die Einschränkungen der Krankheit, sei es bei Unsicherheit in Rechtsfragen. Ähnliches gilt auch im Falle noch nicht ausgereifter Autonomie bei Aufwachsenden. Der entscheidende Unterschied zum Experten ist, dass der Professional ein Arbeitsbündnis mit einem in Bezug auf die zu behandelnden Probleme Laien eingehen muss.

Neben einer Reihe von anderen Paradoxien (vgl. Schütze 1996) ist vor allem der Widerspruch zwischen der Verantwortlichkeit des Professionellen für sein Handeln und dem Vertrauen, dass er in die Kompetenz des Klienten (Patienten oder insgesamt Laien) einbringen muss, an der Lösung des Problems mitzuarbeiten. Vertrauen ist also trotz dieser Paradoxie eine Unabdingbarkeit für professionelles Handeln. Vertrauen aber ist insgesamt die Basis für das Handeln unter Ungewissheitsstrukturen. Geht es beim Experten darum, Ungewissheit zu minimieren und Sicherheit zu garantieren, muss sich der Professional gegen alle Strukturen und Prozesse wehren, die Gewissheit herstellen sollen. Vielmehr müssen die professionellen Spielräume für die notwendige Autonomie gegen kontraproduktive Regelungen verteidigt werden. Geschieht dies nicht, ist dies ein Fehler.

Verantwortlich handeln unter Strukturen der Ungewissheit, diese paradoxe Handlungsanforderung gilt für jegliches professionelle Handeln, d.h. für berufliches Handeln mit Menschen, als unabdingbar. Dieses Problem gilt grundlegend in allen Bereichen professionellen Handelns. Überall sind die dazu notwendigen Fähigkeiten wie Rahmenbedingungen entweder nicht vorhanden oder immer wieder neu gefährdet: ein allgemeines Problem moderner Gesellschaften. Erst die Fähigkeit, unter den Bedingungen von Ungewissheit professionell, das heißt verantwortlich und vertrauensvoll zu handeln, setzt die Rahmenbedingungen für das unabdingbare Balancieren von Distanz und Nähe, eine Balance, die immer wieder durch „Rückfälle" in die Rolle des kontrollierenden Experten oder den marktförmigen Dienstleister gefährdet wird. Ungewissheit und Vertrauen, Nähe und Distanz werden so zu Voraussetzungen professionellen Handelns.

Im Prozess der Transformation sind in der Institution Kindergarten, dem Ort, wo sich die meisten Kinder viele Stunden des Tages aufhalten und wo sie lebens-wichtige Erfahrungen machen, die Voraussetzungen für professionell-verantwortliches Handeln bislang nicht geschaffen worden – und dies gilt vermutlich nicht nur – wie in unserem empirischen Beispiel – in der Kindergärten Ostdeutschlands, vielmehr sicher auch im Westen, vermutlich auch in den meisten Einrichtungen der elementaren Bildung in vergleichbaren Gesellschaften. Die international vergleichende Diskussion hierzu hat gerade erst begonnen[5].

Literatur

Beck, U., 1986: Risikogesellschaft. Auf dem Weg in eine andere Moderne. Frankfurt a.M.
Durkheim, E., 1992: Über soziale Arbeitsteilung. Studie über die Organisation höherer Gesellschaften. Frankfurt a.M.
Elias, N., 1990: Engagement und Distanzierung. Frankfurt a.M.
Elias, N., 1991: Was ist Soziologie? Weinheim und München
Evers, A., Nowotny, H., 1987: Über den Umgang mit Unsicherheit. Die Entdeckung der Gestaltbarkeit von Gesellschaft. Frankfurt a.M.
Habermas, J., 1981: Theorie des kommunikativen Handelns. Frankfurt a.M.
Luhmann, N., Schorr, K-E., 1988: Reflexionsprobleme im Erziehungssystem. Frankfurt a.M.
Oevermann, U., 2000: Professionalisierungsbedürftigkeit und Professionalisiertheit am Beispiel pädagogischen Handelns. (unveröffentlichtes Manuskript) Frankfurt a.M.
Parsons, T., 1968: Professions. In: David L. Sills (Hrsg.): International Encyclopedia of the Social Sciences. Vol. 2. The Macmillan Company & Free Press: 56–547
Rabe-Kleberg, U. u.a., 1994: Die Berufsgruppe der Erzieherinnen. Arbeitsmarktdynamik und Beschäftigungsverläufe in Sachsen-Anhalt. Halle (= Forschungsbericht KSPW)

---

5 Das Thema „Profession" wird im Rahmen der European Early Childhood Education Research Association (ECERA) zum ersten Mal während der Jahrestagung 2005 in Dublin systematisch bearbeitet.

Rabe-Kleberg, U., 1996: Professionalität und Geschlechterverhältnis. Oder: Was ist „semi" an traditionellen Frauenberufen? In: Combe, A., Helsper, W. (Hrsg.): Pädagogische Professionalität. Weinheim und München: 276–302

Rabe-Kleberg, U., 1999: Wie aus Berufen für Frauen Frauenberufe werden. – Ein Beitrag zur Transformation des Geschlechterverhältnisses. In: Nickel, H.M., Völker, S., Hüning, H. (Hrsg.): Transformation Unternehmerreorganisation Geschlechterforschung. Opladen: 93–107

Schütze, F. 1996: Organisationszwänge und hoheitsstaatliche Rahmenbedingungen im Sozialwesen: Ihre Auswirkungen auf die Paradoxien des professionellen Handelns. In: Combe, A., Helsper, W. (Hrsg.): Pädagogische Professionalität. Frankfurt a.M.: 183–275

Achim Würker

„Wenn sich die Szenen gleichen ..."
Ausbalancierung von Nähe und Distanz
als Aufgabe der Lehrerbildung und das Konzept
psychoanalytisch orientierter Selbstreflexion

Bernfelds berühmte Formulierung aus „Sisyphos oder die Grenzen der Erziehung" rückt das Problem der Ausbalancierung von Nähe und Distanz in aufschlussreicher Weise in den Blick:

> „So steht der Erzieher immer vor zwei Kindern: dem zu erziehenden vor ihm und dem verdrängten in ihm. Er kann gar nicht anders, als jenes zu behandeln wie er dieses erlebte. Denn was jenem recht, wäre diesem billig. Und er wiederholt den Untergang des eigenen Ödipuskomplexes am fremden Kind, an sich selbst. Er wiederholt es auch dann, wenn er scheinbar das Gegenteil all dessen tut, was ihm seine Eltern antaten."
> (Bernfeld 1976: 141)

Nähe entsteht durch den Zusammenhang zweier Kinder, wie Bernfeld bildhaft formuliert, einem Kind als äußerem Interaktionspartner und einem Kind als Ensemble innerer, geronnener Erfahrungen. Löst man Bernfelds bildhafte Thesen sachlich auf, so wird rasch klar, dass es eigentlich um die Korrespondenz zweier Szenen geht: die pädagogische Szene steht in Verbindung zu der inneren Szene in der Lehrerin/im Lehrer[1]. Diese Korrespondenz beschreibt Bernfeld als eine zwangsläufige, denn er sagt, der Erzieher habe keine Wahl: er „kann gar nicht anders". Und er spricht von verdrängten Szenen, mithin solchen, die durch unerträgliche Konflikte geprägt sind, weshalb sie von Sprache und Bewusstsein abgetrennt wurden. Konkret verweist er auf den Ödipuskomplex und darauf, was die Eltern dem Kind „antaten".

Damit pointiert Bernfeld das Problem in einer spezifischen Weise: Es sind im Besonderen diese unbewussten, aus Konflikten heraus entstande-

---

[1] Selbstverständlich korrespondiert die äußere Szene ebenfalls mit der inneren in der Schülerin/im Schüler. Wenn dies hier aufgrund der gewählten Fokussierung auf die Lehrperson nicht thematisiert wird, so heißt das nicht, die Relevanz dieser Korrespondenz zu unterschätzen: Sie muss zwingend eine Sensibilität auch für diese Korrespondenz entwickeln, will sie die Szene angemessen und sinnvoll verstehen.

nen, verdrängten Szenen, die sich problematisch in der pädagogischen Interaktion bemerkbar machen². Während Bernfeld also ganz in der traditionellen psychoanalytischen Logik argumentiert und die Verdrängung und die infantile Genese in den Mittelpunkt rückt, möchte ich im Folgenden mich nur auf die Korrespondenz unbewusster, innerer Szenen der Lehrerin/des Lehrers mit äußeren, schulischen Szenen konzentrieren bzw. der Frage nachgehen, wie sich eine problematische Dominanz innerer Szenen in der Schüler-Lehrer-Interaktion vermeiden lässt und wie die Lehrerausbildung hierzu beitragen kann.

1. Nähe als pädagogisches Problem

Wenn man nun voraussetzt, dass die Lehrkraft ihre unbewusste Interaktionserfahrung in die Interaktion mit den Schülern einbringt und sie die Szenen in Schule und Unterricht entsprechend dieser Erfahrung interpretiert und gestaltet, kann dies eine fatale Nähe bedeuten: Als eine Art der Verstrickung durch die ich-ferne Virulenz unbewusster szenischer Entwürfe. Im Extremfall verkommt die reale Interaktion zum bloßen Auslöser von Abläufen, die den inneren Szenen analog sind. In diesem Falle verfehlte Lehrer/innen-Handeln ebenso das Gegenüber wie seine pädagogischen Ziele.

Nun ist Distanz als bloßer Gegensatz zu einer solchen problematischen Nähe im Sinne von emotionaler Neutralität nach Bernfeld nicht möglich und – folgt man einer Bemerkung Adornos – auch gar nicht wünschenswert: „Reagierte jedoch der Lehrer subjektiv gar nicht; wäre er wirklich so objektiviert, dass es zu falschen Reaktionen gar nicht käme, so erschiene er den Kindern erst recht unmenschlich und kalt." (Adorno 1977: 669) Distanz – so folgt man Adorno weiter – darf nicht durch Affektunterdrückung geschaffen werden:

„Dagegen helfen könnte (…) nur eine veränderte Verhaltensweise der Lehrer. Sie dürften ihre Affekte nicht unterdrücken und dann rationalisiert doch herauslassen, sondern müssten die Affekte sich selbst und anderen zugestehen und dadurch die Schüler entwaffnen. (…) Aus solchen Reflexionen folgt, nebenbei gesagt, unmittelbar die Notwendigkeit psychoanalytischer Schulung und Selbstbesinnung im Beruf der Lehrer." (Adorno 177: 669)

---

2 Bernfeld spricht also nicht etwa jene inneren Szenen an, die im Sinne eines „noch-nicht-Bewussten" utopisch-kreative Potentiale bilden und auch nicht die inneren Szenen, die mit präsentativen oder diskursiven Zeichen(-systemen) verbunden unser Bewusstsein darstellen. Insofern exponiert Bernfeld von vornherein den Konflikt.

Es muss also – spinnt man diese Überlegung im Sinne von Lorenzers Psychoanalyseinterpretation weiter – darum gehen, innere Szenen mit präsentativen und diskursiven Zeichen zu verknüpfen und in symbolische Konfigurationen zu überführen, um Wiederholungszwänge und blinde Abwehr zu mindern bzw. innere Szenen dem Ich zugänglich zu machen.

Mit dieser dem Konzept psychoanalytischer Pädagogik entlehnten allgemeinen Problemformulierung stellt sich nicht nur die Frage, wie es der Lehrkraft gelingen kann, der erwähnten Verstrickung zumindest partiell zu entgehen bzw. wie die zwanghafte Dominanz innerer Szenen und ich-fernen Abwehroperationen zu mildern wäre – auf abstraktem Niveau deutet sich im Adornozitat ja eine Antwort immerhin an –, sondern es stellt sich auch die konkretere Frage, wie Lehramtsstudierende in ihrer universitären Ausbildung in die Lage versetzt werden können, mit dieser Dynamik besser – und das heißt letztlich: für sich selbst und für ihre späteren Schülerinnen und Schüler förderlich – umzugehen.

Der bisherige Problemaufriss lässt erste Konturen eines solchen psychoanalytisch-pädagogischen Projekts in der Lehrer/innen-Ausbildung erkennen:

Grundsätzlich muss das Problem fataler „Nähe" erst einmal thematisiert werden, und zwar weniger abstrakt-theoretisch als vielmehr im konkreten Zusammenhang mit Praxiserfahrungen z.B. im Rahmen der Begleitung und Nachbereitung von „Schulpraktischen Studien".

Die Thematisierung muss sinnlich-konkret erfolgen und als Symbolisierungsprozess angelegt werden, der Züge von Selbstreflexion aufweist. Womit eine dritte Schlussfolgerung nahe gelegt wird:

Es muss um Lehr-/Lernarrangements gehen, die sinnvoller Weise sich orientieren am Vorbild „szenischen Verstehens", wie es sowohl für die psychoanalytische Kur als auch für Projekte psychoanalytisch-tiefenhermeneutischer Kultur- und Gesellschaftsanalysen kennzeichnend ist. Nur so kann es gelingen, innere Szenen wahrnehmbar werden zu lassen und einen verstehenden Zugang zu ihnen zu gewinnen.

Im Folgenden wird ein Praxisprojekt einer psychoanalytisch orientierten Selbstreflexion vorgestellt und diskutiert, das diese drei Festlegungen zu berücksichtigen versucht.

2. Psychoanalytisch orientierte Selbstreflexion (POS[3]) in der Lehrer/innen-Ausbildung: Ein konkretes Projekt

2.1 Der Ablauf des Selbstreflexionsprozesses

Ich möchte, bevor ich zur methodischen Darstellung des Projekts komme, von einem Text ausgehend anschaulich werden lassen, wie dieses in den Schulpraktischen Studien realisiert wird. Es handelt sich um die Schilderung eines Studenten, der im Rahmen der allgemeinpädagogischen Schulpraktischen Studien sein Praktikum an einer Gesamtschule absolviert hat:

„Montags in einer Freistunde saß ich mit einem der Referendare in der Cafeteria der Schule. Wir und drei Schüler waren die einzigen. Zwei der Schüler schossen mit einem Kronkorken hin und her. Es störte bei der Unterhaltung. Der Referendar (nett formuliert: Ein Mann, der sich zu viele Gedanken macht ... umgangssprachlich auch Weichei genannt) fordert die Schüler auf es bitte sein zu lassen. Allerdings keine Reaktion seitens der Schüler. Nach dreimaliger Aufforderung geschieht immer noch nichts. Dann das spaßig gemeinte Angebot des Lehrers an die Schüler ihnen den Kronkorken abzukaufen. Schüler: 5 Euro. Der Lehrer fragt die Schüler nach der Mwst., schon in dem Wissen, dass die keinerlei Ahnung davon haben. Lehrer wiederum: Wisst ihr denn eigentlich, was die Mwst. überhaupt ist? Schüler: pff ... das ist das Geld, was die Arbeitslosen bekommen. Daraufhin mein recht trockener Kommentar: Na, dann siehst du das Geld ja sowieso irgendwann wieder! Ein Gefühl geistiger Überlegenheit kam in mir auf. Sehr gutes Gefühl, muss man sagen. Am Nebentisch einer der Freunde der beiden Kronkorkenspieler. Er amüsierte sich die ganze Zeit köstlich über den Widerstand und die „Coolness" seiner Freunde. Er schnippt die ganze Zeit mit einer Münze herum. Als wir den Kaffee abgeben wollen (die Tasse), stehe ich neben dem Schüler. Er grinst mich nur an nach dem Motto: hey, scheiß Lehrer, komm mir ja nicht zu nahe, sonst mach ich dich platt. Trotz meiner doch recht großen Nähe zu ihm und seiner durch die Luft wirbelnde Münze hört er nicht auf damit zu spielen. Es kommt, wie es kommen musste. Die Münze trifft mich und fällt zu Boden. Ich werfe dem Schüler einen ernsten Blick zu: „Aufheben". Der Schüler nimmt die Münze. Ich sage: „Moment" und strecke ihm meine geöffnete Hand hin. Er legt die Münze reumütig hinein, woraufhin der Referendar und ich von Dannen ziehen. Ein gewisses Gefühl von Stolz kam in mir auf, diese Situation mit Autorität und Sicherheit im Handeln gemeistert zu haben. Der Referendar sprach mir danach seine Bewunderung aus, was mich natürlich noch ein wenig stolzer machte."

---

[3] Nicht zu verwechseln mit der Abkürzung für ‚psychisch-organisches Syndrom'.

Dieser Text wird als Teil einer Textsammlung im Auswertungsseminar der Schulpraktischen Studien diskutiert. Weder Seminarleiter noch Seminarteilnehmer kennen die Autorin oder den Autor des Textes, der Seminarleiter regt die Diskussion mit sehr allgemeinen Impulsen an: „Wer möchte etwas zu dem Text sagen?", „Wem fällt zu diesem Text etwas ein?" Zuvor hatte er zu einer eher flüchtigen Lektüre der Textsammlung geraten: „Lesen Sie die Texte eher so, wie Sie im Urlaub Romane zur Unterhaltung lesen" und: „Arbeiten Sie die Texte nicht durch, wie Sie es sonst bei wissenschaftlicher Fachliteratur tun, streichen Sie sich allenfalls an, wenn Ihnen irgendetwas auffällig oder fragwürdig erscheint!". Auch die Auswahl des Textes als Besprechungsgegenstand erfolgte unsystematisch und spontan. „Wenn wir nur Zeit hätten, einen einzigen Text aus der Sammlung besprechen zu können, welchen Text würden Sie dann auswählen", war der Anstoß zu einer raschen Abstimmung gewesen.

Und nun folgt also die Besprechung, die nicht der Textautorin bzw. dem Textautor gelten soll, sondern dem, was der Text in den Teilnehmerinnen/Teilnehmern des Seminars an Reaktionen auslöst. So hatte es der Seminarleiter bereits im Zusammenhang der Schreibphase in der ersten Sitzung des Auswertungsseminars betont.

Nach einer meditativen Erinnerung an das Praktikum – „Schließen Sie die Augen und lassen Sie Ihr Praktikum wie einen inneren Film an Ihrem inneren Auge vorbeiziehen!/Halten Sie diesen Film an der Szene an, die irgendwie hervorsticht, bei der Sie sich spontan verhaken!" folgten die Aufforderungen: „Notieren Sie einige Stichworte zu dieser einen Szene als ‚Erinnerungsanker' und schildern Sie sie dann ausführlicher! Schreiben Sie rasch, ohne zu analysieren, schildern Sie auch alle Assoziationen und Gefühlsreaktionen, die Ihnen beim Schreiben in den Kopf kommen! Tippen Sie den Text zu Hause ohne jegliche nachträgliche Überarbeitung oder Korrektur ab und senden Sie ihn ohne Namensnennung an den Seminarleiter!"

So war also dieser Text entstanden, so wurde er als Teil einer Sammlung dem Seminar vorgelegt und so wird er nun besprochen. Danach folgt die Besprechung anderer Texte, es zeigen sich Ähnlichkeiten zwischen den Texten und immer wieder Verknüpfungsmöglichkeiten zu Szenen, die andere mündlich aus ihrem Praktikum berichten.

Im Fall des zitierten Textes tritt bald der Protest gegen das Verhalten des Praktikanten in den Vordergrund, seine Selbstinterpretation wird in Frage gestellt, alternative Handlungsmöglichkeiten entworfen.

Eine konkretere Wiedergabe des Diskussionsverlaufs würde hier zu weit führen, immerhin liefert die Schilderung einen anschaulichen Anknüpfungspunkt für die folgende strukturierte Darstellung der Kontextbedingungen und für die methodische Erläuterung des Verfahrens.

2.2 Das Setting des Reflexionsprozesses

Der Begriff des „Settings" ist im Zusammenhang der Psychoanalyse eng verknüpft mit den Gegebenheiten der psychoanalytischen Therapie[4], wobei das psychoanalytische Setting die Kommunikation in einer sehr spezifischen – „unkonventionellen, da asymmetrischen" – Weise strukturiert:

> „Während der eine Gesprächspartner möglichst freimütig alles sagen soll (…), hält sich der andere weitgehend zurück, erteilt weder die erwarteten Ratschläge noch Handlungsanweisungen und beantwortet oft nicht einmal Fragen, die er aber selbst durchaus stellt. Und während der Analytiker – vor dem Hintergrund von Methode und Technik – weiß, warum er sich so verhält „weiß" das sein Gesprächspartner nicht. Selbst wenn es ihm erklärt würde, verstünde er es kaum, weil dieses Wissen so nicht vermittelt werden kann." (Heberle 1995: 28)

Der Begriff wird aber auch auf Arrangements von psychoanalytischen Fall- und Teamsupervision übertragen, wobei der Begriff dann „alle Übereinkünfte und Empfehlungen (…), die vor Beginn einer Supervision mit dem Team" (Heberle 1995: 27) getroffen beziehungsweise ihm vorgegeben werden, umfasst, dies unter „Einbeziehung des institutionellen Hintergrunds" (Heberle 1995: 33).

Wie sieht nun aber das Setting des vorgeschlagenen Reflexionsprojekts, wie es die bisherige Praxis prägt, aus?

Zum Setting gehört zunächst einmal die institutionelle Struktur der Schulpraktischen Studien, d.h. die Tatsache, dass es sich um eine universitäre Veranstaltung handelt, deren Teilnahme für Lehramtsstudentinnen und -studenten verpflichtend ist. Dies beinhaltet auch, dass die Erwartungen der Seminarteilnehmer diffus und heterogen sind und dass sie keineswegs freiwillig, initiativ und motiviert eine psychoanalytisch inspirierte Form der Selbstreflexion gewählt und nachgefragt haben. Hierin unterscheidet sich dieses Setting bereits von dem eines Seminars, das auf Grund von Ankündigung und Kommentierung gewählt werden kann, und ebenfalls natürlich von psychoanalytischer Supervision oder gar Einzeltherapie.

Hieraus ergibt sich zweitens, dass die Initiative zur Selbstreflexion von der Seminarleiterin/vom Seminarleiter ausgeht und deshalb die Gefahr der Verweigerung und Abwehr groß ist. Der oben gegebenen Schilderung ist denn auch die Erläuterung hinzuzufügen, dass es in der Regel nur ca. 60%

---

4 Üblicherweise versteht man darunter die *äußeren Voraussetzungen* für den analytischen Prozess, das heißt die Vereinbarungen über Personenkreis, Raum, Zeit, Honorar sowie – mehr oder weniger explizit – die grundlegenden Regeln der freien Assoziation und der Abstinenz, die das psychoanalytische Verfahren überhaupt erst ermöglichen." (Heberle 1995: 26)

der Seminarteilnehmer/innen sind, die ihre Texte abgegeben und zur Diskussion stellen, worin sich immerhin eine Freiwilligkeit der Äußerung zeigt. Dennoch ist der Unterschied z.B. zu einer psychoanalytischen Supervision groß, die von einem professionellen Team nachgefragt und ggf. von den Mitgliedern des Teams selbst bezahlt wird.

Drittens ergibt sich aus dem Charakter der Pflichtveranstaltung die Notwendigkeit, dass mit der Voraussetzung umgegangen werden muss, dass die Seminarteilnehmer/-innen nicht nur vom Projekt und seinen Zielen überzeugt werden müssen, sondern auch von der Methode.

Die bisher genannten Bedingungen gehen einher mit dem engen zeitlichen Rahmen von nur drei bis vier Seminarsitzungen und den dadurch veranlassten klaren Grenzsetzungen: Schreibphase unter der oben genannten Aufgabenstellung in einer ersten Seminarsitzung; Übertragung in einen Computer geschriebenen, anonymen Text, Abgabe dieses Textes durch die Teilnehmer sowie Sammlung und Herstellung einer Textsammlung durch den Seminarleiter bis zur folgenden Seminarsitzung; Lektüre und Besprechung der Textsammlung in der nächsten und weiteren ein bis zwei Seminarsitzungen. Das heißt also konkret, dass das Projekt auf ca. fünf bis sechs Zeitstunden begrenzt bleibt und nur in Ausnahmefällen, auf Drängen der Seminarteilnehmer hin, eine weitere Seminarsitzung zur Verfügung gestellt wird.

Zum „Setting" gehört auch eine Evaluation als Grundlage für eine Verständigung der Seminarteilnehmer/innen über den „Erfolg" der Selbstreflexionsphase. Diese soll einerseits transparent machen, wie die Teilnehmer/-innen mit den Anweisungen umgegangen sind, andererseits sollen nachträglich Ziele und Methode noch einmal, über die einleitenden Erläuterungen hinaus, geklärt, die Relevanz diskutiert und Perspektiven für die weitere Ausbildung und die spätere Berufspraxis abgesteckt werden.

2.3 Die Ziele

Das Setting nötigt einerseits zu eher bescheidenen Zielformulierungen. Sehr anspruchsvolle Zielprojektionen wie „Ausbildung einer starken beruflichen Identität" oder gar „Emanzipation von unbewussten Zwängen" kollidieren mit den institutionellen Kontextbedingungen und wirken unweigerlich wie aufgesetzte Floskeln.

Andererseits muss sich jedes psychoanalytische Projekt am Ziel von Bewusstmachung und Ich-Stärkung nach dem bekannten Freud'schen Motto „Wo Es war, soll Ich werden" orientieren und muss damit unmittelbar einen kritisch-emanzipatorischen Impuls aufweisen[5]. Auch POS darf diesen Anspruch bei aller realistischen Bescheidenheit nicht aufgeben.

---

5 Diese allgemeine Charakterisierung als psychoanalytisch-pädagogisches Projekt zeigt

Vor dem Hintergrund dieses Zwiespalts sind folgende Zielformulierungen[6] – als zunächst einmal theoretisch-methodisch ebenso wie empirisch noch zu rechtfertigende Hypothesen – sinnvoll:

- Die Studierenden sollen sich bewusstseinsfernen Dimensionen der im Praktikum beobachteten und unmittelbar selbst erlebten Interaktionen verstehend annähern.
- Sie sollen auf die Virulenz eigener unbewusster Lebensentwürfe aufmerksam werden.
- Sie sollen Erfahrungen machen mit einer Form der Selbstreflexion, die Merkmale psychoanalytischen Verstehens aufweist.
- Sie sollen Anregungen erhalten, den individuellen Hintergründen von irrational-triebhaften Vorstellungs- und Handlungstendenzen über die Seminardiskussionen hinaus nachzuspüren.
- Sie sollen Einsicht erhalten in die Relevanz psychoanalytisch orientierter Selbstreflexion und sie sollen sie als Hilfe zur Bewältigung späterer Konflikte und Probleme im schulischen Praxisfeld begreifen und nutzen können.

2.4 Das Anfertigen der Texte: Schreiben nach der psychoanalytischen Grundregel

Freud hat in seinen Schilderungen des therapeutischen Verfahrens anschaulich gemacht, welche Prinzipien zu beachten sind, sollen unbewusste Vorstellungen verstehbar werden, z.B. wenn er in direkter Rede Anweisungen des Arztes an den Patienten formuliert:

„Noch eines, ehe Sie beginnen. Ihre Erzählung soll sich doch in einem Punkte von einer gewöhnlichen Konversation unterscheiden. Während Sie sonst mit Recht versuchen, in Ihrer Darstellung den Faden des Zusammenhanges festzuhalten, und alle störenden Einfälle und Nebengedanken abweisen, um nicht, wie man sagt, aus dem Hundertsten ins Tausendste zu kommen, sollen Sie hier anders vorgehen. Sie werden beobachten, dass Ihnen während Ihrer Erzählung verschiedene Gedanken kommen, welche Sie mit gewissen kritischen Einwendungen zurückweisen möchten. Sie werden versucht sein, sich zu sagen: Dies oder jenes gehört nicht hierher, oder es ist ganz unwichtig, oder es ist unsinnig,

---

die Verwandtschaft von POS mit anderen psychoanalytisch orientierten Projekten der Selbstreflexion und Supervision, z.B. dem von Herbert Gudjons u.a. (1999) oder Annedore Hirblinger (2003).

6 Selbstverständlich könnten diese Ziele auch als „Kompetenzen" oder auch als „Standards" formuliert bzw. aufgefasst werden.

man braucht es darum nicht zu sagen. Geben Sie dieser Kritik niemals nach und sagen Sie es trotzdem, ja gerade darum, weil Sie eine Abneigung dagegen verspüren. Den Grund für diese Vorschrift – eigentlich die einzige, die Sie befolgen sollen – werden Sie später erfahren und einsehen lernen: Sagen Sie also alles, was Ihnen durch den Sinn geht. Benehmen sie sich so, wie zum Beispiel ein Reisender, der am Fensterplatz des Eisenbahnwagens sitzt und dem im Inneren Untergebrachten beschreibt, wie sich vor seinen Blicken die Aussicht verändert. Endlich vergessen Sie nie daran, dass Sie volle Aufrichtigkeit versprochen haben, und gehen Sie nie über etwas hinweg, weil Ihnen dessen Mitteilung aus irgendeinem Grunde unangenehm ist." (Freud 1982b: 194f.)

Oder wenn er Ratschläge an den Arzt gibt:

„Wie man sieht, ist die Vorschrift, sich alles gleichmäßig zu merken, das notwendige Gegenstück zu der Anforderung an den Analysierten, ohne Kritik und Auswahl alles zu erzählen, was ihm einfällt. Benimmt sich der Arzt anders, so macht er zum großen Teile den Gewinn zunichte, der aus der Befolgung der ‚psychoanalytischen Grundregel' von seiten des Patienten resultiert. Die Regel für den Arzt läßt sich so aussprechen: Man halte alle bewußten Einwirkungen von seiner Merkfähigkeit ferne und überlasse sich völlig seinem ‚unbewußten Gedächtnisse', oder rein technisch ausgedrückt: Man höre zu und kümmere sich nicht darum, ob man sich etwas merke." (Freud 1982a: 172)

„Wie der Analysierte alles mitteilen soll, was er in seiner Selbstbeobachtung erhascht, mit Hintanhaltung aller logischen und affektiven Einwendungen, die ihn bewegen wollen, eine Auswahl zu treffen, so soll sich der Arzt in den Stand setzen, alles ihm Mitgeteilte für die Zwecke der Deutung, der Erkennung des verborgenen Unbewußten zu verwerten, ohne die vom Kranken aufgegebene Auswahl durch eine eigene Zensur zu ersetzen, in eine Formel gefaßt: er soll dem gebenden Unbewußten des Kranken sein eigenes Unbewußtes als empfangendes Organ zuwenden, sich auf den Analysierten einstellen wie der Receiver des Telephons zum Teller eingestellt ist." (Freud 1982a: 175)

Diese Hinweise Freuds erlauben eine Erläuterung des hier vorgestellten Verfahrens der Selbstreflexion: Die Erstellung der Texte unter den erwähnten Vorgaben – willkürlich-spontane Auswahl einer Erlebnisszene, rasches Schreiben, Hintanstellung kritischer Reflexion – dient insofern einem Schreiben unter den Bedingungen einer „Regression im Dienste des Ich" (vgl. Kris 1977: 184ff. bzw. Balint: 1973, S. 187ff.), als die Studierenden angeregt werden Vorstellungen zu fixieren, die sowohl äußerlich durch das Praktikum bestimmt sind als auch geprägt durch innere Szenen, die ihre emotionale Relevanz bestimmen. Zwar bedeutet die Tätigkeit des Aufschreibens durch die Nötigung zur zeitlichen Verzögerung gegenüber der verbalen Mitteilung tendenziell eine Steigerung der Reflexionsmöglichkeit, das Setting jedoch versucht dies zurückzunehmen. Zentral ist hierbei die Betonung des Szenisch-Bildhaften und der Assoziationstätigkeit, mithin jener Momente, die das Unbewusste kennzeichnen.

Ist gegenüber der spontanen mündlichen Mitteilung, wie sie die psychoanalytische Therapie auszeichnet, die zeitliche Verzögerung und die damit verknüpfte bewusstseinsträchtige Formulierungsarbeit bezogen auf die Methode des szenischen Verstehens einerseits hinderlich, so bringt sie andererseits im Hinblick auf jene Teilnehmer/innen, die ihren Text gar nicht abgeben und in der Gruppe zur Debatte stellen, einen unschätzbaren Vorteil: Selbst wenn Teilnehmer/innen nur „für sich" schreiben, gewinnt die Textproduktion eine reflexive Qualität, denn im Prozess der Objektivierung imaginierter Szenen werden diese zwangsläufig deutlicher. So lässt der Prozess des Aufschreibens den Zusammenhang innere – äußere Szenen über das einfache Gefühlserleben hinaus transparenter und eindrücklicher werden, so dass die Verknüpfung mit anderen szenischen Schilderungen im Zuge der gemeinsamen Auseinandersetzungen über die Textsammlung gefördert wird. Insofern wird bereits durch die Schreibtätigkeit die Basis für die subjektive Gruppeninterpretation selbst für jene gelegt, deren Texte nicht in die Sammlung Eingang gefunden haben.

2.5 Die Diskussion der Texte nach dem Vorbild psychoanalytischer Hermeneutik

Die Diskussion der Texte, die als Sammlung vorgelegt werden, erfordert parallel zu den Anweisungen der Schreibphase ein Arrangement der produktiven Labilisierung im Sinne der Regression im Dienste des Ich bzw. der Schaffung eines Raums für ein assoziatives Spiel mit szenischen Entwürfen[7]. Dies steht zunächst einmal im Gegensatz zum universitären Kontext: Dieser nämlich liefert – jedenfalls in den meisten Studienfächern – implizit eine außerordentlich wirksame Nötigung zur diskursiven Analyse. Die Anweisung, die Texte eher so zu lesen, wie man im Urlaub einen Roman liest, versucht zumindest imaginativ die Bedeutung des universitären Kontextes

---

7 Zur Verdeutlichung der Relevanz der Modalitäten der Diskussion wäre insofern auch auf Winnicotts Überlegungen zum „potentiellen Raum" (Winnicott 1995: 123ff.) zu verweisen, die Werner Sesink im Hinblick auf das Wesen der Pädagogik aufgreift: „Pädagogik wäre demnach die Organisation eines pädagogischen Schonraums als „potenziellen Raums", in dem mit der äußeren Realität gespielt wird." (Sesink 2002: 149)

abzuschwächen und damit einen Spielraum für gelassenes, subjektives, phantasievolles Lesen zu öffnen[8].

Bedeutsam ist der Einstieg in die Diskussion der Textsammlung:

In der ersten Seminarsitzung, in der die entstandene Textsammlung zur Besprechung ansteht, wird der Text, der von den meisten Seminarteilnehmer/innen als am interessantesten empfunden wird, ausgewählt und besprochen. Die Anregung des Moderators – „Welchen Text würden Sie zur Besprechung vorschlagen, wenn wir nur Zeit für die Besprechungen eines einzigen Textes hätten?" – provoziert durch die geringe Zeit, die zur Verfügung gestellt wird, eine spontane Entscheidung. In der Regel gibt es deutliche Häufungen der Voten bei zwei oder drei Texten, oft fällt die Wahl von einem Fünftel bis einem Viertel der Teilnehmerschaft auf einen bestimmten Text.

Die Auswahl des Textes, der zuerst besprochen wird, durch ein relativ unreflektiertes Votum entspricht dem Impuls zur Anfertigung der Texte, sich selbst quasi einen „inneren Film" vorzuführen und diesen willkürlich anzuhalten: Im einen wie im anderen Fall geht es darum, Auswahlentscheidungen bzw. Schwerpunktsetzungen nicht rational und kriterienbezogen vorzunehmen, sondern subjektiv und emotional. Wie in der Psychoanalyse der Szene, die der Patient in der allerersten Sitzung schildert bzw. der Szene, die er in der einzelnen Sitzung zuerst mitteilt, besondere Beachtung geschenkt wird, wird auch hier die subjektive Priorität ernst genommen.

Die Korrespondenz zwischen den je eigenen inneren Szenen und den in einem Text der Sammlung geschilderten Szenen, die die Wahl bestimmt, gewinnt bei der folgenden Besprechung insofern Bedeutung, als die offene Frage, wer zum Text etwas sagen möchte bzw. wem irgendetwas an dem ausgewählten Text aufgefallen sei, darauf zielt, die Auswahl, die zuvor ja lediglich intuitiv vorgenommen wurde, sich selbst und anderen verständlich zu machen. Dabei kommen solche innere Szenen ins Spiel, die den geschilderten gleichen oder von ihnen in eindrucksvoller Weise abweichen.

Die Frage, was am Text irritierend war, als Alternative zum völlig unverbindlichen, offenen Impuls des Moderators oder als nachfolgende Konkretisierung, rückt die Differenz zwischen geschilderten und inneren Szenen in den Mittelpunkt.

Selbstverständlich lässt die Hervorhebung der Relevanz spontan ausgewählter Texte nicht den Umkehrschluss zu, dass nicht gewählte Texte uninteressant seien, denn es bleibt zunächst einmal offen, ob es nicht gerade die latente Brisanz eines Textes ist, die die Teilnehmer/innen vor ihm zurück-

---

8 Besonders im Hinblick auf die Besprechung der Textsammlung bzw. die Moderation dieser Besprechung in der Gruppe ist weniger die therapeutische Psychoanalyse Vorbild als vielmehr die psychoanalytisch-tiefenhermeneutische Literaturinterpretation, wie sie von Alfred Lorenzer konzipiert wurde (vgl. Lorenzer 1978 a, 1986, 1990, 2002; Würker 1987, 1997, 1999, 2002a, 2002b, 2004). Diese Konzeption liefert darüber hinaus auch die wesentlichen theoretisch-methodischen Begründungen für POS, die hier nur angedeutet werden können.

weichen lässt. Insofern ist es wichtig, in einer zweiten Phase durchaus alle Texte in den Blick zu nehmen.

Allgemein ist die Auseinandersetzung in der Guppe durch den Vergleich verschiedener Lesarten und Deutungshypothesen gekennzeichnet, der ein Licht wirft auf die je eigenen inneren szenischen Entwürfe. Der Moderator hat die Aufgabe, für diesen Austausch den Raum zu eröffnen bzw. offen zu halten, mithin zu verhindern, dass unter dem Primat von falsch verstandener Lösungsorientierung Deutungen sich vorschnell verfestigen. Eher muss er das Risiko in Kauf nehmen, dass fehlende handfeste Diskussionsergebnisse Unmut erzeugen und die Frage provozieren, was denn nun die Interpretation erbracht habe. Denn der latente Sinn der Texte bzw. die bewusstseinsferne subjektive Dynamik des Text-Leser-Verhältnisses lässt sich in einer Seminarsitzung ja nicht einmal ansatzweise ausloten, so dass es eher darum geht, am Schluss als Anregung solche Sinnfacetten hervorzuheben, die in der interpretierenden Diskussion zur Geltung kamen und über die weiter nachzusinnen es sich lohnte.

Der Moderator muss sich also in der Tendenz zügeln, den Maximen üblicher Logik von Veranstaltungseffizienz zu folgen. Dabei hat er es auszuhalten, dass weder er noch die Teilnehmer am Schluss fixierte Deutungen und klar umrissene Handlungsoptionen benennen können. Er rechnet mit der Möglichkeit – angesichts der begrenzten Zeit eher: mit der Wahrscheinlichkeit, dass sich unter Umständen Irritationen eher konturiert und verstärkt denn in einem „Aha-Erlebnis" aufgelöst haben.

2.6 Irritationen

Alfred Lorenzer hat mit dem Begriff Irritation ein zentrales Moment psychoanalytischer Hermeneutik bezeichnet. Bezogen auf die tiefenhermeneutische Textinterpretation definiert er „Irritation" als den Punkt, an dem sich der „spürbare Widerstand des Textes" gegenüber „der gleichschwebenden Aufmerksamkeit des Interpreten" bemerkbar macht. Grundlage sei hierfür „ebenso die Eigenart des Textes (…) wie die Offenheit, das heißt Sensibilität des Analytikers". Die Aufmerksamkeit gegenüber den Irritationen treibe, so Lorenzer (1990: 267), die für jede Hermeneutik kennzeichnende „Korrektur der Vorannahmen durchs Material (…) auf die Spitze".

> „Nicht nur zeigt sich hier der Gegensatz zweier Positionen (der im Text vertretenen und der an den Text herangetragenen), nicht nur bricht hier im Text ein Widerspruch als Ungereimtheit, die von einer strengeren Logik zu beseitigen wäre, auf, vielmehr (…) eröffnet sich eine ‚Vertikale', die ausdrücklich aus der Sinnebene, in der der Text üblicherweise gelesen wird, hinausführt und die eine neue, im Text wirksam angelegte aber verborgene Bedeutungsebene öffnet." (Lorenzer 1990: 267)

Auch in der psychoanalytisch inspirierten Besprechung der Schilderungen von Praktikumsszenen spielen Irritationen in verschiedener Hinsicht eine ausschlaggebende Rolle: Sie bilden den Hintergrund für die Textauswahl für die Besprechungen, denn es sind häufig Irritationen, die die Teilnehmer/innen veranlassen, einen Text für besonders diskussionswürdig zu erachten. Weil sie etwas an den Text nicht verstehen, weil er sie in irgendeiner Art verstört, möchten sie ihn besprechen, in der Hoffnung, die Diskussion bzw. Interpretation erbringe Antworten auf die Fragen, die der Text aufwirft.

Irritationen bilden oft den Einstieg in die Diskussion des Textes, veranlasst durch die offene Frage des Moderators, weshalb dieser Text denn ausgewählt worden sei bzw. was diesen Text denn interessant mache. Irritationen treiben die Diskussion voran, wenn ein gewonnenes, scheinbar konsensfähiges Urteil über den Text erneut in Frage gestellt wird nach dem Motto „Was ich aber nach wie vor nicht verstehe ...".

Im Falle des oben zitierten Textes irritierte z.B. das Urteil der Autorin/des Autors über den Referendar oder auch die Selbstbeurteilung am Schluss, wobei deutlich wird, dass mit „Irritation" auch hier nicht einfach ein logischer Bruch im Text bezeichnet wird, sondern eine bestimmte Art des Rezeptionserlebnisses. Die Irritation treibt also keine distanzierte Rekonstruktion eines Textsinns an, sondern eine Klärung des Text-Leser-Verhältnisses, mithin einen selbstreflexiven Prozess.

Zu ergänzen ist der Hinweis, dass Irritationen nicht nur von der inhaltlichen Aussagekraft der szenischen Schilderung ausgelöst werden können, sondern dass es auch formale Gestaltungsmerkmale sein können, die irritieren: die Häufung von Sprichwörtern, die Verwendung bestimmter Metaphern, Wort- oder Satzwiederholungen, die graphische Gestaltung des Textes usw.

2.7 Das Übergehen von Texten bei der Besprechung

Eine weitere Parallele zur psychoanalytischen Hermeneutik in der therapeutischen Situation zeigt sich im Übergehen mancher Texte bei der Besprechung. Wie dort nicht alle Patientenmitteilungen als unmittelbar aufschlussreiche ausführlich thematisiert werden, werden bei der Diskussion der Textsammlungen nicht alle Texte als gleich relevant und diskussionswürdig aufgenommen und behandelt. Während, wie gesagt, in der Regel zunächst das Votum der Teilnehmer/innen zur Grundlage der Auswahl gemacht wird, zeigt sich beim anschließenden Durchgang durch die Sammlung, dass einige Texte in der Wahrnehmung blass bleiben und sich keine lebendige Diskussion an ihrem Inhalt entzündet. Nimmt die Moderatorin/der Moderator dies wahr, so steht sie/er vor der Entscheidung, diese Texte entweder rasch zu übergehen oder durch eigene Impulse sie in der Diskussion zu halten. Wie diese Entscheidung ausfällt, hängt davon ab, ob die Moderatorin/der

Moderator die dargestellten Szenen als die eigene Phantasie anregend, als irritierend oder aufschlussreich, empfindet und ob sie/er deshalb das wahrgenommene Desinteresse in der Seminargruppe als Folge mangelnder Sensibilität oder gar einer Abwehrhaltung interpretiert oder ob sie/er selbst ebenfalls kein Interesse am Text zu entwickeln vermag. Tatsächlich gibt es von der Qualität der Texte herrührende Gründe für den Hang, sie rasch beiseite zu legen: Z. B. kann ein Text so sachlich und abstrakt bzw. so szenisch karg geschrieben sein, dass er keinen Anreiz liefert zu einer subjektiven szenischen Entfaltung. Oder ein szenisches Geschehen wird auf Klischees reduziert, was ihn gegen konkrete Irritationen abdichtet.

2.8 Die Relevanz der Gruppe und die Problematik von Deutungen

Eine wichtige Funktion der Gruppe wurde bereits unter 2.5 angesprochen im Zusammenhang mit der Qualität der interpretativen Diskussion: die Gruppe erlaubt die Konfrontation mehrerer szenischer Entwürfe und damit die Ausdifferenzierung von Deutungshypothesen.

Eine weitere Relevanz liegt in der Möglichkeit, gewonnene Deutungshypothesen im kommunikativen Zusammenspiel auf ihre Konsensfähigkeit hin zu prüfen. Denn beim Versuch, konsensfähige von nicht konsensfähigen Deutungen zu sondern, fällt zuerst einmal der Gruppe die Entscheidung zu, welche Kommentierungen den vom Text präsentierten Szenen bzw. den von diesen ausgelösten Wirkungen angemessen sind.

Damit ist die Qualität der anvisierten Deutungen angesprochen: Ziel sind alltagspraktische, manchmal metaphorische Formulierungen jenseits theoretischer Systematik und Präzision, mithin eher präsentative Formulierungen, die die Struktur des Text-Leser/innen-Verhältnisses bezeichnen. Ihre Überzeugungskraft muss sich in der Gruppe erweisen, insofern ist ihre Gültigkeit zunächst einmal klar begrenzt, auch wenn die Moderatorin/der Moderator den Horizont weit zu halten und bestehende Horizontverengungen ins Bewusstsein zu heben versucht.

Es sind subjektive Deutungen, die die Seminarteilnehmer/innen oder die Moderatorin/der Moderator formulieren, Deutungen also, die letztlich keiner Überprüfung an einem objektiv vorgegebenen Kriterium standhalten könnten. Der subjektive Charakter der Reflexion ist aber für dieses Projekt mit den unter 2.3 genannten Zielen geradezu notwendig: Es muss selbst in den allgemeinen Deutungsformulierungen darum gehen, den Bezug auf die konkrete sinnliche, szenisch-bildhafte Qualität der Texte und das von dieser evozierten Text-Leser/innen-Verhältnis transparent zu halten[9]. Aber dieser

---

9 Konfrontierte man die Diskussionsergebnisse über POS-Textsammlungen mit dem Anspruch einer psychoanalytischen Sozialforschung, so ließe sich immerhin mit eini-

Bezug schließt die Konfrontation der je individuellen Entwürfe mit abweichenden – des Textes, der anderen Mitglieder der Diskussionsgruppe – ein. Der Reflexionsprozess weckt die Sensibilität für Brüche und für Differenzen und zielt gleichzeitig auf intersubjektiv-konsensfähige Verstehensmöglichkeiten.

3. Fazit und Ausblick

Der oben zitierte Text, der fast schon plakativ ein Beispiel einer fatalen Unmittelbarkeit von inneren und äußeren Szenen liefert, erlaubt es anschaulich zu machen, wie Selbstreflexion, die dem dargestellten Konzept entspricht, wirksam wird: Indem vom Text angeregt szenische Entwürfe in der Gruppe zur Debatte gestellt und abgewogen werden, entstehen Spielräume für den späteren professionellen Umgang mit den Anforderungen in der Schule. Es wird die Möglichkeit geschaffen, die szenischen Alternativen und ihre Kommentierung im Seminar in künftigen Situationen zu aktualisieren, unmittelbare bewusstseinsferne Impulse zu relativieren und pädagogisch sinnvoll zu handeln. Statt einen Machtkampf auszutragen – wie es die Schilderung im Text vorführt –, würde es möglich zu reflektieren, was die eigene Aggression hervorruft, und abzuwägen, wie für die Schüler und sich selbst förderlich zu reagieren wäre.

Entsprechend lässt sich die Relevanz des vorgestellten Konzepts einer psychoanalytisch orientierten Selbstreflexion in Bezug auf das Problem der Ausbalancierung von Nähe und Distanz in einer paradox anmutenden Formulierung zusammenfassen: Indem Lehramtsstudierende angeregt werden, verstehend Nähe zu inneren Szenen herzustellen, werden sie fähig, in schulischen Szenen eine sinnvolle Distanz zu wahren. Die (selbst-)reflexive Anstrengung erlaubt den Studierenden – mit Bernfeld gesprochen – die zwei Kinder, vor denen sie später stehen, zu sondern und einen Spielraum zu gewinnen, jenes äußere Kind vielleicht doch ein wenig anders zu behandeln als sie das innere erleben. Oder noch einmal mit Lorenzer gesprochen: Die Studierenden gewinnen tendenziell eine Perspektive, äußere Szenen in ihrer Korrespondenz mit inneren zu verstehen und einem für sich und ihre späteren Schüler/innen fatalen Kurzschluss zu entgehen.

---

ger Berechtigung auf die Chance verweisen, über die tiefenhermeneutische Analyse der Texte typische Imagines – bezogen auf Lehrerinnen und Lehrer ebenso wie Schülerinnen und Schüler – zum Vorschein zu bringen.

Literatur

Adorno, Th. W., 1977: Tabus über den Lehrberuf. In: Gesammelte Schriften 10.2, Frankfurt a. M.: 656–673

Balint, M., 1973: Therapeutische Aspekte der Regression. Reinbek

Bernfeld, S., 1977: Sisyphos oder die Grenzen der Erziehung. Frankfurt a. M.

Brück, H., 1993: Über Wirkungen des Unbewussten im schulischen Handeln. In: Pädagogik Beiheft 1993: 23–27

Datler, M., 2003: Über die Bedeutung des Erlebens von Lehrern in schulischen Situationen in der Geschichte der Psychoanalytischen Pädagogik. In: Fröhlich, V., Göppel, R. (Hrsg.): Was macht die Schule mit den Kindern? – Was machen die Kinder mit der Schule? Psychoanalytisch-pädagogische Blicke auf die Institution Schule, Gießen: 120–131

Datler, W., 2003: Erleben, Beschreiben und Verstehen: Vom Nachdenken über Gefühle im Dienst der Entfaltung von pädagogischer Professionalität. In: Dörr, M., Göppel, R. (Hrsg.): Bildung der Gefühle. Innovation? Illusion? Intrusion? Gießen: 241–264

Freud, S., 1982a: Ratschläge für den Arzt bei der psychoanalytischen Behandlung. In: Studienausgabe Ergänzungsband. Frankfurt a. M.: 169–180

Freud, S., 1982b: Zur Einleitung der Behandlung (Weitere Ratschläge zur Technik der Psychoanalyse I). In: Studienausgabe Ergänzungsband. Frankfurt a. M.: 181–204

Fröhlich, V., Göppel, R. (Hrsg.), 2003: Was macht die Schule mit den Kindern? – Was machen die Kinder mit der Schule? Psychoanalytisch-pädagogische Blicke auf die Institution Schule. Gießen

Gudjons, H., Pieper, M., Wagener, B., 1999: Auf meinen Spuren. Das Entdecken der eigenen Lebensgeschichte. Hamburg.

Heberle, B., 1995: Zur Funktion des Settings in der psychoanalytischen Teamsupervision. In: Becker, H. (Hrsg.): Psychoanalytische Teamsupervision. Göttingen: 26–50

Hirblinger, A., 2003: Die Fallbesprechungsgruppe zwischen Unterrichtswirklichkeit und pädagogischem Ich-Ideal, in: Fröhlich, V., Göppel, R. (Hrsg.): Was macht die Schule mit den Kindern? – Was machen die Kinder mit der Schule? Psychoanalytisch-pädagogische Blicke auf die Institution Schule. Gießen: 151–169

Hirblinger, H., 2003: Unterricht als Setting, Rahmen und Prozess. Der Beitrag der psychoanalytischen Pädagogik zur „inneren Schulentwicklung" – Probleme und Perspektiven. In: Fröhlich, V., Göppel, R. (Hrsg.): Was macht die Schule mit den Kindern? – Was machen die Kinder mit der Schule? Psychoanalytisch-pädagogische Blicke auf die Institution Schule. Gießen: 33–45

Hirblinger, H., 2001: Einführung in die psychoanalytische Pädagogik der Schule. Würzburg

Kris, E., 1977: Die ästhetische Illusion. Frankfurt a. M.

Lorenzer, A., 1978: Sprachzerstörung und Rekonstruktion. Frankfurt a. M.

Lorenzer, A., 1981a: Das Konzil der Buchhalter. Frankfurt a. M.

Lorenzer, A., 1986: Tiefenhermeneutische Kulturanalyse. In: König, D., Lorenzer, A. u. a.: Kultur-Analysen. Frankfurt a. M.: 11–98

Lorenzer, A., 1990: Verführung zur Selbstpreisgabe – eine psychoanalytisch-tiefenhermeneutische Analyse eines Gedichts von Rudolf Alexander Schröder. In: Kultur-Analysen Heft 3/1990: 261–277

Lorenzer, A., 2002: Die Sprache, der Sinn, das Unbewusste. Frankfurt a. M.

Sesink, W., 2002: Vermittlungen des Selbst. Eine pädagogische Einführung in die psychoanalytische Entwicklungstheorie D. W. Winnicotts. Münster.

Singer, K., 1996: Lehrer-Schüler-Konflikte gewaltfrei regeln. Weinheim und München

Trescher, H.-G., 1993: Vom Nutzen der Psychoanalyse für die Erziehung. In: Pädagogik Beiheft 1993: 9–15

Winnicott, D. W., 1995: Vom Spiel zur Kreativität. Stuttgart.
Würker, A., 1987: Irritation und Szene. In: Belgrad, J. u. a. (Hrsg.): Zur psychoanalytischen Sozialisationsforschung. Dimensionen szenischen Verstehens. Frankfurt a. M.: 303–316
Würker, A., 1997: Das Verhängnis der Wünsche. Unbewusste Lebensentwürfe in Erzählungen E. T. A. Hoffmanns. Würzburg
Würker, A., 1998: Sympathie mit dem Verbrecher – Überlegungen zu einem tiefenhermeneutisch orientierten Literaturunterricht. In: Belgrad, J., Fingerhut, K. (Hrsg.): Textnahes Lesen. Baltmannsweiler: 175–190
Würker, A., 2002a: Mütterlichkeit und Aggression. Zu Marlen Haushofers „Die Wand". In: Journal für Psychologie 2/2002: 159–176
Würker, A., 2002b: Verborgenes aufspüren. Zur Konzeption eines tiefenhermeneutisch orientierten Literaturunterrichts. In: Hug, M., Richter, H. (Hrsg.): Ergebnisse soziologischer und psychologischer Forschung. Impulse für den Deutschunterricht. Baltmannsweiler: 159–175
Würker, A., 2004: Mutterimago und Ambivalenz (zu Schlicks „Der Vorleser"). In: Jaeggi, E., Kronberg-Gödde, H. (Hrsg.): Zwischen den Zeilen. Gießen: 251–264
Würker, A., Scheifele, S., Karlson, M., 1999: Grenzgänge. Literatur und Unbewusstes. Würzburg

Burkhard Müller

Nähe, Distanz, Professionalität
Zur Handlungslogik von Heimerziehung als Arbeitsfeld[1]

Ich gehe von einer sehr allgemeinen professionstheoretischen These aus: Professionelles Handeln unterscheidet sich vom laienhaften Alltagshandeln darin, dass es fähig ist, Nähe und Distanz zu seinen Adressaten und deren Problemen auf kunstvolle Weise zu verschränken und miteinander zu vermitteln. Handeln von Menschen in ihrer jeweiligen Lebenswelt geht entweder von nahen, vertrauten, intimen Beziehungen aus (zu Familie, Freunden, Liebsten) oder von distanzierten, sachlichen, oberflächlichen Beziehungen (zu Unbekannten, Funktionsträgern, Marktpartnern etc.); vielleicht liegen sie auch zwischen beiden (zu Nachbarn oder zu Arbeitskollegen). Professionelle Arbeitsbeziehungen sind im Unterschied zu beidem nahe und distanziert zugleich: Sie können Intimeres betreffen als die intimste private Beziehung und gleichzeitig distanzierter sein als die meisten bloß funktionalen Beziehungen. Meine These ist nun, dass es im nicht standardisierbaren Kern professionellen Könnens wesentlich auch um diese Vermittlung geht. Zu denken ist etwa an den Beichtvater oder an seine moderne Variante, die Psychotherapeutin oder Psychoanalytikerin. Beide sind Vertraute intimster Geheimnisse, kennen Bereiche höchster Verletzbarkeit ihrer Klienten. Aber sie spielen diese Rolle gerade dann und dadurch auf glaubwürdige Weise, dass sie sich von deren Alltag streng fernhalten und keinerlei direkten Einfluss und Macht darüber ausüben. Natürlich ist das ein Ideal, das in Wirklichkeit oft nur in gebrochenen Formen realisiert wird. Die professionelle Distanznahme gegenüber den Alltagsnöten der Menschen ist zunächst nicht mehr als eine Fiktion – aber auch als Fiktion hat sie reale Wirkungen. Intimität bezieht sich dabei nicht nur auf die positive, affektiv befriedigende Nähe, sondern auch auf Nähe, die mit Aggressionen und/oder Ängsten geladen ist. Diese können, wie die privaten, familiären, auch die professionellen Beziehungen auf nur begrenzt kontrollierbare weil zum Teil unbewusste Weise mit prägen. Der Unterschied zwischen privater und professioneller Nähe liegt, darauf zielt die Argumentation im Folgenden ab, in der Art und den Mitteln, mit denen zu viel an Nähe, sei sie aggressiv oder verführend,

---

[1] Ich danke Margret Dörr für viele hilfreiche kritische Anmerkungen zu früheren Versionen dieses Textes.

unter Kontrolle gehalten wird. Und der Unterschied liegt ebenso in der Art und den Mitteln, eine Distanz zu ermöglichen, die persönliche und intime Probleme nicht einfach nur ausklammert und auf Abstand hält, sondern sie zugleich auf kanalisierte Weise zulässt, ihnen im Bedarfsfall einen geschützten Raum der Bearbeitung bietet.

Blickt man auf die gesellschaftliche Funktion professioneller Arbeitsbeziehungen, so sind sie im Sinne der Parsons'schen „pattern variables" funktionsspezifisch und universal („ohne Ansehen der Person") – wenn auch nur als Fiktion. Denn die „Strukturlogik" des Handelns im Binnenraum professioneller Arbeitsbeziehungen lässt sich so nicht beschreiben. Vielmehr handelt es sich hier um eine „widersprüchliche Einheit von spezifischen und diffusen Sozialbeziehungen" (Oevermann 1996: 148). Sie schließen damit zugleich sachbezogene Distanz, wie auch Elemente intimer Nähe ein; wobei letztere nach Oevermann im Modus der Abstinenz zu handhaben sind und nur so in ein „professionalisiertes Arbeitsbündnis" (ebd.) integriert werden können.[2]

Wenn man diese Strukturlogik auf die klassischen Professionen des Arztes, des Juristen, des Priesters oder Pfarrers bezieht, so lässt sich ihre gesellschaftliche Sonderstellung (ihre Privilegien, ihr Ansehen, ihr Zuständigkeitsmonopol, ihr Zeugnisverweigerungsrecht) mit dem gesellschaftlichen Zweck begründen, dass sie das Mandat haben in drei entscheidenden Bereichen Paradoxien von Nähe und Distanz lösbar zu machen können: Ärzte im Bereich körperlicher Verletzlichkeit und Intimität; Juristen im Bereich rechtlicher und sozialer Verletzbarkeit; Pfarrer und an ihrer Stelle heute oft Therapeuten im Bereich seelischer Verletzbarkeit (Müller 2010: 957 ff).

Kann das so verstanden werden, dann wäre das Versprechen, intime Probleme der Menschen zu lösen, ohne ihnen zu nahe zu treten[3] die große Zauberformel der klassischen Professionen, der diese ihren historischen Siegeszug zu verdanken haben. Alle haben sie in ihrer Geschichte Strategien der Distanznahme entwickelt, welche die Gefahren der zu großen Nähe zumindest symbolisch neutralisieren: Die Talare, die weißen Kittel, die Rituale der

---

2 Persönliche bzw. familiäre Beziehungen als solche erfordern natürlich ebenso Balancen von Nähe und Distanz und dasselbe gilt für berufliche und öffentliche Rollen im allgemeinen und ebenso für die Vermittlungen, die jeder Einzelne zwischen seinen öffentlichen Rollen und seinen privaten Beziehungen zu erbringen hat. Dies kann hier nicht diskutiert werden, sollte aber mit den besonderen handlungsstrukturellen Bedingungen professioneller Arbeitsbeziehungen nicht gleichgesetzt oder verwechselt werden. Am Beispiel des Mediziners erläutern Gildemeister/Robert (1997: 26 f.) die „doppelte Aufgabe", die „Spezifikum professionellen Handelns" ist: „Theorie- und Wissenschaftsbezug auf der einen Seite („Krankheit" als objektivierbares, eigendynamisches, organisches Geschehen) und (hermeneutisches) Fallverstehen (als die „wirkliche Geschichte" des Patienten in seiner Beziehung zur Krankheit) wollen handlungsbezogen vermittelt sein." (ebd.)
3 Wozu auch die Lizenz gehören kann, den Klienten – zu seinem Wohl – zu verletzen (z. B. zu operieren).

Behandlung, die Standesregeln, die Beichtstühle und Sprechzimmer, die formalen Gerichtsverfahren und die wissenschaftlichen Fachsprachen. Immer wieder ist all das als Mittel symbolischer Herrschaft und struktureller Gewalt, als Strategie der Sicherung einseitiger Definitionsmacht von Experten kritisiert worden. Deswegen neigen manche Sozialpädagogen bis heute dazu, schlabberige Pullover und formlosen Umgang für Merkmale eines demokratischen Berufsverständnisses zu halten. Jene in mancher Hinsicht berechtigte Kritik an den professionellen Distanz-Symbolen vergisst aber die Kehrseite: dass im Aufgabenfeld professionellen Handelns solche Distanzbildung durchaus etwas Menschendienliches haben kann. Wer selbst in körperlicher, rechtlicher oder seelischer Not steckt wird meist auf die Diskretion, die Neutralität, die Sachlichkeit der professionellen Behandlung großen Wert legen, und vielleicht auch auf die symbolisch inszenierte machtvolle Aura der professionellen Partner, soweit diese als Schutzmacht in verletzlicher Lebenslage empfunden werden[4].

Was hat das alles mit Heimerziehung zu tun? Ganz einfach: Ich benutze den Seitenblick auf andere Professionen um eine Vergleichsfolie zu bekommen für die Frage, was Heimerziehung und ihre Professionalität mit dieser Weise von Nähe und Distanz zu tun hat. Während sich die meisten Analysen zur Professionalisierungs-Problematik der Heimerziehung seit 30 Jahren an der Frage abarbeiten, wie Heimerziehung dem Stigma einer strukturell gewaltsamen Praxis entkommen könnte (z.B. Thiersch 1977, Freigang 1986, Niemeyer 1999, Wolf 1999, 2007), stelle ich diese Frage in einen anderen Kontext. Meine im Folgenden zu belegende Vermutung ist, dass die Bedrohung der Professionalitätsansprüche von Heimerziehung weniger als oft angenommen mit ihrer Neigung zu „schwarzer Pädagogik" zu tun hat; vielmehr ist zu vermuten, dass „schwarze" (mit Gewaltmitteln operierende) Pädagogik, die es sicher gibt, zumeist Gewalt aus Hilflosigkeit ist, nämlich Folge von unbewältigter Nähe[5]. Und eben deshalb liegt es so nahe, dass sich die Gewalt in Strukturen der Distanzierung versteckt (formale Regeln, Behandlungs- und Sanktionspraktiken etc.) die sich als dem Klienten dienende und seine Einsicht fördernde Distanzierung ausgeben, aber „institutionalisierte Abwehr" (Mentzos 1988) sind.

Ich gehe dabei in drei Schritten vor: Ich will erstens den Mechanismus, mit dem Professionen die Paradoxie von Nähe-Distanz aufzulösen versuchen, kurz beschreiben, um den Kontrast zum Handlungsfeld Heimerziehung noch deutlicher zu markieren. Ich will zweitens anhand von Fallbeispielen die These erläutern, dass das ungeklärte Verhältnis von Nähe und

---

4 Die Möglichkeit, dass die Mittel zur Inszenierung solcher Neutralität und Sachlichkeit auch als Insignien der Herrschaft (z.B. der „Halbgötter in Weiß") benutzt werden, ist natürlich nicht ausgeschlossen, sondern Teil der paradoxen Struktur professioneller Beziehungen.
5 Vgl. z.B. die Feldstudie in Müller/Schwabe 2009, Kap. 3.

Distanz zu Klienten und die Ungewissheit, was eigentlich „professionell" in der Heimerziehung ist, zwei Seiten derselben Sache sind. Ich will schließlich Heimerziehung als eine Herausforderung zu Professionalität im nicht Professionalisierbaren beschreiben, also zeigen, was Heimerziehung mit Alltagshandeln nach den Regeln des „gesunden Menschenverstandes" gemeinsam hat und worin sie sich davon unterscheiden sollte.

1. Das Modell professioneller Dienstleistung und seine Grenzen

Die Grundfigur, mit welcher Professionen gewöhnlich das Nähe-Distanz-Problem bearbeiten, kann man nach Goffman (1973) als „Dienstleistungsideal" beschreiben. Goffman spricht dabei von einem Dienstleistungsdreieck zwischen einem Dienstleistungsexperten, einem Klienten, der seine Hilfe sucht und drittens einer dem Klienten gehörenden Sache, die in ihrer Funktion beeinträchtigt ist, von jenem selbst nicht in Ordnung gebracht werden kann und deshalb an den Experten zur Behandlung übergeben wird, der sich kraft seiner Expertenschaft und seiner Werkzeuge so lange darum kümmert, bis die Sache wieder funktioniert und daraufhin, gegen ein Honorar, an den Eigentümer zurückgegeben wird (vgl. Müller 1991: 43ff.).

Die Pointe dieses Modells bei Goffman ist aber, dass er es listigerweise auf einen Fall anwendet, bei dem es nur aufgrund höchst fragwürdiger Annahmen funktionieren kann: Nämlich auf den Fall der klinischen Psychiatrie. Das Modell des Dienstleistungsdreiecks passt wunderbar, wenn es wirklich um zu behandelnde Sachen geht, die einem Kunden gehören: das kaputte Auto, das in einer Werkstatt instand gesetzt wird, das gebrochene Bein, der zu gewährleistende Rechtsanspruch. Wenn es sich aber um einen an Geist oder Seele kranken Menschen handelt, wer oder was ist dann diese Sache? Ist es der kranke Mensch? Oder sein Gehirn? Oder sein gestörtes und störendes Verhalten, das behandelt wird, als sei es ein zu reparierendes Besitztum? Der Klient mit seinem verrückten oder widerspenstigen Verhalten ist selbst jedenfalls so sehr in die zu bearbeitende Sache verstrickt, dass es sehr schwer fällt, ihn von dieser zu unterscheiden. Und das hat die Psychiatrie mit der Heimerziehung wohl gemeinsam.

Die Psychiater allerdings, so Goffman, behelfen sich mit einem Trick. Sie unterstellen, die psychische Krankheit sei ein Schaden an einer ihren Patienten gehörenden Sache, etwa an ihrem Gehirn. Um aber diesen Menschen nicht selbst zu einer Sache zu degradieren unterstellen sie seine Kooperationspartnerschaft dort, wo er nicht wirklich kooperiert, als Fiktion. Das Motto lautet: Wäre dieser kranke Mensch er selbst, bei sich selbst, bei Verstand, so würde er selbst wollen, dass er so behandelt wird, wie der Experte es kraft seines Fachwissens für richtig hält (vgl. ebd.: 356)[6]. Genau dieser Logik, „egal ob Du willst oder nicht, es ist zu Deinem Besten", würden auch Heimerzieher mit widerspenstigen Jugendlichen gar zu gerne folgen – wenn's nicht in der Konsequenz zu dem führte, was Goffman „totale Institution" nennt, also zu Erziehung als Zwangsgewalt. Ich will aber nicht in Goffman'sche Psychiatriekritik auf Heimerziehung übertragen (vgl. Thiersch 1977), sondern zeigen, dass es sich bei dieser Logik u.a. um eine Adaptation der beschriebenen Dienstleistungstriade an die Probleme handelt, die für Professionen insgesamt mit der Bewältigung von Nähe-Distanz-Paradoxien verbunden sind.

Professionen handeln nämlich im Umgang mit ihren Klienten nicht viel anders als der Goffman'sche Psychiater. Sie tun dies allerdings in der Regel *mit dem Einverständnis* ihrer Klienten – das ist ein entscheidender Unterschied. So gehen Arzt wie Patient von der Fiktion aus, nicht ein Mensch sei krank, sondern nur ein ihm gehörendes Körperteil. Dessen physische Untrennbarkeit von kranken Menschen wird als zu neutralisierenden Faktor behandelt. Ähnlich lebt die Anwalt-Klient-Beziehung von der Fiktion, nicht eine Person sei in ihren Rechten bedroht, sondern nur ein dieser zustehender Rechtstitel, also ein ihr gehörendes Eigentum, über das sie rational verfügen kann. Entsprechend unterscheiden Seelsorger Menschen in Konflikten von deren unsterblichen Seelen, wobei wohl die Erosion der Unterscheidbarkeit zwischen dem Wohl dieser Seele und menschlichem Glücksstreben auch die Erosion von Seelsorge als anerkannter Profession bedingt. Erst diese Unterscheidungen machen es für die Professionen möglich, jene Intimzonen zu bearbeiten, ohne den Menschen zu nahe zu treten. Und sie machen es den Klienten möglich, am Erfolg der professionellen Behandlung ihrer selbst mitzuarbeiten, ohne befürchten zu müssen, die Eigenregie ihrer Lebensführung dabei zu verlieren – solange die Fiktion trägt. Denn nach dem Modell des Dienstleistungsdreiecks handelt es sich ja stets um ein freies Arbeitsbündnis zu einem sachlichen Zweck. Es ist dies aber eine sehr wirkmächtige Fiktion, die den Klienten zumeist als selbstverständliche Realität erscheint, gerade weil sie ihnen in vieler Hinsicht auch nützt.

Sigmund Freud und die Psychoanalyse schließlich haben dies Modell bis in die Bearbeitung unbewusster Beziehungsprobleme – sozusagen in die Intimzonen jenseits von bewussten Intimzonen hinein – ausgebaut. Freud beschreibt die Voraussetzungen seiner Therapie als „Analytische Situation": „Die analytische Situation besteht bekanntlich darin, daß wir uns mit dem Ich der Objektperson verbünden, um unbeherrschte Anteile ihre Es zu unterwerfen, also sie in die Synthese des Ich einzubeziehen" (Freud 1937: 59). Freud benutzt hier mit der Unterscheidung zwischen „Ich" des Patienten als

---

6 Gerechtfertigt wird das nach Goffman mit einem „Beschützer-" oder „Gefahrenmandat" (vgl. Goffman 1973, 337f.: 359ff.).

Bündnispartner und „Objektperson" des Patienten als Behandlungsgegenstand genau die Figur des Dienstleistungsdreiecks, variiert sie aber raffiniert: Die dem Klienten gehörige Sache sind die „unbeherrschten Anteile des Es" die es zu beherrschen gilt – nämlich von jenem „Ich". Dies Ich ist der freiwillige (und zahlende) Kooperations-Partner des behandelnden Analytikers, aber zugleich dessen zu bearbeitende, zu therapierende „Sache". Aber die Fiktion der Dienstleistungstriade ist zugleich in sich gebrochen: Die Wirksamkeit der Behandlung ist nicht einfach nur Aufgabe des Analytikers, sondern kommt kooperativ zustande: Sie setzt voraus, dass auch das Ich des Patienten sich zur „Objektperson" seiner selbst macht und die notwendige „Synthese" seinerseits vollzieht. Nur durch eine gleichsam therapeutisch induzierte Ich-Spaltung, die übrigens der Analytiker spiegelbildlich nachvollzieht, wird der Behandlungsprozess möglich: Der Analytiker lässt sich mit dem Patienten auf eine extrem intime Beziehung ein und lädt damit den Patienten ein, dasselbe zu tun, beide begegnen sich, begehren und kämpfen miteinander auf unbewussten Gefühlsebenen jenseits der Verstandeskontrolle. Aber dies ist nur möglich, führt nur deshalb nicht in ein seelisches Chaos, weil es im Rahmen eines Arbeitsbündnisses zweier erwachsener Menschen geschieht, dessen Grundregel *„Abstinenz"* heißt. Die extreme Nähe des therapeutischen Prozesses bleibt virtuell, aus dem „wirklichen Leben" ausgeklammert, eingebettet in das künstliche Arrangement der „Couch", des Stundentaktes usw. Es ist dabei die Verantwortung des Analytikers, diese Grenze zwischen der Intimbeziehung im therapeutischen Prozess und der Intimität im wirklichen Leben (also die Abstinenz) unbedingt einzuhalten, während Patienten das Recht haben, im Rahmen jenes Arrangements alles zu versuchen um die Grenze einzureißen. Umgekehrt haben die Patienten die Verantwortung, auf eigenes Risiko auszuprobieren, welche Erfahrungen mit sich selbst, die sie im virtuellen Raum der Analyse gemacht haben, sie sich getrauen in ihrem wirklichen Leben umzusetzen, wobei der Therapeut aushalten muss ihnen dabei nicht helfen zu können.

Was hat das alles mit Heimerziehung zu tun? Es liefert ihr ein Kontrastmodell, das zeigen kann, weshalb es der Heimerziehung so schwer fällt, ihr eigenes Nähe-Distanz-Dilemma auf eine professionelle Weise zu bearbeiten.[7] Dass die Heimerziehung – und vielleicht die Sozialpädagogik insgesamt – an einem solchen Dilemma laboriert ist nicht schwer zu zeigen.

---

7 Der Kontrast zum Freud'schen Modell besteht allerdings nicht in gleicher Weise zu heutigen Modellen analytischer Therapie, die meist davon ausgehen, dass es eine „reine" analytische Situation in der therapeutischen Praxis nicht gibt. Sie sind „interaktionistischen" Konzepten näher gerückt, sofern sie den Analytiker einschließlich seiner Gegenübertragungen immer auch als Teil des Feldes begreifen, mit dem sich der Klient, oder genauer gesagt, beide auseinandersetzen müssen. Aber die Spielräume für eine Fiktionalisierung der Konflikte und entsprechende Gestaltbarkeit des Rahmens sind zweifellos größer als im Feld der Heimerziehung, sodass die Unterschiede eher gradueller Art sind (Körner/Müller 2004).

Jedenfalls die Jugendhilfe hat es ja mit lauter Intimitätsproblemen zu tun: Mit Kindern und Jugendlichen ohne Eltern, mit misshandelnden Eltern, missbrauchenden Eltern, gleichgültigen Eltern die selber als Kinder geschädigt wurden; mit unversorgten Kindern, Kindern die verzweifelt zurückschlagen oder die Wut gegen sich selber richten und natürlich immer mit vielerlei Vorgeschichten all diese Probleme zu bewältigen – so genannte Jugendhilfekarrieren – oft mehr als mitgebrachte Hypothek, denn als Grundstock, auf den zu bauen wäre (Köngeter 2009). Aber die beschriebenen Strategien professioneller Bewältigung durch gleichzeitige Distanznahme scheinen nicht anwendbar: Wer unversorgte Kinder zu versorgen hat, seelisch verletzte Kinder aufzufangen hat, kann sich auf keine neutrale Rolle professioneller Objektivität zurückziehen, auf unmittelbaren Eingriff in die Realität der Betroffenen nicht verzichten. Auch „nichts" zu tun ist eine Entscheidung mit praktischen Folgen. Und, wer Jugendliche abhalten soll, sich in illusionäre Lösungen ihrer Lebensprobleme zu verrennen, kann zunächst nicht erwarten, ihre Partnerschaft für Arbeitsbündnisse gewinnen zu können (Müller 2011a). Wer sich auf das reine Dienstleistungsmodell zurückziehen möchte und nur das anbietet, was auch die Kinder, Jugendlichen und Eltern selbst wünschen, kann sich leicht in der Rolle des Trottels vom Dienst wieder finden, der es allen recht zu machen versucht und keinem hilft.

Das Dilemma wird verschärft durch das herrschende Paradigma einer „lebensweltorientierten" Sozialpädagogik (Rosenbauer 2008). Anerkannte Distanzierungsstrategien eben auch jener „schwarzen Pädagogik" oder Anstaltspädagogik – strenge Heimordnungen z. B. mit Elementen militärischer Disziplin und mit scharfen Grenzen zwischen den Rollen der Betreuenden und der Insassen – gibt es kaum noch. Sie wären fachlich nur schlecht begründbar. Möglich ist natürlich, sich mit therapeutischer Expertenhilfe auszurüsten: Therapieangebote für die besonders schwierigen Fälle können helfen, oder wenn das nicht mehr geht, die Kinder- und Jugendpsychiatrie. Aber damit verlagert sich die Verantwortung nur. Aus der Erziehungsaufgabe selbst droht erst recht eine Aufgabe der Bewältigung unvermittelter Nähe zu werden, allein mit den Mitteln des „gesunden Menschenverstandes" und ohne professionelle Form.

2. Szenen aus der Heimerziehung

Ich entnehme die folgenden Szenen dem Buch von Matthias Schwabe (2000) über Eskalation und Deeskalation in Einrichtungen der Jugendhilfe. Er nennt sie „Entgleisungen" und Folgen „struktureller Defizite" (ebd.: 185). Das „nackte Chaos" (ebd.), das hier schonungslos beschrieben wird ist vielleicht kein alltäglicher Normalfall, aber „jeder Gruppen-Pädagoge" (ebd.) kennt Ähnliches. Es zeigt auf zugespitzte Weise das ungelöste Problem von Nähe und Distanz in der Heimerziehung.

„Ich erinnere mich noch gut an eine Abendessenssituation sonntagabends im Heim mit zehn mir noch relativ unbekannten Kindern, in der sich die Kinder mit Brotstücken und Margarinetöpfen bewarfen, Zucker über den Tisch verteilten und Tee auf dem Boden ausschütteten; anschließend, als der Konflikt weiter eskalierte, stiegen drei Jungen im Schlafanzug aus dem Fenster und bewarfen das Haus mit Matschklumpen. Ich hatte anfangs zu lange Zeit zugeschaut und gehofft, dass sich das Chaos von alleine legt, viele nette aber nutzlose Appelle ausgesandt, hatte dann zu rigide eingegriffen (einem relativ ‚Braven' eine Strafe ausgesprochen) und damit das Gerechtigkeitsempfinden der Kinder verletzt; sicher hatten sie auch meine generelle Unsicherheit gespürt, und zumindest nachträglich deuteten wir das Chaos auch als eine Botschaft an die Leitung, die Einarbeitungszeit von neuen KollegInnen doch ernster zu nehmen und sie vor allem zu heiklen Terminen (Sonntagabend nach dem Heimfahrwochenende) nicht allein zu lassen.

Eine andere Gruppeneskalation ist mir als relativ erfahrenem Gruppenpädagogen passiert, als ich vertretungsweise in einer anderen Gruppe, deren PädagogInnen eine Fortbildung besuchten, Dienst machte. Ich war mir meiner Steuerungskompetenzen zu sicher und hatte vergessen, wie wenig diese ohne dahinter stehende, sich entwickelnde Beziehungen wirkten. In der mir unbekannten Gruppe, die mich gleich zu Beginn heftig austestete, war ich bereits nach fünf Minuten ‚unten durch'. Einer, der sich mit mir angelegt hatte, war einfach weggegangen, obwohl ich ihn aufgefordert hatte zu bleiben und den Konflikt mit mir zu klären; als ich ihn am Arm festhielt, kam es zu einer Rangelei; ‚Anfassen' war auf dieser Jugendlichen-Gruppe verpönt, ein Aufschrei ging durch die Gruppe, die mich daraufhin völlig boykottierte; jede Aktion an diesem Nachmittag war schwer und zäh, als ich um 20 Uhr abgelöst wurde, war ich völlig erschöpft, und mein Selbstbild als ‚kompetenter Pädagoge' war völlig in sich zusammen gebrochen" (Schwabe 2000: 185 f.)

Ich interpretiere diese Szenen als Beispiele für eine unbewältigte Nähe im Sinne eines zu nahe Kommens, einer gestörten Nähe-Distanz Balance. Gestört ist diese Balance offenbar für beide interagierenden Seiten; gestört ist damit auch der „Rahmen" der Interaktion, die gemeinsame Definition dessen „was hier eigentlich los ist" (Goffman 1980; vgl. Körner 1996). Der Focus des Berichts liegt allerdings ganz darauf, dass dem Pädagogen die nötige professionelle Distanz abhandenkommt. Dennoch greift die Frage: ‚wie kann er diese durch professionelles Handeln wieder gewinnen?' zu kurz. Denn die Bedrängnis, in die der Heimerzieher in beiden Szenen gerät, ist nicht einfach nur eine Panne, in die er durch Ungeschick gerät: In diese ‚Höhle des Löwen' zu geraten gehört in gewisser Weise zum Konzept. Es gilt als „Kern" (Wigger 2007) moderner Heimerziehung, dass der Erzieher den Kindern und Jugendlichen nicht im Rahmen eines festen und zeitlich begrenzten Settings (Schulstunde, Therapiezimmer) gegenübertritt, sondern wirken soll, indem er/sie mit ihnen zusammen einen Alltag familienähnlicher Art gestaltet und aushält: Gemeinsam Abendessen, Kinder dazu bringen, Mindestregeln einzuhalten, sich bei Jugendlichen ohne tätlich zu werden durchzusetzen, einen Nachmittag ohne besondere Aufgaben locker verbringen. All das schafft der Erzieher nicht, obwohl er eine Fachausbildung hat. Er wirkt wie jene hilflosen Eltern zu denen die „Super-Nanny" kommen muss, als Inbegriff des Unprofessionellen.

Freilich nicht ganz. Denn wenigstens sieht und beschreibt er recht klar die Gründe seines Scheiterns. In der ersten Szene wird er in seiner „Einarbeitungszeit" mit ihm „relativ unbekannten Kindern" konfrontiert. Seine Chancen, bei Tisch die ihm zugemutete liebevoll ordnende Elternrolle erfolgreich zu spielen sind minimal. Eine tragfähige Vertrauensbeziehung als Grundlage dafür konnte noch nicht entstehen. Die innere Nähe, welche die äußerlich zugemutete erträglich machen würde, fehlt. Der professionelle Fehler, den er macht (den Falschen erwischen) ist weniger Ursache seines Misserfolgs, als die Folge seiner Chancenlosigkeit unter solchen Bedingungen.

In der zweiten Szene beschreibt er sich als „relativ erfahrener Gruppenpädagoge", dem aber seine „Steuerungskompetenzen" (sein pädagogisches Methodenrepertoire) aus der Hand geschlagen wird – aus ähnlichen Gründen. Die Methoden „wirkten" nicht „ohne die dahinter stehenden, sich entwickelnden Beziehungen". Auch hier ist der professionelle Fehler („Anfassen" eines Jugendlichen) eher Folge als Ursache des Scheiterns. Man kann natürlich im Sinne einer interaktionistischen Perspektive davon reden, dass es sich in beiden Fällen um einen wechselseitigen Prozess handle, in welchem Ursache und Folge als zwei Seiten einer Medaille zu betrachten sind; aber gerade dann hat es wenig Sinn jenen „Fehler" aufzuspießen, statt zu versuchen, die Wechselwirkung besser zu verstehen.

Wenn demnach der Mangel an Bewältigungskompetenz nicht einfach nur beim Erzieher selbst zu suchen ist, so muss er auch in den Rahmenbedingungen liegen. In beiden Szenen haben die „Entgleisungen" offenbar auch mit den Bedingungen des Schichtdienstes zu tun. Dieser ist kontraproduktiv, sofern er das Dilemma von Nähe und Distanz vergrößert: Er erschwert die tragfähigen „Beziehungen" innerer Nähe, welche die zugemutete Intimität des Zusammenlebens als wohltuend und beschützend und nicht als Übergriff eines Fremden erleben lässt. Vermutlich wären die beschrieben Extremsituationen durch klügeren Personaleinsatz vermeidbar gewesen. Deshalb formuliert der Fallbericht die „Botschaft an die Leitung, die Einarbeitungszeit von neuen KollegInnen doch ernster zu nehmen". Für unsere Fragestellung heißt das: Es ist auch Aufgabe der Organisation, und nicht nur der einzelnen Pädagogen, die fachlich gewollte Alltagsnähe *bewältigbar* zu gestalten. „Einarbeitungszeit" für neue Mitarbeiterinnen mit angemessener kollegialer Unterstützung und einem ausgearbeiteten Konzept dafür (übrigens auch für „neue" Kinder, die von der plötzlichen fremden Nähe ebenso sehr überfordert sein können) gehört dazu; aber auch ein Konzept für erwartbare Krisensituationen wie „Sonntagabend nach dem Heimfahrwochenende"; oder für Teamvertretung. Immerhin gab es laut Bericht offenbar wenigstens einen Kollegenkreis („deuteten wir"), der in der Lage war, den neuen Mitarbeiter aufzufangen und jene Forderung nach besseren Arbeitsbedingungen an die „Leitung" zu stellen. Der Mut und das Geschick dies erfolgreich zu tun gehört jedenfalls auch zu den Voraussetzungen dafür, dass man Heimerziehung mit dem Wort „professionell" in Verbindung bringen kann (Müller 2010: 967ff.).

Dies führt zu einer weiteren Konsequenz: Wenn Heimerziehung strukturell darauf angelegt ist, hohe Grade von Nähe und damit auch von Verstrickungen in Konflikte zu erzeugen, dann muss sie, wenn dies zu bewältigen sein soll, auch Orte schaffen, wo die Verstrickung aufgelöst werden, wo Problemdistanz entstehen kann. Das heißt, sie ist, um professionell sein zu können, strukturell auf Formen der Supervision, der Praxisberatung angewiesen, zunächst einmal egal nach welchen Konzepten. Entscheidend ist, zu verstehen, was die zentrale Funktion von Supervision hier ist. Nämlich nicht einfach nur, wie das gewöhnlich missverstanden wird, die Kompensation von Kompetenzdefiziten der Mitarbeiter auszugleichen, sondern um die Herstellung eines Reflexionsraumes, der Distanz von Übermaßen der Nähe ermöglicht. Klatetzki (1993) hat daraus die Folgerung gezogen, dass Professionalität in der Heimerziehung oder alternativen Betreuungsformen überhaupt nicht mehr an einem regelgerechten Verhalten der Pädagogen im Umgang mit ihren Klienten abgelesen werden könne, weil diese Regeln nur im „organisationskulturellen System", also in den kollektiven Reflexions- und Steuerungsformen (Fall- und Strategiebesprechungen) der Einrichtung sichtbar würden.

Professionalität *nur* noch als „organisationskulturelles System" zu begreifen scheint mir allerdings kurzschlüssig. Dies wäre eine radikale Abkehr vom klassischen Modell der Profession, welches den Kern der Bewältigung des Nähe-Distanz-Problems immer in der Persönlichkeit des Professionellen und seinem kunstvoll inszenierten beruflichen Habitus gesehen hat, auch wenn angemessene Arbeitsbedingungen, Settings usw. notwendig dazu gehören. Solche Abkehr von dieser Idee einer persönlichen Professionalität und ihre Ersetzung durch eine Professionalität der Organisation ist übrigens kein bloßer Gedanke, sondern eine immer stärker sich durchsetzende Realität. Sie wird im Zeichen von „Qualitätsentwicklung" und „Qualitätsmanagement" auf breiter Front vorangetrieben. Viele Einrichtungen, stärker allerdings noch im Bereich von Behinderten- und Pflegeeinrichtungen, setzen ganz auf organisatorische Qualitätsentwicklungsmodelle und unterstellen, dass deren Umsetzung professionelleres Verhalten der Mitarbeiter quasi automatisch nach sich ziehe. Es lässt sich aber zeigen (vgl. Dommermuth 2004), dass solche Modelle nur dann wirklich Qualität verbessernd wirken, wenn sie mit einem hinreichenden Maß von individueller Professionalität und Selbstreflexionsfähigkeit gehandhabt werden und diese stützen, nicht aber, wenn sie diese allererst erzeugen sollen (Müller/ Schwabe 2009). Wo letzteres erwartet wird ist die Folge wahrscheinlich, dass die Konzepte zwar den Mitarbeitern helfen, Distanz zu gewinnen (z. B. strenge Modelle der Kontrolle unerwünschten und der Förderung erwünschten Verhaltens; vgl. Metzler 2004), aber die Kosten dafür den Klienten aufgebürdet werden. Der Trick des Goffman'schen Psychiaters liegt wieder nahe: jeden Widerstand, jede Störung von Seiten der Betreuten als deren wahren Wohl widersprechend umzudeuten und damit jede Gegenmaßnahme als diesem Wohl dienend zu rechtfertigen.

3. Chancen für eine professionelle Bewältigung des Nähe-Distanz-Problems in der Heimerziehung

Das Ergebnis der bisherigen Überlegungen ist ein Dilemma. Auf der einen Seite lässt sich das Dienstleistungsmodell in der Heimerziehung nicht anwenden, weil die Unterscheidung des Goffman'schen Dienstleistungsdreiecks zwischen den Problemen, die die Jugendlichen haben und den Probleme, die sie machen oder die sie selber sind, hier nicht gelingt und Scheitern oder gewaltsame Lösungen nahe legt. Auf der anderen Seite kann die Antwort, die Probleme müssten eben pragmatisch in einem gemeinsam durchzustehenden Alltag mit Lebensklugheit, Fingerspitzengefühl, Festigkeit und Humor gelöst werden, auch nicht befriedigen. Denn so richtig das ist, so wenig ist damit die Frage beantwortet, was solche Fähigkeiten befördert und wieso man Heimerziehung dann eine professionelle Tätigkeit nennen sollte.

Der beschriebene therapeutische Weg nach dem Modell der „Analytischen Situation" wäre eine Lösung, wenn gezeigt werden könnte, wie in der Heimerziehung Reflexionsräume geschaffen werden können, in denen Betreuer und Jugendliche Abstand von ihrer immer wieder unerträglichen Nähe gewinnen können, in denen an Konflikten gearbeitet werden kann, ohne zu sehr real in Konflikte verstrickt zu sein. Dass dies wünschenswert wäre lässt sich auch in unseren Szenen mit Händen greifen. Denn es ist offenkundig, dass der unglückliche Erzieher, trotz seiner „Fehler" nicht die eigentliche Ursache für die eskalierenden Konflikte ist, sondern eher der willkommene Anlass, also Opfer von dem wird, was die Psychoanalyse Übertragung nennt. Aber selbst, wenn er das erkennen kann oder spürt, ist dieser Erzieher noch nicht aus dem Schneider; denn mit wem welche Übertragungen laufen, das hat eben *auch* mit dem realen Gegenüber zu tun. Die meisten Heimerzieher können heute recht gut erkennen, dass die Konflikte die ihnen „unter die Haut gehen", also zu nahe kommen – sei es in der Form von Aggression, Verführung oder auch Sitzen-gelassen-werden – „eigentlich" nicht ihnen als Person gelten, sondern aus der Lebensgeschichte ihrer Zöglinge erklärt werden können. Das kann eine Weise sein, sich Distanz von den entsprechenden Bedrängnissen zu verschaffen, die nur leider als „wilde Psychoanalyse" weder dem Klienten hilft, noch dazu, professionelle Distanz zu gewinnen. Die vielleicht richtige Einsicht in die „eigentlichen" Probleme des Klienten können eben auch dazu benutzt werden, sich die Probleme vom Leib zu halten, statt sich ihnen auf hilfreiche Weise anzunähern (siehe Klatetzki in diesem Band).

Über solche „Übertragungsphänomene" wird auch in Praxisberatung viel geredet. Das Problem dabei ist nur, dass damit noch nicht jener Reflexionsraum der Verständigung geschaffen ist, wie ihn die „Analytische Situation" konzipiert: Ein Raum, der außerhalb realer Konflikte durch ein freiwilliges Arbeitsbündnis konstituiert wird und dadurch ermöglicht, dass auch Konflikte bearbeitet werden können, die gerade deshalb den Alltag unerträglich machen, weil sie sich der rationalen Kontrolle oder sogar dem Bewusstsein der Akteure entziehen. Heimerzieher, die ihre Hoffnung nicht darauf setzen wollen, dass die Therapeuten zuständig sind, sobald es schwieriger wird (um den Preis, sich damit selbst als Fachleute zweiter Klasse zu definieren), müssen das Problem lösen, wie innerhalb ihres Alltagsbetriebes solche Räume der Reflexion und Verständigung entstehen können. Als Pädagogen können sie sich nicht auf eine therapeutische Sonderwelt mit ihren Jugendlichen zurückziehen. Es ist aber ebenso offenkundig, dass auch sie auf Spielräume des Virtuellen, Fiktionalen angewiesen sind, die sie befähigen all ihre Aufgaben, Ziele, Handlungsnormen, Zwänge und Gefühle gleichsam zu suspendieren, unter Vorbehalt zu stellen und damit einen „potentiellen Raum" (Winnicott 1974) zu schaffen, in welchem Gewünschtes, Verdrängtes, Erhofftes als mögliche Wirklichkeit gefühlt und gedacht werden kann, ohne sogleich außenwirksame Wirklichkeit sein zu müssen. Die Formen dies zu ermöglichen können sehr unterschiedlich sein, müssen aber immer mindestens in zwei Richtungen bedacht werden. Zum einen indirekt, als Verbesserungen der Chancen zur kasuistischen Verarbeitung der sozial-moralischen Konfliktpotentiale von Arbeitsbündnissen (Müller 2011a) durch Supervision, kollegiale Beratung, so genannte Balint-Gruppen und anderes. Zum zweiten direkt, durch Gestaltung des pädagogischen Handlungsraumes als Gelegenheitsstruktur, neue Lösungen zu erproben (Müller/Schwabe 2009 Kap 2), die zugleich einen partiellem Schonraum gegenüber dem „Ernst des Lebens" zur Verfügung stellt, welcher ein anderweitig versagtes „psychosoziales Moratorium" kompensiert. In beidem geht es um die methodische Sicherung eines Spannungsverhältnisses, eines zeitweiligen Schwebezustandes zwischen realer und imaginierter Interaktion im pädagogischen Bezug, um darin den Adressaten bessere Handlungsoptionen zu eröffnen, als sie ohne dies hätten.

Der „exzentrische Standpunkt" (Körner 1992), den solche Arrangements und Konzepte liefern, hebt aber in einem Feld wie der Heimerziehung niemals den Tatbestand auf, dass die Pädagogin in Person immer zugleich aktiver Teil des Feldes ist, das sie reflektiert. Ihre „Antworten" auf das was Klienten tun ist nie nur ein Anbieten von „analytischen Situationen" oder „potentiellem Raum", sondern immer zugleich ein praktisches Entscheiden oder Aushalten in einem Konflikt, einer schwierigen Lebensphase. D. h. die Beziehung hat hier nur begrenzt den Charakter eines Moratoriums, einer Enklave im Leben, sondern ist selbst nicht hintergehbar ein Stück geteilten realen Lebens. Dies schließt Möglichkeiten der Suspendierung der Lebenszwänge keineswegs aus. Erzieher und Jugendliche können relativ frei darin sein, wechselseitig zu „erfinden", was sie einander bedeuten. Und auch die Rahmenbedingungen sind variabel, sollten sich jedenfalls, wie es im Kinder- und Jugendhilfegesetz (§ 27, 2) heißt, am „Bedarf im Einzelfall" orientieren. Die Beteiligten haben also die Chance, immer wieder neu herauszufinden, was sie einander „bringen" (im Sinne von „der/die bringt's"); und auch die Rahmenbedingungen können – in Grenzen – daraufhin gestaltet werden (Gerspach 1998, Müller/Schwabe 2009). Die Spielräume der leiblichen Eltern sind dafür meist geringer. Gerade dann, wenn die Familienverhältnisse so belastet sind, dass sie der Kompensation durch pädagogische Arrangements bedürfen, stehen Eltern und Kind oft in einer wenig variablen, vielleicht sogar zwanghaften Tradition wechselseitiger Zuschreibung und Wahrnehmung.

Diese Möglichkeiten wachsen aber nicht aus einem Setting, genannt „Zusammenleben", heraus (denn dieses ist als solches kein optimierbares Setting, sondern eben zu bewältigendes Leben). Wohl aber können und müssen in dieses „Leben" selbstreflexiv und durch organisatorische Regeln und Arrangements (die man dann „Settings" nennen kann) implantiert werden. Für sich genommen ist Zusammenleben in (Ersatz-)Familienform kein spezifisch professionelles Rollenhandeln (vgl. Oevermann 2001). Jedoch können im Rahmen jener Regeln und Arrangements Spiele in verteilten Rollen stattfinden, sofern die Beteiligten bereit und in der Lage sind, sie als „Probebühne" zu nutzen (vgl. Dörr 2002; 2010). Unter dieser Voraussetzung kann die bewusste Gestaltung der Rahmenbedingungen und ihre Handhabung Spielräume schaffen, auszuhandeln „was hier eigentlich los ist" und damit auch Veränderungen starrer Beziehungsmuster bewirken, z.B. scheinbar zwangsläufige Kreisläufe der Eskalation von Gewalt deeskalieren und verhandlungsfähig machen (Schwabe 2000).

4. Professioneller Umgang im Nicht-Planbaren

Ich komme zum Schluss noch einmal auf die Katastrophenszenen aus dem Erziehungsalltag zurück mit der Frage: Was lässt sich daraus lernen? Nicht einfach nur im Sinn der praktischen Frage, wie man nach einer solchen Katastrophe eine Ausweg und Neuanfang findet, sondern allgemeiner: Was lässt sich aus diesem Zusammenbruch der Professionalität unter dem Druck unbewältigter Nähe über die Möglichkeiten professionellen Handelns in der Heimerziehung lernen?

Fasst man die bisher diskutierten Aspekte zusammen, so kann man zwei strategische Linien oder zwei Arten von Optionen für professionelles Bewältigungshandeln unterscheiden. Die eine ist klar und bekannt, die andere weniger klar und nicht einfach zu beschreiben. Die eine Option kann man ‚Bewältigung und Kontrolle durch Distanznahme' nennen. Die Möglichkeiten dafür sind zahlreich: Klare Verhaltensregeln für die Betreuer und die Jugendlichen, straffe und transparente Pläne für die Alltagsgestaltung, Belohnungssysteme für erwünschtes und klar erwartbare Sanktionen für unerwünschtes Verhalten, einheitliches Verhalten für alle Erzieher/innen mit klaren Zuständigkeiten, Bezugsbetreuersysteme, systematische psychosoziale Diagnosen und entsprechend ausgearbeitete Hilfepläne, Verhaltenstrainings, Analysen von Schlüsselprozessen und typischen kritischen Ereignissen, Spezialisierung der Einrichtungen auf geeignetes Klientel usw. All das scheint mir heute wieder der Trend zu sein, wenn man nicht nur auf die theoretische Fachdebatte (z. B. Krumenacker 2004), sondern auf die praktischen Ansätze einer Professionalisierung von Heimerziehung blickt. Ich sage nicht, dass all dies überflüssig und verfehlt sei. Es wäre aber fatal, wenn sich die fachliche Phantasie und Energie auf diese Linie beschränkte und darin erschöpfte.[8]

Die andere Linie professioneller Bewältigung bestünde darin, eine Kultur der „Achtsamkeit" (Weick/Sutcliffe 2003) zu entwickeln und zwar eine solche, die sich nicht auf die Dimensionen von (unmittelbarer) Beziehungsarbeit beschränkt. Sie müsste vielmehr die Sensibilität für die leib-seelische Befindlichkeit der anvertrauten Kinder – aber auch der Erzieher selbst – und die Sensibilität für organisatorische Abläufe und Schwachstellen als zwei Seiten derselben Sache betrachten. Für die eine Seite ist sicher die Perspektive und Kompetenz psychoanalytischer Pädagogik hilfreich, insbesondere wenn sie dazu anleitet, Konflikte nicht nur entweder als persönlich zu verantwortendes Fehlverhalten oder als klinische Symptomatik zu lesen, sondern die „Erzählungen" (Körner/Ludwig-Körner 1997: 19ff.) verstehbar machen, die in den Konflikten stecken. Der Gedanke, „dass ein enger Zusammenhang zwischen der Sensibilität für betriebliche Abläufe und der Sensibilität für Beziehungen besteht" (Weick/Sutcliffe 2003: 26) wird neuerdings in der Jugendhilfe aufgegriffen (Böwer 2008). Meist aber nicht im sozialpädagogischen Kontext, sondern in Untersuchungen, die sich mit der

---

8 In ethnographischen Studien zu „Intensivgruppen" der Heimerziehung (Müller/ Schwabe 2009) lässt sich zeigen, dass zwar fast alle solche Projekte „Punkteprogramme" oder ähnliche aus der Verhaltenstherapie entlehnten Steuerungselemente einsetzen, diese aber im pädagogischen Alltag auf sehr unterschiedliche, mal mehr und mal weniger reflektierte, Weise genutzt werden.

Frage beschäftigen, wie Organisationen, „die immer mit Katastrophen rechnen müssen" (z.B. Notfallteams, Feuerwehrbrigaden, innovative Technologiefirmen oder Atomkraftwerke) (vgl. Weick/Sutcliffe 2003: 30) vorgehen, um erfolgreich „das Unerwartete zu managen". Solche Organisationen, so die Autoren, „bewältigen das Unerwartete durch fünf Prinzipien. 1. Sie richten ihre Aufmerksamkeit eher auf ihre Fehler als auf ihre Erfolge. 2. Sie schrecken vor grob vereinfachenden Interpretationen zurück. 3. Sie entwickeln ein feines Gespür für betriebliche Abläufe. 4. Sie streben nach Flexibilität. 5. Sie haben große Hochachtung vor fachlichem Wissen und Können, was sich unter anderem darin zeigt, dass sie die Entscheidungsbefugnisse zu den Experten ‚wandern' lassen. Das Zusammenspiel dieser fünf Verhaltensmuster erzeugt einen kollektiven Zustand der Achtsamkeit." (ebd.: 7)

Überprüft man diese fünf Punkte auf ihre Relevanz für Heimerziehung, so kann man diese Relevanz zum mindesten unter folgenden Aspekten konstatieren: 1. Die gesamten Strategien der Qualitätsentwicklung in diesem Bereich[9] zentrieren sich darauf, Erfolge und erwünschte Leistungen überprüfbar zu machen, während die Verhinderung von Problemverleugnungen, die Einrichtung von Frühwarnsystemen, das erfolgreiche Managen von Ausnahmesituationen kaum als Qualitätsmerkmal gilt. Das hat Folgen. „Man sieht, was man zu sehen erwartet. Man sieht die Dinge, für die man fertige Schubladen hat und mit denen man umzugehen weiß" (Weick/ Sutcliffe 2003: 60). „Fehlerfreundlichkeit" ist zwar eine beliebte Vokabel in den sozialpädagogischen Qualitätsdebatten, aber kein Gegenstand organisatorischer Strategien. 2. Der massive Legitimations- und Konfliktdruck, dem sich viele Mitarbeiter/innen ausgesetzt sehen, ist immer auch ein Druck, der „grob vereinfachende Interpretationen" – sowohl zur Erklärung von Klientenverhalten als auch von Rahmenbedingungen – nahe legt (vgl. Niemeyer 1999), während es Gegenstrategien, die zu hinreichenden Fähigkeiten der Komplexitätsverarbeitung führen, kaum gibt. 3. Eine ganzheitliche, den lebensweltlichen und lebensgeschichtlichen Kontext einbeziehende Praxis der Heimerziehung ist zwar im fachlichen Diskurs unbestrittener Standard; aber im „betrieblichen Ablauf" ist es oft schon überfordernd, über den engen Horizont der eigenen Gruppe hinauszublicken. 4. Flexibilität ist nur scheinbar selbstverständliche Tugend in der Heimerziehung, wenn man sie nicht mit Beliebigkeit verwechselt, sondern sie definiert als „Mischung aus der Fähigkeit, Fehler frühzeitig zu entdecken und der Fähigkeit, das System durch improvisierte Methoden am Laufen zu halten" (Weick/Sutcliffe 2003: 27). Dies setzt voraus, dass man nicht nur einen genauen Blick auf die Adressaten hat, sondern auch „die Technik, das System, die Kollegen, sich selbst und die Ressourcen sehr gut kennt" (ebd.). Diese Ebenen sind in der sozial-

---

9 Beispielhaft etwa die Jule-Studie (Projektgruppe Jule 1998) oder auch die gesetzlichen Vorschriften für „Qualitätsvereinbarungen" in SGB VIII und IX

pädagogischen Fachdiskussion kaum verknüpft. Am interessantesten ist vielleicht der 5. Punkt (vgl. ebd. bes. 88 ff.); er betrifft die in der Heimerziehung oft ungelöste Frage, wie einerseits eine Organisation einheitlich und kohärent nach verlässlichen Regeln funktionieren kann, gleichzeitig aber ermöglicht, im jeweiligen Krisenfall die Entscheidungsmacht für Lösungsschritte unabhängig von hierarchischer Stellung ‚wandern' zu lassen; zu denen, die im Krisenfall den jeweils besten Einblick in Ursachen und Bedingungen haben. Allzu viele Teams scheitern in der Heimerziehung an dem Paradox, als Team Geschlossenheit zeigen zu sollen, dabei aber in der Lage zu sein, sich nicht in sture Regelkämpfe zu verstricken, sondern gleichzeitig in konkreten Konfliktfällen individuell verantwortete Entscheidungen treffen zu können[10].

Es gibt aber noch einen spezifischeren Grund, weshalb für die Heimerziehung jene Umdrehung der Perspektive, nicht auf die Optimierung der Fähigkeiten zur Ziel- und Output-Planung, sondern auf die Optimierung der Fähigkeiten zum zieloffenen Krisenmanagement zu setzen, sinnvoll wäre. Ohne sie scheint mir eine Bewältigung der beschriebenen Dilemmata von Nähe und Distanz kaum möglich. Denn in einem Arbeitsfeld wie diesem ist das Risiko nicht bewältigbarer Nähe nicht nur die große Gefahr, sondern, wenn das Risiko angenommen und durch gestanden wird, auch die größte Quelle von Chancen. Dasselbe gilt übrigens für die Akzeptanz des Risikos schwer zu ertragender innerer Distanz und Fremdheit. Bewältigung von Nähe, also Vertrauen, – vielleicht auch nur, und zunächst vor allem, das Aushalten-können und langsame Abarbeiten von Angst, Hass, Manipulations- und Verführungsversuchen – ist nicht organisatorisch oder pädagogisch herstellbar. Es entsteht aber auch nicht nur durch Geduld und gute Betreuung, sondern auch durch die Fähigkeit, das Unerwartete zuzulassen, insbesondere, sich von den Kindern und Jugendlichen überraschen zu lassen. Das Risiko dabei, wie im Beispielfall, auf dem falschen Fuß erwischt zu werden, gehört dazu. Wer aber nie stolpern will sollte am besten mit dem Laufen gar nicht erst anfangen.

Literatur

Bettelheim, B., 1975: Der Weg aus dem Labyrinth. Leben lernen als Therapie. Stuttgart
Böwer, M., 2008: Das achtsame Jugendamt. Ansatzpunkte und Rezeption des Achtsamkeitskonzeptes im Kindeswohlschutzdiskurs. In: neue praxis, 38. Jg.: 349–370

---

10 Das Paradox ist nicht neu. Z.B. hat Bruno Bettelheim vor mehr als 30 Jahren die Bewältigung des Widerspruchs zwischen der Notwendigkeit im „therapeutischen Milieu" als Einheit zu handeln und der Notwendigkeit, dass die Erzieher lernen ihrer individuellen Intuition zu trauen als Kernproblem der Professionalisierung von Heimerziehung sehr genau beschrieben (1975: 218 ff.). Seine Kriterien für die Lösung des Problems lassen sich aber in den heutigen Qualitätskonzepten kaum finden.

Dommermuth, R., 2004: Dürfen was ich möchte. Selbstbestimmungsrechte geistig Behinderter. Freiburg i. B.
Dörr, M., 2010: Nähe und Distanz – Zum grenzwahrenden Umgang mit Kindern in pädagogischen Arbeitsfeldern. In: BZgA Forum „Sexueller Missbrauch", 3, 2010 Frankfurt a. M.: 20–24
Dörr, M., 2002: Zur triangulären Struktur des ‚Arbeitsbündnisses' einer klinischen Praxis Sozialer Arbeit". In: dies.: (Hrsg.): Klinische Sozialarbeit. Zur Notwendigkeit einer Kontroverse. Baltmannsweiler: 143–163
Freigang, W., 1986: Verlegen und Abschieben. Weinheim und München
Freud, S., 1937c: Die endliche und die unendliche Analyse. In: ders.: G. W. XVI, Frankfurt a. M.: 57–99
Gerspach, M., 1998: Wohin mit den Störern? Stuttgart
Gildemeister, R., Robert, G., 1997: „Ich gehe da von einem bestimmten Fall aus …". Professionalisierung und Fallbezug in der Sozialen Arbeit. In: Jakob, G; v. Wensierski, H.-J. (Hrsg.): Rekonstruktive Sozialpädagogik. Weinheim und München: 23–38
Goffman, E., 1973: Das ärztliche Berufsmodell und die psychiatrische Hospitalisierung. In: ders.: Asyle. Frankfurt a. M.: 305–367
Goffman, E., 1980: Rahmenanalyse. Frankfurt a. M.
Klatetzki, Th., 1993: „Wissen, was man tut". Professionalität als organisationskulturelles System. Bielefeld
Köngeter, St., 2009: Relationale Professionalität. Eine professionstheoretische Studie zu Arbeitsbeziehungen zwischen Eltern und SozialpädagogInnen in den Erziehungshilfen. Baltmannsweiler
Körner, J., 1992: Auf dem Wege zu einer Psychoanalytischen Pädagogik. In: Trescher, H.-G. u. a. (Hrsg.): Jahrbuch für Psychoanalytische Pädagogik 4. Mainz: 66–84
Körner, J., 1996: Zum Verhältnis pädagogischen und therapeutischen Handelns. In: Combe, A., Helsper, W. (Hrsg.): Pädagogische Professionalität. Frankfurt a. M.: 780–809
Körner, J., Ludwig-Körner, Ch., 1997: Psychoanalytische Sozialpädagogik. Freiburg i. B.
Körner, J., Müller, B., 2004: Chancen der Virtualisierung – Entwurf einer Typologie psychoanalytisch-pädagogischer Arbeit. In: Datler, W., Müller, B., Finger-Trescher, U. (Hrsg.): Sie sind wie Novellen zu lesen … . Zur Bedeutung von Falldarstellungen in der Psychoanalytischen Pädagogik. Gießen: 132–151
Krumenacker, F.-J., (Hrsg.) 2004: Sozialpädagogische Diagnosen in der Praxis. Weinheim und München
Mentzos, St., 1988: Interpersonale und institutionalisierte Abwehr. Frankfurt a. M.
Metzler, H., 2004: Behinderte Teilhabe. Eine Fallgeschichte. In: Grunwald, K., Thiersch, H. (Hrsg.): Praxis Lebensweltorientierter Sozialer Arbeit. Weinheim und München: 297–304
Müller, B. 2011a: Professionelle Beziehungen in Zwangskontexten. In: ZJJ (Zeitschrift für Jugendkriminalrecht und Jugendhilfe) 22. Jg.: 170–175
Müller, B. 2011b: Kasuistik. In Enzyklopädie Erziehungswissenschaft Online (EEO) Weinheim
Müller, B., 1991: Die Last der großen Hoffnungen. Neuausgabe. Weinheim und München
Müller, B., 2010: Professionalität. In: Thole, W. (Hrsg.): Grundriss Soziale Arbeit. Wiesbaden: 955–974, 3. überarbeitete Auflage.
Müller, B., Schwabe, M., 2009: Pädagogik mit schwierigen Jugendlichen. Weinheim und München
Niemeyer, Ch., 1999: Heimerziehung als Forschungsfeld des Praktikers. In Colla, H. u. a. (Hrsg.): Handbuch Heimerziehung und Pflegekinderwesen in Europa. Neuwied: 813–828

Oevermann, U., 1996: Theoretische Skizze einer revidierten Theorie professionalisierten Handelns. In: Combe, A., Helsper, W.: Pädagogische Professionalität. Frankfurt a.M.: 70–182

Oevermann, U., 2001: Die Soziologie der Generationenbeziehungen und der historischen Generationen aus strukturalistischer Sicht und ihre Bedeutung für die Schulpädagogik. In: Kramer, R.-T., Helsper, W., Busse, S. (Hrsg.): Pädagogische Generationsbeziehungen. Opladen: 78–128

Projektgruppe Jule, 1998: Leistungen und Grenzen von Heimerziehung. Stuttgart

Rosenbauer, N. 2008: Gewollte Unsicherheit? Flexibilität und Entgrenzung in den Einrichtungen der Jugendhilfe. Weinheim und München

Schwabe, M., 2000: Eskalation und De-Eskalation in Einrichtungen der Jugendhilfe. IGfH, Frankfurt a.M., 2. Aufl.

Thiersch, H., 1977: Institution Heimerziehung. Pädagogischer Schonraum als totale Institution. In: ders: Kritik und Handeln. Neuwied: 75–87

Weick, K., Sutcliffe, K.M., 2003: Das Unerwartete managen. Stuttgart

Wigger, A., 2007: Was tun SozialpädagogInnen und was glauben sie, was sie tun? Professionalität im Heimalltag. Opladen, 2. Aufl.

Winnicott, D.W., 1974: Vom Spiel zur Kreativität. Stuttgart

Wolf, K., 1999: Machtprozesse in der Heimerziehung. Münster

Wolf, K., 2007: Zur Notwendigkeit des Machtüberhangs in der Erziehung. In: Kraus, B., Krieger, W.(Hrsg.): Macht in der Sozialen Arbeit. Düsseldorf: 103–142

Dominik Petko

Nähe und Distanz in der Sozialpädagogischen Familienhilfe

1. Nähe und Distanz als besonderes Problem der Sozialpädagogischen Familienhilfe

Die Sozialpädagogische Familienhilfe (SPFH) ist mit einer jährlichen Zuwachsrate von etwa 10 Prozent eines der am schnellsten wachsenden Felder der deutschen Jugendhilfe. In Deutschland wurden im Jahr 2003 über 41 900 Familien regelmäßig von Familienhelfer(inne)n zu Hause besucht (DESTATIS 2004). SPFH ist in Deutschland im § 31 des Kinder- und Jugendhilfegesetzes neben anderen ambulanten Hilfen als Pflichtleistung der Jugendhilfe verankert. Eine sichtbare Verbreitung besitzt diese Hilfeform auch in Österreich und in der Schweiz. Verschiedene konzeptionelle Merkmale kennzeichnen SPFH dabei als verhältnismäßig eigenständigen Ansatz der Kinder- und Jugendhilfe (vgl. Helming/Schattner/Blüml 1999: 6f.). Sozialpädagogische Familienhelfer(innen) besuchen Familien regelmäßig in ihren Wohnungen, wobei die wöchentliche zeitliche Intensität eher hoch zu veranschlagen ist. In der Pionierphase wurden nicht selten 15–20 Stunden wöchentlich geleistet, heute ist diese Tendenz jedoch – mit großer Streuung – wohl eher abnehmend. Bei ihren Besuchen erleben Familienhelfer(innen) die vorliegenden Probleme unmittelbar und suchen vor Ort gemeinsam mit den Familien nach nahe liegenden und passenden Lösungen. Den Familien soll die Verantwortung für die Bewältigung ihrer vielfältigen und häufig auch gehäuften Probleme nicht abgenommen werden, sondern sie sollen durch SPFH nach dem Motto „Hilfe zur Selbsthilfe" zu eigenen Lösungen angeregt werden. Als zentrale Kennzeichen dieses Ansatzes können die Arbeit im intimen Bereich des familiären Heims und die große Offenheit, sowohl für die behandelten Problemlagen als auch für verschiedene Methoden ihrer Bewältigung, gelten. Damit gilt SPFH vielfach als Paradebeispiel für lebensweltorientierte Sozialpädagogik (vgl. Thiersch/Grunwald/Köngeter 2002; Seithe 2001; Woog 1998).

Die Arbeit im Binnenraum der Familie verschärft das Problem der Rollenfindung zwischen Nähe und Distanz. Das Arbeitsfeld des familiären Heimes führt fast zwangsläufig zu einer bestimmten Art von Nähe, die hier verstanden wird als reziproke Vertrautheit und ganzheitliche Solidarität. Sie bildet einen gewissen Gegensatz zur partikularen Problembearbeitung des professionellen Auftrags. Familienhelfer(innen) trinken Kaffee mit „ihren" Familien, sind Zeug(inn)en vielfältiger Alltagssituationen, spielen mit den Kindern und werden zumindest von Jüngeren eher als Freundin, Onkel oder Tante wahrgenommen denn als sozialpädagogische Fachkraft. Das Verhalten der Fachkräfte kann bisweilen auch entgegen der professionellen Intention von der Familie als Freundschaft oder Familienmitgliedschaft interpretiert werden. Mit einer nicht klar eingegrenzten Nähe kann die Gefahr zunehmen, die Veränderungs- und Kontrollpotentiale, die mit einer professionellen Distanznahme verbunden sind, einzuschränken oder sie gänzlich zu verlieren. Ein reines Beharren auf professioneller Distanz hingegen kann von den Klienten als Desinteresse oder Ablehnung interpretiert und mit Widerstand quittiert werden. Eine Tätigkeitsfeld-bezogene Klärung der Balance zwischen Nähe und Distanz muss also im eigensten Interesse der Fachkräfte von SPFH liegen.

2. Die Unschärfe bestehender Handlungsmethoden und der Begriff der „Aushandlung"

Nach Galuske (2003: 157ff.) zielen Handlungsmethoden sozialer Arbeit auf eine planvolle und reflektierte Gestaltung professionellen Handelns. Auch wenn von solchen Methoden nie sichere Effekte zu erwarten sind, sollten sie doch Handlungsunsicherheiten für die Fachkräfte, etwa das Problem von Nähe und Distanz, reduzieren. Damit verbunden ist zugleich eine größere Transparenz der Hilfeleistung für die Klienten und eine Kommunizierbarkeit der beruflichen Leistungen nach außen, verbunden mit einem entsprechenden Statusgewinn. Nimmt man diese Zielbestimmungen als Maßstab, dann ist das Repertoire der spezifischen professionellen Handlungsmethoden ist für die SPFH bislang nur schwach entwickelt – obwohl eine Reihe von Publikationen existieren, die Handlungskonzepte für die Arbeit der SPFH zu geben versuchten (Pressel 1981; Nielsen/Nielsen/Müller 1986; Goldbrunner 1989; Elger 1990; Rothe 1990; Allert/Bieback-Diel/Oberle/Seyfarth 1994; Richterich 1995; Schuster 1997; May 1996; Kron-Klees 1998; Woog 1998; Helming et al. 1999). Diese Entwürfe fußen auf unterschiedlichen Quellen. Einige gründen auf vorausgehenden Forschungsarbeiten, andere übertragen ihre Empfehlungen aus nahe liegenden Theorien anderer Fachgebiete, teilweise stützen sie sich auf die unmittelbaren Erfahrungen der schreibenden Praktiker. Daneben existieren verschiedene Ansätze aus verwandten Gebieten wie der Familienberatung oder der intensiveren aufsuchenden Hilfen. Trotz der Bemühungen dieser Beiträge um ein geschlossenes Arbeitsmodell verweisen unterschiedliche Autoren einhellig auf die theoretische Unklärbarkeit des konkreten Handelns in der SPFH. Elisabeth Helming, Mitautorin des in Deutschland wohl einflussreichsten „Handbuches Sozialpädagogische Familienhilfe", zieht in einer neueren „Zwischenbilanz" folgendes Fazit:

"Beschäftigt man sich mit dem inhaltlichen Stand der Entwicklung der Sozialpädagogischen Familienhilfe heute, so wird klar, dass trotz aller Orientierung an systemischen Ansätzen, an Ressourcenorientierung und Empowerment, in dieser Hilfeform, bedingt durch die Intensität der Hilfe, etliche Ambivalenzen und Widersprüche entstehen, die im Grunde nicht lösbar sind, sondern nur jeweils im Einzelfall ausgehandelt und balanciert werden können." (Helming, 2000: 9)

Das Herzstück von gelingender SPFH ist nach dieser Aussage die nichtstandardisierbare Interaktion zwischen Familie und Fachkraft. Bereits im „Handbuch Sozialpädagogische Familienhilfe" betonen Helming et al. (1999) bei zahlreichen Gelegenheiten, dass der Prozess der Veränderung im günstigsten Fall nur ein „Aushandlungsprozess" (S. 96), ein „Koprodukt" (S. 225f.) und ein „kreativer Prozess" (S. 258) sein könne. In ähnlicher Weise spricht Nicolay (1996) von „Ko-respondenz" als zentralem Arbeitsprinzip von SPFH, worunter „eine Form intersubjektiver Begegnung und Auseinandersetzung über eine relevante Fragestellung einer gegebenen Lebens- und Sozialwelt" im Sinne einer „gemeinschaftlichen Hermeneutik" verstanden wird (S. 203). Doch auch diese Begriffe münden wieder in den der „Aushandlung" (S. 208). Ähnliches findet sich auch für den Begriff „Diskurs" (vgl. Kron-Klees 1998; Kreuzer 2001). Den Anspruch der „Aushandlung" in der Praxis einzulösen, bezeichnet Merchel (1998) resümierend als eine kontinuierliche professionelle Herausforderung. „Aushandlung" wird damit zu einer ebenso zentralen wie universellen Formel, die sich grundsätzlich gegen eine handlungsmethodische Betrachtungsweise sperrt und stattdessen den Eigensinn jedes Falles hervorhebt. Angesichts dieser theoretischen Lage besäße die bereits von Terbuyken (1987) für die SPFH gestellte Diagnose neue Gültigkeit: „Konsequenterweise wäre dann SPFH der Tummelplatz für sozialarbeiterische Charismatiker, die man leider nicht ausbilden kann." (S. 29)

Diese professionspolitische Diagnose korrespondiert mit Indizien, die tatsächlich auf eine äußerst heterogene Praxis der SPFH schließen lassen. In den Publikationen von Erfahrungs- und Projektberichten spiegelt sich eine breite Palette möglicher Arbeitsweisen innerhalb der SPFH, die sich von Anbieter zu Anbieter und von Familie zu Familie unterscheiden scheinen (gesammelt z.B. in Hargens 1997, 2000; Kreuzer 2001). Aus der Synopse der Fachdiskussion muss letztlich der Eindruck entstehen, dass es in der SPFH immer auf die kreative Eigenleistung der Fachkräfte im Einzelfall ankomme. Nicolay (1996) vermisst deshalb grundsätzlich „eine theoretische Klärung der Spezifität des Handelns in der Familienhilfe" (203).

Auch die bisherigen empirischen Untersuchungen konnten den Begriff der „Aushandlung" in der SPFH, der sowohl für den Umgang mit dem Nähe- und Distanzproblem als auch für andere Handlungsprobleme verwendet wird, nicht erhellen. Dies kann vor allem daran liegen, dass vor allem schriftliche oder mündliche Befragungen von Fachdiensten, Fachkräften oder Familien durchgeführt wurden (z.B. Blüml/Helming/Schattner 1994; Allert et al. 1994; Woog 1998; Terbuyken 1998; Weber 2001; Wolf 2001). Beobachtungsstudien existieren bisher nur in Form von „Selbstbeobachtungen" bzw. Erfahrungsberichten (Schuster 1997; May 1996). In der nachträglichen Rückschau auf Hilfeprozesse bleiben Aushandlungsprozesse aus Gründen der reflexiven Verarbeitung unscharf. Möglicherweise ist die Unschärfe der in Interviews und Erfahrungsberichten zum Vorschein kommenden Fachterminologie in anderer Hinsicht funktional (vgl. Lau/Wolff 1984). Eine weitergehende Klärung der Rollenfindungs- und Rollenaktualisierungsprozesse in Familienbesuchen der SPFH ist gegenwärtig nur von beobachtenden Verfahren zu erwarten. Auf dieser Basis können auch vorliegende und künftige Befragungsstudien neuen Sinn ergeben.

3. Gespräche in der SPFH - eine Beobachtungsstudie

In einer empirischen Arbeit (Petko 2004) wurde zur Klärung der gestellten Fragen die alltägliche Praxis von schweizerischen Familienbegleiter(inne)n (N = 25) mit Hilfe von Audioaufnahmen ihrer Besuche in Familien (N = 50) erforscht. Die Besuche haben eine Dauer von zwischen einer Stunde und zweieinhalb Stunden. Die Fachkräfte wurden darüber hinaus mit fokussierten Interviews im Anschluss an ein gemeinsames Abhören und Kommentieren der Aufnahmen zu den Besuchen befragt. Diese Interviews dauerten zwischen einer halben und einer Stunde. Im zeitlichen Abstand von durchschnittlich etwa einem Jahr erhielten die Familienbegleiterinnen einen ergänzenden Fragebogen zu grundsätzlichen Handlungsorientierungen und Arbeitsprinzipien. Der Vergleich der drei Ebenen förderte das komplexe Verhältnis von Grundhaltungen, Handlungen und Reflexion zutage, ohne dass hier im Einzelnen darauf eingegangen werden kann. Im vorliegenden Artikel konzentrieren sich die Darstellungen auf die Ergebnisse der Gesprächsanalysen.

Die Ergebnisse aus den Analysen der schweizerischen Familienbesuche sind für die deutsche Praxis insofern interessant, als dass dieser Ansatz aus der deutschen SPFH hervorgegangen ist und nun ein eigenständiges Profil entwickelt hat (kürzere Besuchszeiten von durchschnittlich 2–4 Stunden pro Woche), jedoch nach wie vor viele Merkmale der deutschen SPFH teilt (z.B. aufsuchendes Arbeiten, komplexe Problemlagen, längere Dauer, Hilfe im Kontrollkontext).

Die Auswertungen der Gespräche zwischen Fachkräften und Familien zielten auf eine fallübergreifende Rekonstruktion der Gesprächsformen, mit Hilfe derer die jeweiligen Probleme behandelt wurden. Auf diese Weise sollte versucht werden, das Phänomen hinter dem Begriff der „Aushandlung", mit dem die fachliche Theorie der SPFH bisher operiert, empirisch näher zu beschreiben und im Hinblick auf die Frage nach Nähe und Distanz zu differenzieren. Das Konzept der „Gesprächsformen" ist theoretisch voraussetzungsreich. Es lässt sich im engeren Sinn auf die Theorien Erving Goffmans zurückführen, insbesondere auf sein Werk „Forms of Talk" (Goffman 1992). Mit diesen Gesprächsformen meint Goffman die unbemerkt „rituellen" Konventionen alltäglichen Sprachgebrauches in der Interaktion. Um sich zu verstehen, müssen sich Gesprächsteilnehmende in kompetenter Weise der impliziten Rituale der sozialen Handlungen bedienen und auf ihrer Basis die Kommunikation gestalten. Im weiteren, empirisch noch gehaltvolleren Sinn, bezieht sich die Rede von „Gesprächsformen" auf den theoretischen Ansatz der Ethnomethodologie und den daraus folgenden empirischen Forschungsansatz der Konversationsanalyse (KA). Der KA geht es um eine empirische Rekonstruktion der sequentiell hergestellten Ordnungsmechanismen in Gesprächen (vgl. Sacks/Schegloff/Jefferson 1974; Bergmann 1981; Sacks/Jefferson/Schegloff 1992). Im Rahmen der KA entstand ein breiter Korpus empirischer Arbeiten zu den Spielregeln unterschiedlichster Kommunikationsformen, bei denen üblicherweise Studien zur Alltagskonversation („reine KA") von Untersuchungen zu institutioneller Interaktion („angewandte KA") unterschieden werden (vgl. Ten Have 1999; Heritage/Drew 1992).

4. Ergebnisse: Nähe und Distanz in dynamischen Interaktionsverläufen

Für die Familienbesuche der schweizerischen Fachkräfte lässt sich ein typischer Ablauf rekonstruieren, der mit einer Begrüßung und anschließendem „Smalltalk" beginnt, mit einer Reihe von thematisch mehr oder weniger homogenen Problembesprechungen fortgesetzt wird und schließlich wieder in Smalltalk, eine Terminvereinbarung und eine Verabschiedung mündet. Bei Smalltalk handelt es sich um Gespräche, in denen keine eigenen Probleme der Klienten zur Sprache kommen und stattdessen „Allerweltsthemen" behandelt werden. Diese Art von Gespräch bewegt sich zwar an der Oberfläche, es ist jedoch zu vermuten, dass gerade die Behandlung dieser Themen eine grundlegende Nähe stiftet. Hier wird den Klienten signalisiert, dass man auch abseits von bestehenden Problemen mit ihnen reden kann und reden möchte. „Problemgespräche" sind hingegen an die Behandlung persönlicher Problemlagen der Klienten gebunden. Hier entsteht eine andere Art von Nähe, allein durch das Eingeständnis von Schwächen durch die Klienten und die Annahme dieser Schwächen als behandlungswürdige Thematiken durch die Fachkräfte (vgl. Knauth/Wolff 1989). Die professionelle Aufgabe besteht darin, eine Wendung von naher Anteilnahme hin zu Veränderungsimpulsen zu bewerkstelligen. Dies kann nur durch die Schaffung einer gewissen veränderungswirksamen Distanz der Fachkraft zu den

Klienten und ihrer Situation und einer gleichzeitigen Distanz der Klienten zu ihren eigenen Problemlagen geschehen. Basierend auf diesen Strukturhypothesen werden die Gespräche in der SPFH einer näheren Betrachtung unterzogen.

Bei den Problembesprechungen, in denen offenkundig Nöte, Ängste oder Probleme der Familie zur Sprache kamen, konnten vier unterschiedliche Formen rekonstruiert werden. Dies sind erstens Problemerzählungen der Klienten mit Anerkennung der Problembelastetheit durch die Fachkräfte, zweitens Problemlöseerzählungen der Klienten mit positivem Feedback durch die Fachkräfte, drittens Problemgespräche, innerhalb derer die Fachkräfte auch deutende Impulse einbringen und viertens Problemgespräche, in denen die Fachkräfte auch handlungspraktische Anregungen bzw. Rat geben. Die Gesprächsformen werden von den Sprechern als interaktive Ressourcen genutzt und in einer tastenden Abfolge von Redezügen realisiert. Die Formen bauen aufeinander auf, die Übergänge sind fließend und ermöglichen einen erstaunlich konfliktfreien Umgang mit heiklen Themen. Die Problemgespräche in der SPFH bewegten sich damit in einem ständigen Wechsel zwischen einem „alltäglichen Problemgespräch", d.h. einem Plaudern über Probleme ohne dass eine Lösung gesucht wurde und einem „professionellen Problemgespräch", in dem eine Klärung des Problems und Impulse zu einer Lösung im Zentrum stehen. Während bei alltäglichen Problemgesprächen phasenweise eine gewisse Nähe zugelassen wird, geschieht in professionellen Problemgesprächen üblicherweise eine Konstruktion einer produktiven Distanz mit dem Ziel eines gelingenden Impulses. Nähe und Distanz, so die hier vertretene These, lassen sich in den Hausbesuchen der SPFH nicht als feststehende Rolle beschreiben, sondern als im Gesprächsverlauf wechselnde Haltungen, die in bestimmten Redezügen zum Ausdruck gebracht werden. Dabei stellt die vorgängige Inszenierung von solidarischer und anerkennender Nähe eine wichtige Voraussetzung für die Akzeptanz späterer auf Veränderung zielender Impulse dar. Dies soll hier an Beispielen illustriert werden (für eine ausführliche Darstellung vgl. Petko 2004).

4.1 Anteilnahme und Anerkennung als Inszenierung von Nähe

Der Gesprächstypus „Probleme bereden und Verständnis zeigen", der fast ein Drittel aller Problemgespräche in den analysierten Besuchen ausmacht, lässt sich ganz analog zur Struktur alltäglicher Problemgespräche beschreiben, wie sie in den Arbeiten von Gail Jefferson eingehend analysiert werden. Jefferson (1988) untersuchte ein Korpus von Alltagsgesprächen, in denen ein Gesprächsteilnehmer eigene Schwierigkeiten, Probleme oder Ängste thematisiert, sogenannte „trouble-tellings". Jefferson stellt fest, dass auf den Ebenen der Mikrostruktur kaum Unterschiede zu alltäglichen Konversationen festzustellen sind, dass sich jedoch auf der Ebene der Ablauforganisation eine idealtypische Sequenzierung rekonstruieren lässt. Diese typische Struktur („candidate sequence") findet sich in keinem Fall in Reinform, sondern bildet ein vages Muster des interaktiv unterschiedlich realisierten Ablaufs. Jefferson betont, dass diese Struktur des Problemgesprächs im Vergleich zu anderen Szenen, etwa Begrüßungen, Komplimenten, Bedankungen, Frage-Antwortsequenzen, wenig ritualisiert ist und Abweichungen von diesem Ablauf in der Interaktion keineswegs sanktioniert werden (ebd.: 439). Nach Jefferson bewegt sich ein Problemgespräch von einem „business as usual" zu einer schrittweisen Fokussierung des Problems und schließlich zurück zu einem „business as usual" (ebd.: 419). Dieser Prozess wird von ihr auch als eine zunehmende und wieder abnehmende Intensität der Nähe zwischen den Personen beschrieben – von der anfänglich üblichen Distanz zu einer näheren Vertrauensbeziehung und wieder zurück zur üblichen Distanz. Vereinfacht kann die Struktur eines alltagsnahen Problemgespräches folgendermaßen dargestellt werden:

1. Annäherung/Andeutung
2. Problemerzählung
3. Anteilnahme/Aufarbeitung
4. Normalisierender Kommentar/Optimistische Projektion
5. Fortsetzung der Problemerzählung/Themenwechsel/Themenabschluss

Die einzelnen Schritte bezeichnen hierbei nicht Äußerungen eines einzelnen Gesprächsteilnehmers, sondern interaktive Phasen, die aus zwei oder mehr Sprecherwechseln bestehen. So wird beispielsweise eine Problemandeutung erst als solche interaktiv bedeutsam, wenn auch der Problemrezipient ein Zeichen zumindest ansatzweise empathischen Verständnisses äußert, eine Nachfrage stellt oder mit einem ähnlichen Schritt die eigentliche Problemerzählung zulässt. In den folgenden Beispielen werden die initiierenden Äußerungen der einzelnen interaktiven Phasen mit den jeweiligen Ziffern gekennzeichnet. Eine typische Sequenz, in der die Abfolge von Anerkennung der Problembelastetheit und Herunterspielen des Problems deutlich wird, ist das folgende Transkript:

Transkript 1: Arzttermin (Familienbegleiterin, Mutter)

FB: ehm, geht's ihnen am Freitag den neunzehnten Mai (3.0) das ist der nächste- am nächsten Freitag
MU:1: nein da muss ich zum Doktor
FB: da müssen sie zum Dok[tor,
MU:2:   [da] muss ich meine Fäden ziehen
FB: mhm (3.0)Fäden ziehen gehen, haben sie einen Unfall gemacht?

MU: nein ich hab da so nen- nen Knubbel drinnengehabt, wo (.) schon seit einigen Jahren wo (.) jetzt Ende Jahr immer ein bisschen größer geworden ist
FB:3: oje!
MU: und eh-
FB:4: aber nicht bösartig [oder,
MU: [nein
FB: ja,
MU: das wird eh- wahrscheinlich ein Bienenstich gewesen sein wo .h sich nachher abkapselt
FB:5: aha ja- (.) haja (1.0) .h jetzt ist die Frage ob wird es schon Dienstag- (.) ob- nun ob es ihnen am Dienstag ginge

Das mit Ziffer (3) bezeichnete „oje!" ist eine für institutionelle Hilfegespräche höchst ungewöhnliche Reaktion (vgl. Heritage/Drew 1992). Sie zeigt, ähnlich wie der üblicherweise vermiedene Überraschungspartikel „oh!" bei der Quittierung einer Problemerzählung, dass die Fachkraft das Problem nicht als Gegenstand eines professionellen Hilfegespräches etikettiert. In der Folge wird mit einer optimistischen Nachfrage der Fachkraft (4) eine Wendung der Problemerzählung eingeleitet, die eine erfolgreiche Bewältigung des Problems als selbständige Eigenleistung der Mutter unterstellt. Die sich daran anschließende Erklärung der Mutter zeigt ihre Kompetenz in der Beurteilung ihrer Probleme und schwächt das Problem in seiner Bedeutung ab. Nach einer letzten Quittierung durch die Fachkraft bietet die einsekündige Pause die Möglichkeit, das Thema zu wechseln. Indem in dieser Sequenz weder von der Mutter noch von der Familienbegleiterin Schritte der Problemlösung angesprochen werden, geschieht die Konstruktion der selbstverständlichen Problemlösekompetenz der Mutter im beidseitigen Einvernehmen. Die zentralen Merkmale dieser Sequenz bestehen in der Anteilnahme der Familienbegleiterin (3) und der von ihr eingeleiteten optimistischen Projektion (4). Diese beiden Redezüge lassen sich als Konstruktion von mitfühlender Nähe und Wiedergewinnung von Distanz interpretieren.

Eine andere Form der Konstruktion von Nähe findet sich in Problemlöseerzählungen, die sich von Problemerzählungen dadurch unterscheiden, dass der Fokus des problembezogenen Gesprächs auf die Möglichkeiten der Bewältigung des Problems gelenkt wird. Dabei sind es vor allem die Klienten selbst, die ihre Herangehensweisen zur Lösung des jeweiligen Problems verbalisieren. Die Problemlösung kann dabei bereits in der Vergangenheit stattgefunden haben, oder sie kann für die Zukunft geplant sein. Problemlöseerzählungen können sich aus einer Problemerzählung heraus entwickeln. Einerseits können Klienten von sich aus gelingende Problemlösungen oder ihre Pläne zur Lösung des Problems erzählen, andererseits können Fachkräfte diese Wendung des Gesprächs provozieren, indem sie lösungsorientierte, d.h. auf Handlungsmöglichkeiten gerichtete Nachfragen stellen. Die Fachkräfte antworten auf gelungene oder viel versprechende Problemlöseerzählungen regelmäßig mit Kommentaren, die die Kompetenz der Klienten bei der Bewältigung ihrer Schwierigkeiten hervorheben und die sie in ihren Problemlösungen bestärken. Die interaktive Verlaufsstruktur lässt sich als prototypisches Schema folgendermaßen darstellen.

1. Problemandeutung
2. Problem(löse)erzählung
3. Lösungsorientiertes Nachfragen zur Problemlöseerzählung
4. Selbstwirksame Zusammenfassung/Deutung/Lob
5. Fortsetzung Problem(löse)erzählung/Themenwechsel/Themenabschluss

Eine minimale Realisierung dieses Verlaufes zeigt sich in folgendem Transkript 2 eines anderen Besuches, in dem die Mutter erste Schritte schildert, mit denen sie die bisher sehr eingeschränkten Spielmöglichkeiten ihres Kindes mit dem Kauf von Malstiften erweitert. Die Sequenz unterbricht, wie schon die Sequenz in Transkript 1, eine Terminabsprache und wird von den Interaktionspartnern auf ein äußerst kurzes Intermezzo beschränkt. Die sprachliche Interaktion wird hier ergänzt durch das Vorzeigen der gekauften Malstifte. Die Familienbegleiterin initiiert die Problemlöseerzählung durch einen ersten positiven Kommentar in Bezug auf die Stifte. Erst die Nachfrage (3) führt das Gespräch weg von der Qualität der Malstifte hin zu den Wirkungen dieses Kaufs. Hier wird nach einer kurzen Schilderung des gewünschten Effekts das positive Feedback (4) möglich. Nach einer deutlichen Pause, in der die Mutter ihre Chance, das Thema weiter auszuführen, nicht nutzt, wechselt die Familienbegleiterin zurück auf das ursprüngliche Thema der Terminabsprache.

Transkript 2: Malstifte (Familienbegleiterin, Mutter)

MU:1: ich habe jetzt Dings gekauft
FB:2: was haben sie gekauft. (.) ouh, die sind denn schön
MU: das sind auch noch gute Farben. die tun au- auch schön malen
FB:3: Ah? hat sie Freude?
MU: ja. sie hat wahnsinnig, Freude. sie hat ein ganzes Büchlein vollgemacht. (2.5)
FB:4: .h ah? schön. (3.0)
5: .h hören sie? jetzt, das ist am sechsundzwanzigsten April um drei,

In beiden skizzierten Formen der Problembesprechung geht es um die Wertschätzung der Klienten, einerseits durch Anteilnahme, andererseits durch Anerkennung. Die Fachkraft stellt sich mit ihren Äußerungen in beiden Sequenzen „auf die Seite der Klienten". Dieser Schritt bietet wichtige Anknüpfungspunkte für spätere Impulse.

4.2 Deutungen, Anregungen und Ratschläge als Inszenierung von Distanz

In der Untersuchung der verschiedenen Gesprächssequenzen zeigte sich, dass Veränderungsimpulse in Form von Deutungen, Vorschlägen oder Ratschlägen seitens der Fachkräfte sehr viel eher Zustimmung fanden, wenn zuvor Verständnis oder Anerkennung explizit ausgedrückt wurde. Dies war insofern erstaunlich, als dass sich in alltäglichen Problemgesprächen Anteilnahme und Veränderungsimpulse eher ausschliessen (vgl. Jefferson/Lee 1981). Wenn in den Gesprächen der SPFH die Fachkräfte Verständnis, Anteilnahme oder Anerkennung ausdrückten, dann konnten sie im Anschluss ihre Deutungen als Erweiterung der ohnehin in die richtige Richtung gehenden Klientenpraxis zu formulieren oder als logische Konsequenz aus der ohnehin bereits vorhandenen Klientensicht. Die Impulse waren auf diese Weise anschlussfähiger an die Lebenswelt der Klienten. Die Inszenierung von Distanz, die mit diesen Impulsen einherging, konnte von den Klienten insofern auch als extern-distanzierte Bestätigung ihrer Bemühungen verstanden werden. Folgende Struktur lässt sich für diese Gesprächsform herausarbeiten:

1. Problemandeutung
2. (a) Problem(löse)erzählung, (b) Anerkennung/Anteilnahme
3. Verständigung über bestehende Deutungen/Veränderungsnotwendigkeiten
4. Alternative Deutung/Vorschlag/Ratschlag formulieren und begründen
5. Verständigung über die Angemessenheit der Deutung/des Vorschlages/ Ratschlages
6. Fortsetzung Problem(löse)erzählung, Themenwechsel oder Themenabschluss

Folgender Gesprächsausschnitt aus einem dritten Besuch (Transkript 3) illustriert dies. Die Gesprächssequenz folgt auf ein Rollenspiel, in dem die Familienbegleiterin versucht hatte, der Mutter ein alternatives Verhalten gegenüber ihrem Sohn im Grundschulalter zu vermitteln. Der Sohn verweigert regelmäßig das Zähneputzen. Die Mutter widerspricht jedoch der vorgeschlagenen Problemlösung und reagiert mit einer erneuten Problemerzählung, in der sie Vermutungen über die Gedankenwelt des störrischen Sohnes äußert. Dies muss die Fachkraft anerkennen (2b), bevor sie hier mit ihrer Neudeutung (4) ansetzten kann. Interessant in diesem Interaktionsausschnitt ist weniger die Qualität des Impulses, dies zu beurteilen ist in einem derart kurzen Ausschnitt noch dazu ohne Berücksichtigung des weiteren Kontextes der Fallgeschichte nicht möglich, sondern die Art und Weise der Suche nach einem anschlussfähigen Impuls. Das Gespräch resultiert, wie aus der Reaktion deutlich wird, in einer veränderten Wahrnehmung der Mutter.

Transkript 3: Zähneputzen (Familienbegleiterin, Mutter)

MU:2a: das ist- also- das das unlogische Denken ich weiß nicht wie liegt das am Kind, oder- .h liegt das jetzt am Bub, h-. {mhm,} also einfach zu sehen, ich muss ich die Zeit trotzdem da stehen. also wieso putz ich nicht die Zeit die Zähne. (1.0)
[...]
MU: [aber] handkehrum, wenn ich merke und er hat die Zähne nicht richtig geputzt, muss er noch gehen die Spülung nehmen, also hat er noch mal länger.
FB:2b: jawohl, gut. das- das ist vielleicht etwas, wo er wie nicht- ehm .h
MU: realisiert.
FB: das real{mhm}isiert er nicht. {mhm} und,
3: es ist wahrscheinlich auch schwierig, dass er hinter dem Ganzen
4: einen Sinn sieht. (1.5) ich denke einfach, jetzt am Anfang, zum ihr Ziel erreichen, {mhm} ist es wichtig dass sie bei ihm sind. {mhm} dass er zuhört. {mhm} dass sie ihm immer wieder können sagen, Stefan, mach das, mach dies.
also, (.) ich denke einfach wenn sie da draußen sitzen ist das wie,
MU: also wenn ich-
FB: eine Aufforderung, ja fhh. die Mami, also die Mami gibt mir schon Botschaften {mhm} oder? aber, i- ich hab eigentlich,
MU: also habe ich wieder die Wahl.
FB: ich kann {mhm} probieren, die die {mhm} Mami reagiert, oder? oder ich kann da draußen herum- oder eben dann werfe ich halt noch mal die Zahnpasta ins WC rein {mhm} und gucke, was sie dann wieder macht, hingegen wenn sie dort sind, hat er den Freipass nicht, und, für mich ist auch noch so wie ein bisschen, (.) als was mir jetzt noch entgegengekommen ist, wo ich ganz kurz den Stefan gespielt habe, was eben auch ganz wichtig ist bei den Kindern ist der Körperkontakt {mhm} und Nähe. {mhm} .h und er (1.5) also eventuell ist es so dass der Stefan ihnen auch wie eine Aufforderung, ehm, will geben mit diesen (.) kleinen Provokationen und warum, wie sagen, Ma:mi! komm bitte nach zu mir {mhm,} also Kinder, suchen sehr oft den Kontakt (1.0)
MU: ja, [aber-
FB: [wollen] Kon{ja}takt zu den Eltern, auch weil das eh- auf eine {hm} sehr nega- also weil das auch (.) für sie unheimlich nervend

und {mhm} negativ ist, oder? {mhm} und das kann wie eine Botschaft sein, he Ma:mi! komm doch ein bisschen zu mir. Also, sei in der Nähe von mir. {mhm} ja.
MU:5: ja also er ist schon der Typ dazu. wo die {mhm} Nähe braucht {mhm,} (3.0)

Im Anschluss an die Problemformulierung der Mutter (2) kommuniziert die Familienbegleiterin eine ausdrückliche Anerkennung der Problembelastetheit (2b) und formuliert die Notwendigkeit eines Neuansatzes (3). Im anschließenden Deutungsmonolog (4) versucht die Familienbegleiterin auf verschiedene Weise, der Mutter eine neue Deutung der Situation nahe zu bringen. Sie plausibilisiert ihre Einschätzungen einerseits unter Berufung auf die Ziele der Mutter, ihre eigenen Eindrücke im Rollenspiel und auf die universell formulierte These, dass Kinder häufig auf ungewöhnliche Weise Kontakt suchen. Die Familienbegleiterin macht auch deutlich, dass ihre Deutung nur „eventuell" zutrifft. Die Mutter scheint demgegenüber zunächst die Ansicht zu teilen, dass ihre Zurückhaltung in den Situationen dem Sohn zuviel Handlungsspielraum lässt, allerdings widerspricht sie zunächst der Deutung des „Nähe-Suchens". Erst als die Familienbegleiterin ihre Deutung um den möglicherweise problematischen Charakter dieses Nähe-Suchens hervorhebt, formuliert die Mutter einen Kommentar, der zeigt, dass die Deutung für sie denkbar ist. Die Sequenz lässt erahnen, welche Bedeutung der Schritt der Anteilnahme und der Anerkennung für ein Umdeuten besitzt. Erst als dies hier ausdrücklich geschieht (dem Beispiel voran geht eine längere Sequenz, in der die Mutter fortwährend der Deutung der Fachkraft widerspricht), kann sich die Mutter auf einen Impuls einlassen. Die Deutung der Familienbegleiterin ist nicht als Widerspruch zur Klientenansicht, als eine Erweiterung formuliert. Die Formulierung der Deutung geschieht als mögliches Deutungsangebot, gestützt durch eine universale These und ein persönliches Erleben der Fachkraft. Durch die Eventualität und zugleich die Allgemeinheit der Formulierung konstruiert die Familienbegleiterin die distanzierte Eventualität eines professionellen Hilfegespräches. Für das Thema Nähe und Distanz ist eindrücklich, dass erst in der hypothetisch deutenden Distanz, die die Familienbegleiterin stellvertretend für die Mutter formuliert, das Problem von Nähe und Distanz zwischen Mutter und ihrem Sohn angegangen werden kann.

5. Ergebnisse aus Interviewdaten und Fragebögen

Neben den Aufnahmen der Familienbesuche wurde in der Studie auch mit fokussierten Interviews und Fragebögen gearbeitet. Die Ergebnisse aus diesen Datenebenen können hier nur skizziert werden.

Anhand der Interviews, in denen die Fachkräfte ihr Handeln in den Familienbesuchen nachträglich reflektieren, wurden die grundlegenden Gesprächsstrategien der Fachkräfte rekonstruiert. Die Familienbegleiter(innen) differenzieren unterschiedliche Grade der Direktivität in Bezug auf die Themenfindung und die Lösungserarbeitung. Zentrale Referenzpunkte bei der Wahl einer mehr oder weniger direktiven Strategie sind die Einschätzungen des Selbsthilfepotentials der Klienten, der Stabilität der Arbeitsbeziehung und der Erwartungen der Klienten an die Hilfe. Je geringer die Selbsthilfefähigkeiten der Familie und je größer die Probleme, desto eher sind Fachkräfte bereit, Themen aktiv zu verfolgen und neue Themen einzubringen. Je stabiler die Arbeitsbeziehung, desto eher wagen es Familienbegleiter(innen), eine aktivere bzw. direktivere Rolle in der Erarbeitung einer Lösung einzunehmen. Auf Ambivalenzen in den Erwartungen der Klienten reagieren die Fachkräfte eher mit Zurückhaltung.

Durch einen handlungsbezogenen Fragebogen wurden schließlich die globalen Handlungsorientierungen und Handlungsprinzipien der Fachkräfte erhoben. Die Ergebnisse zeigen, dass die schweizerischen Familienbegleiter(innen) einen elternaktivierenden, respektierenden und ressourcenorientierten Arbeitsstil anstreben. Ein Vergleich dieser erstaunlich homogenen Grundhaltungen mit den Gesprächsstrategien und Gesprächsformen im Einzelfall zeigt begründete Abweichungen und macht die Komplexität des Arbeitens in der Sozialpädagogischen Familienhilfe deutlich. Das in den Fragebögen häufig angegebene Prinzip, Klienten „eigene Lösungen finden zu lassen" schließt Impulse durch die Fachkräfte nicht aus. Zentral ist jedoch die Einbettung dieser Impulse in den Gesprächskontext und in die Geschichte der Hilfe. Fachkräfte der SPFH sind offenbar äußerst sensibel gegenüber dem Beziehungsaspekt und machen diesen Aspekt zur Richtschnur für das Ausmaß der verändernden Impulse.

6. Zusammenfassung und Diskussion

Folgende Punkte lassen sich aus dieser ersten gesprächsanalytischen Untersuchung zur SPFH für das Problem von Nähe und Distanz festhalten: „Nähe und Distanz" ist nicht als fest gefügtes Rollenmodell zu fassen. Das Verhältnis von Nähe und Distanz ändert sich dynamisch im Verlauf eines Besuches, bisweilen sogar „turn by turn". Nähe entsteht durch intensives Zuhören und differenzierendes Nachfragen, Anteilnahme und Anerkennung. Anteilnehmende und anerkennende Kommunikation schafft Anknüpfungspunkte für annehmbare Impulse. Die Elemente des Plauderns und des Smalltalks sind damit konstitutive Elemente von SPFH. Möglicherweise ist die große Bedeutung dieser Aspekte in der SPFH auf den häufig präsenten Kontrollaspekt zurückzuführen, der auf diese Weise sichtbar entschärft werden kann. Die Konstruktion von Hilfsimpulsen geschieht nicht in einer freien „Aushandlung" sondern entlang bestimmter Gesprächsformen, wie sie anhand der Beispiele illustriert wurden. Distanz meint auf dieser Grundlage weniger eine Distanz der Fachkraft zu den Klienten, sondern eine gemeinsame Distanz zur Problemlage, die damit bearbeitbar wird.

Die Bedeutung von Nähe lässt sich nicht nur in den Gesprächen rekonstruieren, sondern sie zeigt sich auch in den Interviewdaten. Die Einschätzungen der Vertrauensbeziehung und der Selbsthilfepotentiale bilden die zentralen Referenzpunkte zur Wahl einer mehr oder weniger direktiven Arbeitsstrategie. „Professionelle Nähe" wird damit zu einem zentralen Element des Ansatzes SPFH.

Literatur

Allert, T., Bieback-Diel, L., Oberle, H., Seyfarth, E., 1994: Familie, Milieu und sozialpädagogische Intervention. Münster
Bergmann, J.R., 1981: Ethnomethodologische Konversationsanalyse. In: Schröder, P., Steger, H. (Hrsg.) Dialogforschung. Sprache der Gegenwart. Düsseldorf: 9–52
Blüml, H., Helming, E., Schattner, H., 1994: Sozialpädagogische Familienhilfe in Bayern. Abschlußbericht. DJI-Arbeitspapier Nr. 5-1. München
DESTATIS, 2004: Pressemappe: Fast 95000 Kinder erhielten 2003 sozialpädagogische Familienhilfe. Online verfügbar unter: http://www.destatis.de [Stand: 01.02. 2005].
Elger, W., 1990: Sozialpädagogische Familienhilfe. Neuwied
Galuske, M., 2003: Methoden der Sozialen Arbeit (5. Aufl.). Weinheim
Goffman, E., 1992: Forms of Talk. Philadelphia: University of Pennsylvania Press.
Goldbrunner, H., 1989: Arbeit mit Problemfamilien. Systemische Perspektiven für Familientherapie und Sozialarbeit. Mainz
Hargens, J. (Hrsg.) 1997: Klar helfen wir Ihnen! Wann sollen wir kommen? Systemische Ansätze in der sozialpädagogischen Familienhilfe. Dortmund
Hargens, J. (Hrsg.) 2000: Gastgeber hilfreicher Gespräch. Wir haben Ihnen geholfen?! Was haben wir von Ihnen gelernt? Dortmund
Helming, E. (2000): Sozialpädagogische Familienhilfe – eine Zwischenbilanz. Theorie und Praxis der Sozialen Arbeit. 51(1): 9–15.
Helming, E., Schattner, H., Blüml, H., 1999: Handbuch Sozialpädagogische Familienhilfe (3. überarb. Aufl.). Stuttgart
Heritage, J., Drew, P., 1992: Analyzing talk at work. An introduction. In: Heritage, J., Drew, P. (Hrsg.): Talk at work. Interaction in institutional settings. Cambridge: 3–65
Jefferson, G., 1988: On the Sequential Organization of Troubles-Talk in Ordinary Conversation. Social Problems, 35(4): 418–441
Jefferson, G., Lee, J.R.F., 1981: The rejection of advice. Managing the problematic convergence of a „troubles-telling" an a „service encounter". Journal of Pragmatics, 5: 399–422
Knauth, B., Wolff, S., 1989: Die Pragmatik von Beratung. Ein konversationsanalytischer Beitrag zur Theorie psychosozialer Dienstleistungen. Zeitschrift für Verhaltenstherapie und psychosoziale Praxis, 3: 327–344
Kreuzer, M., 2001: „Das Richtige tun und es richtig machen". Die Methodenfrage in der Sozialen Arbeit im Spiegel von Anforderungen, Hoffnungen und Erfahrungen. In: Kreuzer, M. (Hrsg.): Handlungsmodelle in der Familienhilfe. Zwischen Networking und Beziehungsempowerment. Neuwied: 13–65

Kron-Klees, F., 1998: Familien begleiten. Von der Probleminszenierung zur Lösungsfindung. Ein systemisches Konzept für Sozialarbeit und Therapie in stark belasteten Familien. Freiburg i. B.

Lau, T., Wolff, S., 1984: Wer bestimmt hier eigentlich, wer kompetent ist? In: Müller, S., Otto, H.-U., Peter, H., Sünker, H. (Hrsg.): Handlungskompetenz in der Sozialarbeit/ Sozialpädagogik, Bd. 1. Bielefeld: 261–302

May, G.-R., 1996: Sozialpädagogische Familienhilfe. Aus der praktischen Arbeit. Kommunikation und Sprache, Lösung und Kontext. Überlegungen, Erfahrungen und Beispiele. Expertise zum Projekt „Sozialpädagogische Familienhilfe in der BRD". DJI-Arbeitspapier Nr. 5-123. München

Merchel, J., 1998: Qualitätskriterien und Qualitätsentwicklung in der Sozialpädagogischen Familienhilfe. Jugendhilfe, 36(1): 16–31

Nicolay, J., 1996: Ko-respondenz. Neue Praxis(3): 202–216

Nielsen, H., Nielsen, K., Müller, C. W., 1986: Sozialpädagogische Familienhilfe. Probleme, Prozesse und Langzeitwirkungen. Weinheim und München

Petko, D., 2004: Gesprächsformen und Gesprächsstrategien im Alltag der Sozialpädagogischen Familienhilfe. Göttingen

Pressel, I., 1981: Modellprojekt Familienhilfe in Kassel. Bericht der wissenschaftlichen Begleitung. Frankfurt a. M.

Richterich, L., 1995: Praxis und Theorie der sozialpädagogischen Familienhilfe. Zürich

Rothe, M., 1990: Sozialpädagogische Familien- und Erziehungshilfe. Eine Handlungsanleitung. Stuttgart

Sacks, H., Jefferson, G., Schegloff, E. A., 1992: Lectures on conversation. Oxford

Sacks, H., Schegloff, E. A., Jefferson, G., 1974: A simplest systematics for the organization of turn-taking for conversation. Language, 50(1): 696–735

Schuster, E. M., 1997: Sozialpädagogische Familienhilfe (SPFH). Aspekte eines mehrdimensionalen Handlungsansatzes für Multiproblemfamilien. Frankfurt a. M.

Seithe, M., 2001: Praxisfeld – Hilfe zur Erziehung. Fachlichkeit zwischen Lebensweltorientierung und Kindeswohl. Opladen

Ten Have, P., 1999: Doing Conversation Analysis. A Practical Guide. London u. a.: Sage.

Terbuyken, G., 1987: Sozialpädagogische Familienhilfe (I). Untersuchung von Literatur über Familienhilfe auf Handlungsorientierungen für das Arbeitsfeld „Familie" zur Diskussion von Qualifikationsanforderungen an Sozialarbeiter(innen) in diesem Feld. Emden

Terbuyken, G., 1998: Wissen sie, was sie tun? Untersuchungen von Interventionsstrategien bei in der SPFH arbeitenden SozialarbeiterInnen. In: Goldbach, G., Horstmann, G., Sperber, W., Terbuyken, G. (Hrsg.): Ausbildung zur Sozialen Arbeit – eine Handlungswissenschaft auf dem Prüfstand. Hemmingen

Thiersch, H., Grunwald, K., Köngeter, S., 2002: Lebensweltorientierte Soziale Arbeit. In: W. Thole (Hrsg.), Grundriss soziale Arbeit. Ein einführendes Handbuch. Opladen: 161–178

Weber, M. E., 2001: Familien als Koproduzenten sozialpädagogischer Interventionen. Zur Innensicht von sozialpädagogischer Familienhilfe. Graz

Wolf, K., 2001: Ermutigung in der Sozialpädagogischen Familienhilfe. Jugendhilfe, 2001(4): 206–211

Woog, A., 1998: Soziale Arbeit in Familien. Theoretische und empirische Ansätze zur Entwicklung einer pädagogischen Handlungslehre. Weinheim und München

Wilfried Datler, Andrea Strachota

Wenn der Wunsch nach Klarheit zur Krise führt ...
Bemerkungen über Nähe und Distanz in der beratenden Begleitung von Eltern, die sich mit pränataler Diagnostik konfrontiert sehen

1. Vorbemerkung

Die Psychoanalyse hat wie kaum eine andere Disziplin eine Vielzahl von Veröffentlichungen hervorgebracht, die um einen Grundgedanken kreisen, der folgendermaßen zusammengefasst werden kann: Professionelles und erfolgreiches psychosoziales Handeln gründet in einer gelingenden Balance zwischen Nähe und Distanz.

In diesem Grundgedanken kommt die Annahme zum Ausdruck, dass in Prozessen des psychosozialen Handelns nicht nur auf die äußeren Lebensbedingungen, sondern auch auf die „innere Welt" jener Bezug zu nehmen ist, an die sich psychosoziales Handeln richtet. Damit ist den Handelnden abverlangt, sich um ein differenziertes Verstehen ihrer Adressatinnen und Adressaten zu bemühen. Damit solch ein Verstehen möglich wird, ist es nötig, dass das Beziehungsgeschehen zwischen Adressaten und professionell Handelnden ein gewisses Maß an Intensität erreicht, sodass die professionell Tätigen affiziert werden von dem, was in der inneren Welt ihrer Adressaten bewusst und unbewusst vor sich geht. Werden die Gedanken und Gefühle, die dabei entstehen, allerdings zu intensiv und zu drängend, so drohen professionell Tätige jene Distanz zu den Problemlagen ihrer Adressaten zu verlieren, die es ihnen erlaubt, mit der „inneren Welt" ihrer Adressaten in Kontakt zu bleiben und zugleich die Aufgabe, die sie als professionell Tätige zu erfüllen haben, im Auge zu behalten. Professionell Tätige neigen dann dazu, Handlungen zu setzen, die primär im Dienst ihrer Affektregulation stehen (vgl. Datler 2003; Dörr 2004), und verlieren im Regelfall auch die Fähigkeit, zu erfassen, in welcher Weise sie dabei zur Tradierung oder gar Intensivierung der Problemlagen ihrer Adressaten beitragen. Gelingt ihnen hingegen ein „Oszillieren zwischen Nähe und Distanz, zwischen unmittelbarer Teilhabe und distanzierender Reflexion des gemeinsamen Beziehungsgeschehens" (Trescher 1985: 187), so eröffnet sich für sie die Chance, auch jene Dimensionen der Problemlagen ihrer Adressaten zu verstehen (und in weiterer Folge zu bearbeiten), die in der Arbeitssituation zumeist szenisch zur Darstellung kommen und den Adressaten selbst gar nicht klar sind.

Im Folgenden wollen wir die Bedeutung, die diesem Ringen um eine angemessene Balance zwischen Nähe und Distanz zukommt, sowie damit verbundene Schwierigkeiten an einem bestimmten psychosozialen Praxisfeld verdeutlichen: am Praxisfeld der Beratung im Kontext von pränataler Diagnostik (PND).

Dabei wollen wir zunächst zeigen, dass die Durchführung von PND die Entstehung der frühen Eltern-Kind-Beziehung in einer Phase tangiert, in der die Eltern damit befasst sind, selbst eine angemessene Balance zwischen Nähe und Distanz zu ihrem (noch) ungeborenen Kind herzustellen. Beunruhigende Gefühle und Gedanken, die im Zuge der Durchführung von PND in Eltern entstehen und oft genug äußerst bedrohliche Ausmaße annehmen, verweisen darauf, dass viele Eltern in dieser Zeit professionelle Hilfe benötigen. Diese scheinen sie von bestimmten Gruppen von involvierten Helfern und Helferinnen aber nur in Ausnahmefällen zu erhalten, da diese Helferinnen und Helfer vom Erleben der Eltern stark berührt sein dürften und deshalb das Verlangen haben, zumindest vordergründig in keinen allzu engen Kontakt mit den Gedanken und Gefühlen der Eltern zu kommen. Mit einigen knappen weiterführenden Überlegungen werden wir schließen.

2. Zur Entstehung der frühen Eltern-Kind-Beziehung in der vorgeburtlichen Zeit

Befasst man sich mit Veröffentlichungen zum frühen Aufbau der Eltern-Kind-Beziehung, so findet man unter zahlreichen jüngeren Publikationen einige bemerkenswerte psychoanalytische Beiträge, die sich mit dem Entstehen der Eltern-Kind-Beziehung in der vorgeburtlichen Zeit befassen. In diesen Publikationen wird eindrucksvoll dargestellt, von welch vielfältigen und intensiven Gefühlen und innerpsychischen Veränderungsprozessen die Zeit vor der Geburt des Kindes charakterisiert ist. Daniel Stern (1998) etwa hat in seiner Studie zur „Mutterschaftskonstellation" herausgearbeitet, in welch vielschichtiger Weise sich insbesondere werdende Mütter in bewusster und unbewusster Weise damit befassen,

- ob die Eltern das Überleben und Gedeihen des Babys gewährleisten können;
- ob es den Eltern gelingen wird, eine authentische und zugleich förderliche emotionale Beziehung zum Kind herzustellen;
- ob die Mutter durch den Vater des Kindes oder auch durch Freundinnen, Freunde und Verwandte in ausreichender Form Unterstützung erhalten wird;

- und ob es der jungen Frau gelingen wird können, in befriedigender Weise eine neue Identität als Mutter auszubilden.

Studien wie jenen von Brazelton/Cramer (1990), Schülein (1990) oder Wiegand (1998) kann man entnehmen, dass Männer und Frauen in ihrem „Übergang zur Elternschaft" verschiedene sensible Phasen durchlaufen, die sich durch unterschiedliche Vorstellungen, Gefühle und Phantasien über das heranwachsende Kind und die werdende Elternschaft auszeichnen und hoffentlich im günstigen Fall dazu führen, dass Eltern ihr inneres Bild vom „imaginierten Baby" aufgeben und sich an ein Bild vom „realen Baby" annähern. Dabei sind die Ängste und Ambivalenzen, die in Eltern entstehen, oft enorm und kreisen häufig um die Frage,

- ob es Eltern gelingen wird, ein gesundes Baby auf die Welt zu bringen, das die Eltern mit Freude und Stolz erfüllt;
- und ob sie fähig sein werden, diesem Baby jenes Maß an Schutz und Fürsorge entgegenzubringen, das für ein gedeihliches Heranwachsen des Babys nötig ist (vgl. Raphael-Leff 1993, Salzberger-Wittenberg 1999, Diem-Wille 2003).

In diesem Zusammenhang fällt auf, dass in den oben erwähnten psychoanalytischen Studien kaum auf die Bedeutung von PND für den Prozess der „werdenden Elternschaft" eingegangen wird – sieht man davon ab, dass an einigen Stellen nachzulesen ist, in welch hohem Ausmaß das Betrachten von Ultraschallbildern Eltern hilft, sich Vorstellungen über das „reale heranwachsende Baby" bereits zu einer Zeit zu machen, in der die Mutter noch kaum Bewegungen des Babys präzise verspüren oder Väter Bewegungen des Babys sehen oder ertasten können. Dass auf PND darüber hinaus kaum eingegangen wird, überrascht; denn pränataldiagnostische Untersuchungsverfahren werden inzwischen in der westlichen Welt nahezu flächendeckend eingesetzt, damit Eltern möglichst früh erfahren, ob ein heranwachsendes Kind als krank oder behindert einzuschätzen ist.

Exkurs: Welche Verfahren umfasst PND?

Zwei Gruppen von pränataldiagnostischen Verfahren kommen dabei zum Einsatz:

a) Zur ersten Gruppe zählen all jene nicht-invasiven Verfahren, die vollzogen werden können, ohne dass in den Körper der werdenden Mutter eingedrungen wird. Zu diesen nicht-invasiven Verfahren, die bloß Verdachtsmomente, Hinweiszeichen auf mögliche Abweichungen liefern können, zählen die Nackenfaltenmessung, der Combined-Test und der Triple-Test:

- Bei der Nackenfaltenmessung (Nackentransparenzmessung) wird die Nackenhautfalte des Kindes zwischen der 11. und 14. Schwangerschaftswoche (SSW) per Ultraschall vermessen. Wird der als normal geltende Grenzwert überschritten, gilt dies als Hinweis auf eine mögliche Chromosomenabweichung, insbesondere als Hinweis auf Trisomie 21.
- Der Combined-Test wird zwischen der 10. und 14. SSW durchgeführt. Dabei wird die Messung der Dicke der Nackenfalte mit der Bestimmung zweier schwangerschaftsspezifischer Hormone im Rahmen eines Bluttests kombiniert. Auf der Grundlage dieser Daten wird von einem Computerprogramm die Wahrscheinlichkeit für das Auftreten einer chromosomalen Auffälligkeit berechnet.
- Der Triple-Test, ein weiterer Bluttest, wird zwischen der 16. und 18. SSW durchgeführt. Bei diesem Verfahren werden im Zuge der Untersuchung des mütterlichen Blutes drei Parameter bestimmt. Diese Werte werden dann über ein Computerprogramm mit dem mütterlichen Alter und der Schwangerschaftsdauer, die exakt und richtig errechnet sein muss, in Beziehung gesetzt. So wie bei allen nicht-invasiven Verfahren führt auch der Triple-Test zur Errechnung eines Wertes, dem entnommen werden kann, wie wahrscheinlich es ist, dass eine Chromosomenaberration oder ein Neuralrohrdefekt (Spina bifida, Anenzephalie) vorliegt.

b) Geben sich werdende Eltern mit Wahrscheinlichkeitsaussagen nicht zufrieden und möchten sie, vor allem beim Vorliegen von Verdachtsmomenten, Gewissheit erlangen, so zieht dies den Einsatz von invasiven diagnostischen Verfahren nach sich. Diese sind stets mit einem chirurgischen Eingriff verbunden, der in weiterer Folge zu einer Erhöhung des Risikos einer Frühgeburt führt. Zu den gängigsten invasiven Verfahren zählen Amniozentese und Chorionzottenbiopsie:

- Haben nicht-invasive vorgeburtliche Verfahren ein auffälliges Ergebnis erbracht oder ist die Mutter älter als 35 Jahre, so zieht dies häufig eine Chorionzottenbiopsie (CVS) nach sich, die im Regelfall zwischen der 9. und 12. SSW ambulant und ohne Narkose durchgeführt wird.[1] Unter Ultraschallkontrolle wird eine Hohlnadel durch den Bauch der Mutter gestochen und an den Mutterkuchen herangeführt, um Gewebe aus den Chorionzotten zu entnehmen, das anschließend in einem Labor untersucht wird. Das Ergebnis liegt innerhalb von ein bis drei Tagen vor. Diagnostizierbar sind dadurch Chromosomenaberrationen sowie einige Muskel-, Blut- und Stoffwechselkrankheiten. Liegt vor bzw. noch in der 12. SSW ein pathologischer Befund vor, kann ein Schwangerschaftsab-

---

1 Die Chorionzotten bilden die äußere Begrenzung der Fruchthöhle, aus den Chorionzotten entwickelt sich ab der 13. SSW die Plazenta – ab der 13/14. SSW spricht man dann von einer Plazentabiopsie oder Plazentapunktion.

bruch noch mittels Absaugmethode durchgeführt werden: In diesem Fall wird unter örtlicher Betäubung ein Plastikröhrchen, das mit einem Absauggerät verbunden ist, in die Gebärmutter eingeführt und das Schwangerschaftsgewebe abgesaugt. Nach der 12. SSW erfolgt ein Abbruch der Schwangerschaft durch die künstliche Einleitung einer Geburt, die bis zu fünf Tagen dauern kann.

- Das wohl bekannteste invasive Verfahren stellt die Fruchtwasserpunktion (Amniozentese/AC) dar, die im Regelfall zwischen der 15. und 18. SSW ebenfalls ambulant und ohne Narkose durchgeführt wird. Unter Ultraschallkontrolle wird eine Hohlnadel durch den Bauch der Mutter gestoßen und Fruchtwasser aus der Fruchtblase entnommen. Das Fruchtwasser enthält abgelöste Zellen des Kindes, die in einem Labor untersucht werden. Das Ergebnis liegt nach zwei bis vier Wochen, d.h. im Regelfall zwischen der 17. und 22. SSW vor. Diagnostiziert werden im Wesentlichen Chromosomenaberrationen und Neuralrohrdefekte. Im Falle eines positiven Befundes kann ein Schwangerschaftsabbruch ausschließlich durch das künstliche Einleiten einer Geburt durchgeführt werden.

3. Von der Notwendigkeit einer begleitenden Beratung im Kontext von PND

Die Tatsache, dass in gängigen wissenschaftlichen Arbeiten zur Entstehung der frühen Eltern-Kind-Beziehung auf PND nur am Rande eingegangen wird, und der Umstand, dass in diesen wenigen Veröffentlichungen die Subjektperspektive der jeweils involvierten Eltern kaum zur Darstellung gelangt, veranlasste Andrea Strachota, in gezielter Weise Berichte von Müttern und Vätern über deren Erfahrungen mit PND einzuholen. Berichte von 14 Frauen und 8 Männern, die auf diese Weise gesammelt wurden, werden in absehbarer Zeit mit ergänzenden Kommentaren in Buchform vorliegen (Strachota 2006) und veranlassten uns zur Diskussion folgender Fragen:

- Welche innerpsychischen Prozesse werden durch die Begegnung mit PND auf Seiten der werdenden Mütter und Väter angestoßen?
- Welche Formen von psychosozialer Unterstützung benötigen werdende Eltern in dieser Zeit?
- Welche Formen von psychosozialer Unterstützung erhalten sie tatsächlich?

Im Folgenden werden wir 5 Thesen vorstellen, die aus der Diskussion dieser Fragen entstanden sind. Wir werden unter Einbeziehung von Ausschnitten aus den von Andrea Strachota gesammelten Berichten zeigen, welchen belastenden und oft auch folgenreichen Erfahrungen Eltern ausgesetzt sind, wenn sie mit pränataldiagnostischen Untersuchungen in Beziehung kommen. Überdies werden wir deutlich machen, dass werdende Eltern in diesem Zusammenhang nicht jene Form von Unterstützung erhalten, die sie benötigen, weil es nicht allen beruflich tätigen Helferinnen und Helfern gelingen dürfte, in der Auseinandersetzung mit den Problemen, welche die werdenden Mütter und Väter belasten, eine ausreichende Balance zwischen Nähe und professioneller Distanz zu finden.

3.1 Pränataldiagnostik als Auslöser von traumatischen Krisen

Pränataldiagnostische Untersuchungen konfrontieren werdende Eltern fernab des Geburtstermins mit Auskünften darüber, ob das heranwachsende Kind – medizinisch gesehen – den elterlichen Hoffnungen und Wunschvorstellungen entspricht oder nicht. Verdichten sich Hinweise auf eine vorhandene Fehlbildung, Krankheit oder Behinderung des Kindes, so führt dies zu einer Art explosionsartigen Ausweitung und Intensivierung all der konflikthaften Gefühle und Gedanken, die in der oben genannten Veröffentlichung Strachotas beschrieben werden:

Neben dem Gedanken, das Kind zur Welt zu bringen, entsteht der Wunsch, ein krankes oder behindertes Kind nicht haben zu wollen. Gedanken an das Töten des Kindes werden von Schuldgefühlen sowie von dem Gefühl begleitet, man würde auf diese Weise einem Teil des eigenen Selbst das Leben nehmen. Zum Gefühl, dem gezeugten Kind verpflichtet zu sein, gesellt sich die als beschämend erlebte Ahnung oder gar Gewissheit, als Mann und Frau nicht in der Lage zu sein, ein gesundes und nicht behindertes Kind zeugen und auf die Welt bringen zu können. Neben dem Gedanken daran, wie es wäre, das kranke oder behinderte Kind aufzuziehen, existiert die Befürchtung, einem solchen Vorhaben emotional und vielleicht auch physisch gar nicht gewachsen zu sein. Dazu kommen Gefühle des Neids auf andere Eltern, deren heranwachsende Babys weder krank noch behindert sind, sowie die Beschäftigung mit der Frage, weshalb gerade das eigene heranwachsende Baby „nicht in Ordnung ist". Das Verspüren all dieser Gedanken und Gefühle schürt den dringenden Wunsch nach Erleichterung und Entlastung; doch ist den Eltern auch klar, dass es unmöglich ist, all diese Gedanken und Gefühle mit einem Schlag loszuwerden und die belastende Situation realiter ins Gegenteil zu verkehren. Das erzeugt ein hohes Maß an Ratlosigkeit und Hilflosigkeit.

Die Heftigkeit der geschilderten Regungen erlaubt es Eltern im Regelfall nicht, sich all diese Gedanken und Gefühle bewusst vor Augen zu halten, um in Verbindung damit nach wohlüberlegten Entscheidungen zu suchen. Um sich davor zu schützen, von den geschilderten Gedanken und Gefühlen überflutet zu werden und im Zuge dessen ein noch stärkeres Maß an Hilflosigkeit bewusst erleben zu müssen, reagieren viele Eltern in den Situationen, in denen sie sich mit dem Verdacht auf eine mögliche Fehlbildung, Krankheit oder Behinderung ihres Kindes konfrontiert sehen, so, wie Menschen im Allgemeinen in traumatischen Krisen reagieren. Ehe wir darauf näher eingehen, halten wir als erste These fest:

These 1: Sehen sich werdende Eltern in Folge der Inanspruchnahme pränataldiagnostischer Untersuchungsverfahren mit dem Verdacht konfrontiert, ihr Kind könnte krank oder behindert sein, so geraten sie in Zustände, die als „traumatische Krisen" zu bezeichnen sind.

Dieser These entsprechen die uns vorliegenden Erfahrungsberichte, denen zu entnehmen ist, dass Eltern im Anschluss an jene Situationen, in denen sie sich mit dem Verdacht auf eine Fehlbildung, Erkrankung oder Behinderung des Kindes konfrontiert sehen, Phasen durchlaufen, die nach Gernot Sonneck (2000: 33) für das Erleben von traumatischen Krisen allgemein charakteristisch sind: eine Schock- und eine so genannte Reaktionsphase.

Der Krisenschock stellt die erste Reaktion auf den Krisenanlass dar; wobei unter einem Krisenanlass ein plötzlich eintretender Schicksalsschlag zu verstehen ist, der mit heftigen bedrohlichen Gefühlen verbunden ist, denen sich die betroffenen Personen hilflos ausgeliefert fühlen[2]. Solch ein Krisenschock kann „wenige Sekunden bis etwa 24 Stunden dauern" (Sonneck 2000: 16). Äußerlich, so beschreibt Sonneck (2000: 33), kann die emotionale Situation der Betroffenen durchaus „geordnet erscheinen, innerlich ist alles chaotisch". Einsetzende Abwehraktivitäten können dabei zu ziellosen Aktivitäten, zu Toben, zu Rückzug, zu einem Zustand der „Betäubung" sowie dazu führen, dass später oft keine Erinnerungen an diese Zeit existieren.

Mehrere Textpassagen aus den Berichten, die uns vorliegen, zeugen davon, dass werdende Eltern nach der Konfrontation mit dem Verdacht auf eine mögliche Behinderung des Kindes sowie nach dem Erhalt von positiven Befunden in solch eine Schockphase geraten:

Als Herr M. seine Lebensgefährtin zur Ultraschalluntersuchung begleitete, stellte die Frauenärztin Auffälligkeiten fest und schlug weitergehende Untersuchungen vor. Herr M. berichtet: „Der Anlass für die [invasive] PND war die Aussage der Frauenärztin, dass mit dem Kind etwas nicht in Ordnung ist. Das war ein Schock."
Frau Re. fühlte Lähmung: „Ich war wie gelähmt, als man mir sagte dass das Baby nicht gesund sein würde, es dürfte sich um eine Trisomie 18

---

[2] Sonneck (2000: 13) führt beispielsweise den Tod von Nahestehenden, plötzliche Invalidität, plötzliche Beziehungsbedrohung (Trennung), soziale Kränkung und Versagen, äußere Katastrophen, Krankheit und eben auch das Bekanntwerden von Diagnosen als mögliche Krisenanlässe an.

handeln, ein Fehler bei der Zellteilung, Genaueres würde erst eine Punktion ergeben."
Und Frau Ra. berichtet, dass sie sich nicht näher daran erinnern kann, was geschah, nachdem ihr klar geworden war, dass die Nackenfaltedickemessung ein auffälliges Ergebnis ergeben würde: „Der Arzt hatte noch gar nichts gesagt, da hatte ich selber schon die auffallend dicke Nackenfalte bemerkt. (Das Bild, das ich sah, sah genauso aus wie das im Internet gefundene mit der auffälligen Messung.) An den Rest kann ich mich nur noch ungefähr erinnern."
Als Frau M. einen positiven Befund erhielt und über den Abbruch oder die Fortsetzung der Schwangerschaft entscheiden sollte, geriet sie in einen emotionalen Zustand, den sie folgendermaßen beschreibt: „Meine Gefühle waren aber wie taub. Ich konnte nicht darüber nachdenken, ich konnte nicht darüber sprechen, was ich davon halte, d.h. ob ich das will oder nicht, und ich konnte nicht richtig weinen. Ich denke, ich stand unter Schock."

Sonneck (2000: 16) zufolge geht die Schockphase in eine Reaktionsphase über, „eine Tage bis Wochen andauernde Periode, in der affektive Turbulenz sich mit Apathie abwechselt, tiefste Verzweiflung, Depressivität, Hoffnungslosigkeit, Hilflosigkeit, Feindseligkeit und Aggressivität, Wut und Trauer und oft schwere körperliche Begleitsymptomatik den Menschen belasten." Von solchen Erlebniszuständen berichten etwa Frau M. und Frau Re.:

„Jeden Tag im PND-Zentrum gab es neue schlimme Nachricht. Ich war in dieser Zeit unfähig, irgendwelche Gefühle zu empfinden. Ich war innerlich tot" (Fr. M.).
„Wut gegen meinen Frauenarzt keimte in mir auf, warum hatte er mir nichts gesagt, sicher hatte er etwas gesehen oder zumindest geahnt, warum sonst der Hinweis auf den Combined Test" (Fr. Re.).

3.2 Das Ausbleiben einer „produktiven Überwindung" der Krise

Die Schock- und Reaktionsphase stellen die ersten beiden Stadien eines typischen Krisenverlaufs dar und können bis zu vier bis sechs Wochen anhalten (Sonneck 2000: 33). Dann setzen die dritte und vierte Phase ein, die bei günstigem Verlauf zu einer produktiven Überwindung der belastenden Situation führen: In der dritten Phase, der Bearbeitungsphase, lösen sich die Betroffenen allmählich von der traumatischen Belastung – „Interessen tauchen auf, Zukunftspläne werden geschmiedet" (Sonneck 2000: 34). In der vierten und letzten Phase eines typischen Krisenverlaufs, jener der Neuorientierung, kehren Stabilisierung und Beruhigung ein.
Wird eine traumatische Krise dadurch ausgelöst, dass Eltern im An-

schluss an erste pränataldiagnostische Untersuchungen erfahren, dass ein Verdacht auf das Vorliegen von Krankheit oder Behinderung vorliegt, so führt dies im Regelfall nicht zu solch einer „produktiven Überwindung" der Krise. Denn in den meisten Fällen bleibt eine differenzierte Bearbeitung der krisenhaften Situation aus: Kommt es zum Einsatz von invasiven pränataldiagnostischen Untersuchungen und erweisen sich die ersten Verdachtsmomente als unbegründet, so setzt augenblicklich große Erleichterung ein und die werdenden Eltern konzentrieren sich auf den weiteren Schwangerschaftsverlauf.

Erhärtet sich hingegen der Verdacht auf eine mögliche Auffälligkeit und kehrt Gewissheit bezüglich der Erkrankung oder Behinderung des Kindes ein, so katapultiert dies die schwangere Frau oder das Paar unverzüglich in eine neue Schock- und Reaktionsphase, die abermals von emotionalem Aufruhr geprägt ist. Das gesicherte Wissen darum, dass in der Mutter ein krankes oder behindertes Kind heranwächst, führt zu einer Zunahme der oben beschriebenen konflikthaften Gedanken und Gefühle; zumal den werdenden Eltern nun abverlangt wird, innerhalb kürzester Zeit[3] eine weit reichende Entscheidung zu treffen: den Entscheid darüber, ob ihr Kind weiter leben oder aber getötet werden soll. Um die Konflikte, denen Eltern in dieser Situation ausgesetzt sind, sowie die damit verbundenen widersprüchlichen Gefühle und Impulse nicht klar spüren zu müssen, neigen viele werdende Eltern dazu, zumindest vordergründig zum Baby in Distanz zu gehen, indem sie sich dem Baby weniger stark verbunden fühlen. Mit der Entscheidung für den Abbruch der Schwangerschaft wird die Distanzierung zum Kind dann zu einer unwiderruflichen. Dies veranlasst uns zur Formulierung von These 2:

These 2: Diese krisenhaften Zustände nehmen an Intensität zu, wenn sich der Verdacht auf Krankheit oder Behinderung zur Gewissheit verdichtet. Dabei kommt es zu einer Zunahme an emotionaler Distanz zum Kind, die zumeist mit dem Abbruch der Schwangerschaft restlos vollzogen wird.

Die meisten Eltern, die mit einem dezidiert positiven Befund konfrontiert sind, entscheiden sich für einen Schwangerschaftsabbruch[4]. Dieser Trend findet sich auch in den Erfahrungsberichten, die uns vorliegen: Vier

---

3 Kommt es vor oder in der 12. Schwangerschaftswoche (SSW) zu einem positiven Befund, kann der Schwangerschaftsabbruch noch mittels Absaugmethode durchgeführt werden, nach der 12. SSW erfolgt der physisch und psychisch sehr belastende Abbruch durch das medikamentöse Einleiten einer Geburt. Zudem steigt bei späten Abbrüchen jenseits der 22. SSW die Wahrscheinlichkeit, dass die geborenen Kinder lebend zur Welt kommen, was für alle Betroffenen eine extrem schwierige Situation darstellt.
4 Bei der Feststellung von Chromosomenaberrationen (Trisomie 21, 18, 13 etc.) und Fehlbildungssyndromen kommt es insgesamt bei 95–97% der Fälle zu einem Schwangerschaftsabbruch.

Paare sahen sich mit einem positiven Befund konfrontiert und alle vier Paare entschieden sich für den Abbruch der Schwangerschaft.

3.3 Von der Notwendigkeit und dem Fehlen professioneller Unterstützung

Wenn werdende Eltern entscheiden müssen, ob es im Anschluss an das Vorliegen eines Verdachts auf Krankheit oder Behinderung zur Durchführung von invasiven pränataldiagnostischen Untersuchungsmethoden kommen soll, so befinden sie sich durchwegs im Krisenschock oder am Beginn der Reaktionsphase und somit von der Überwindung der Krise weit entfernt. Dasselbe gilt für jenen Zeitpunkt, zu dem Eltern entscheiden sollen, ob sie die Schwangerschaft fortführen möchten oder nicht.

Menschen, die sich in der Schockphase oder aber in der beginnenden Reaktionsphase befinden, sind im Regelfall nicht nur unfähig, in selbstverantwortlicher Weise wohlüberlegte Entscheidungen zu treffen, sondern benötigen in vielen Fällen selbst dann Unterstützung in Gestalt von Krisenintervention, wenn die Notwendigkeit, eine Entscheidung von erheblicher Tragweite zu treffen, gar nicht vorliegt. Dabei besteht die Aufgabe von (professionell geleisteter) Krisenintervention darin, den Betroffenen zu helfen, ihre Handlungs- und Entscheidungsfähigkeit wiederum zu erlangen (Sonneck 2000: 18 f.). Hilfreich ist in diesem Zusammenhang die Präsenz einer Person, die sich Zeit nimmt und sich einfühlsam dafür interessiert, was vorgefallen ist und welche Gedanken und Gefühle (wie Ärger, Ohnmacht, Trauer, Verzweiflung, Schmerz) in der betroffenen Person nun existieren. Angebracht ist es, diese Gedanken und Gefühle in sich aufzunehmen, damit die Person die Erfahrung machen kann, dass sie mit all ihren Gedanken und Gefühlen ernst genommen wird und diese mit jemandem anderen teilen kann. Hilfreich ist es, wenn die betroffene Person dabei unterstützt wird, zu verstehen, welche äußeren Ereignisse welche innerpsychischen Prozesse in Gang gebracht haben, und sich klar darüber zu werden, welche Bedeutung bestehende Optionen für die betroffene Person haben.

Den vorliegenden Berichten zufolge erfahren viele Eltern solch eine Art von Unterstützung nicht. Zahlreiche Textausschnitte lassen erkennen, mit welchen Konflikten sich viele Eltern konfrontiert sahen – und wie stark sie sich, selbst in der Begegnung mit Helferinnen und Helfern, sowohl in der Zeit vor dem Schwangerschaftsabbruch als auch in der Zeit danach alleine gelassen fühlten.

Frau J. ließ in der 16. SSW eine Amniozentese durchführen. Sie bringt zum Ausdruck, dass sich der behandelnde Arzt der Bedeutung dieses Eingriffes für die schwangere Frau in keinster Weise bewusst war: „Die

Durchführung selbst dauerte nur einige Minuten. Enttäuscht war ich etwas von dem behandelnden Arzt, da er kaum versuchte, mich zu beruhigen oder mir meine Ängste zu nehmen. Ich erwartete mir mehr Einfühlungsvermögen. Er erklärte mir zwar jeden Schritt des Vorgangs, aber zeigte kein Mitgefühl. Man kann sagen, dass er sich irgendwie nicht bewusst war, was diese Untersuchung für werdende Eltern überhaupt bedeutet."

Das fehlende Bewusstsein vieler Ärztinnen und Ärzte über die psychologische Bedeutung und Auswirkung pränataldiagnostischer Untersuchungen – insbesondere positiver Befunde – zieht oftmals mangelnde bzw. gänzlich fehlende professionelle Unterstützung und Begleitung nach sich.

Frau G. wurde mit einer diagnostizierten Triploidie ihres Kindes konfrontiert. Sie suchte verzweifelt nach Entscheidungshilfen bezüglich Fortsetzung oder Abbruch der Schwangerschaft. Entlastung und Unterstützung in diesem Entscheidungsfindungsprozess erfuhr sie nicht von professionell Tätigen, sondern in ihrem Bekanntenkreis: „Ich suchte spontan eine sachkompetente, langjährige Freundin auf, zu der ich großes Vertrauen hatte. Sie war eine Stütze und bestätigte mich in meinem Entschluss." Retrospektiv ist sie unsicher, ob sie ihre Entscheidung für den Abbruch der Schwangerschaft gut findet, und hat den Eindruck, dass sie sich vielleicht anders entschieden hätte, wenn sie sich mit einer außen stehenden Person besprechen hätte können. Sie schreibt:
„Schon ein halbes Jahr später war mir klar, dass ich diesen Entscheidungsprozess und alles Drumherum wie ferngesteuert, oder eher in einem Stadium hochgradiger Regression in kindlich-autoritätshörige Zustände erlebt habe. Immer wieder nahm ich mir vor, dem behandelnden Arzt zu schreiben, um ihm mitzuteilen, dass da von echter Entscheidung keine Rede gewesen und vieles falsch gelaufen war!

Ich erkannte bald, dass ich mit entsprechender Stütze vielleicht anders reagiert und mich für ein Abwarten entschieden hätte. Ich hätte zwei Wochen Zeit und häufige Gespräche mit einer außen stehenden, geschulten Ansprechperson gebraucht, um die Kraft und den Mut zu finden, für mich ganz stimmig zu entscheiden."

Textpassagen der hier angeführten Art lassen erkennen, in welch geringem Ausmaß viele Eltern, die mit PND in Kontakt kommen, jene professionelle Entlastung und Unterstützung bekommen, die den heute gängigen Standards von Krisenintervention und begleitender Beratung entsprechen. Dies führt uns zu These 3a:

These 3a: Die betroffenen Eltern erfahren in diesen krisenhaften Prozessen im Regelfall keine begleitende Beratung, die jenen Ansprüchen von professioneller Hilfestellung entspricht, die aus fachlicher Sicht angezeigt wäre. Dies ist insbesondere daran zu erkennen, dass die Gefühle und Gedanken von Eltern gar nicht thematisiert werden: Vertreter und Vertreterinnen involvierter Professionen bleiben in vordergründiger Distanz zum Erleben von Eltern und versuchen erst gar nicht, Eltern zu entlasten; sich mit deren Gefühlen und Gedanken ausdrücklich auseinanderzusetzen; und ihnen zu helfen, sich in differenzierterer Weise darüber klar zu werden, was die augenblickliche Situation und verschiedene vorhandene Optionen für sie bedeuten.

In den vorliegenden Erfahrungsberichten finden sich jedoch auch einige Hinweise darauf, dass manche Frauen und Männer diese Hilfe gefunden haben. Bemerkenswert erscheint uns dabei, welche Vertreter und Vertreterinnen welcher Berufsgruppen in diesem Zusammenhang als hilfreich erlebt wurden:

„Zum Glück wurde ich psychologisch gut betreut, in Gesprächen mit Schwestern und einer Seelhilfe wurden meine Ängste ein wenig gelindert …" (Fr. Re.).

„Nachdem wir den Ärzten und Schwestern unsere Entscheidung mitgeteilt hatten, sprachen die Schwestern sehr behutsam mit uns über den praktischen Ablauf des Schwangerschaftsabbruchs" (Hr. W.).

„In dieser Klinik hat auch eine österreichische Hebamme gearbeitet, die schon seit über 30 Jahren in London lebt. Mit ihr konnten wir wichtige Dinge besprechen" (Fr. M.).

An diesen Zitaten lässt sich erkennen, dass es seitens des medizinischen Krankenhauspersonals vor allem Schwestern und Hebammen sind, die sich Zeit für die betroffenen Frauen oder Paare nehmen. Vertreterinnen dieser Berufsgruppen sind es, die den Frauen und Männern die Gelegenheit geben, sich auszusprechen und die den Betroffenen das Gefühl vermitteln, ernst genommen zu werden. Dies veranlasst uns zur Formulierung von These 3b:

These 3b: Es sind vor allem Ärztinnen und Ärzte, die Maßnahmen als Hilfe zur aktiven Krisenbewältigung vermissen lassen.

Die vorliegenden Erfahrungsberichte vermitteln den Eindruck, dass insbesondere Ärztinnen und Ärzte sich darauf beschränken, medizinisch aufzuklären, d.h. jene Sachinformationen bereit zu stellen, auf deren Basis werdende Eltern Entscheidungen über das weitere Vorgehen treffen sollen. Dies entspricht allerdings nicht den Problemlagen der werdenden Eltern und zielt an der Aufgabe von Krisenintervention vorbei, die stützen und Eltern dazu ermutigen soll, konflikthafte Gefühle und Gedanken wahrzunehmen, auszusprechen und zu teilen (Sonneck 2000: 19). Dies ist auch dem Bericht von Frau M. zu entnehmen:

Frau M. beschreibt die Krankenhausärzte zwar als verständnisvoll und sie erwähnt insbesondere eine Ärztin, die sich sehr einfühlsam zeigte, dennoch gewinnt man den Eindruck, dass sich ihre Zufriedenheit mit den Ärztinnen und Ärzten insbesondere auf die medizinische Aufklärung bezieht: „Rein medizinisch haben mir die Ärzte alles sehr gut erklärt. Haben alle Fragen beantwortet. Psychisch wurde mir nicht geholfen."

Die Erfahrungsberichte zeugen zugleich davon, dass manche Ärztinnen und Ärzte dazu neigen, Entscheidungen für Eltern zu treffen und auch auf diese Weise Eltern daran zu hindern, sich über ihre Gefühle und Gedanken klar zu werden und diese zu überdenken, um dann zu überlegten Entscheidungen zu gelangen. Manche Eltern werden weder dabei unterstützt, wohlüberlegt zu entscheiden, ob sie im Anschluss an nicht-invasive pränataldiagnostische Untersuchungsverfahren mit invasiven Methoden fortfahren wollen, noch wird ihnen Hilfe in Hinblick auf die Entscheidung darüber gegeben, ob sie im Falle des späteren Vorliegens eines eindeutigen Befundes die Schwangerschaft abbrechen wollen oder nicht. Davon berichtet etwa Frau Re.:

Frau Re. wurde nach einer Chorionzottenbiopsie mit dem positiven Befund Trisomie 18 konfrontiert. Sie schreibt: „Ich habe für den 28. Juli einen Termin zur Einweisung in die Klinik bekommen, die Entscheidung für den Abbruch der Schwangerschaft wurde mir in diesem schwerwiegenden Fall gleich von den Ärzten abgenommen."

Die Erfahrungsberichte zeigen aber auch, dass emotionale Betroffenheit der Ärztinnen und Ärzte das Entscheidungsverhalten der werdenden Eltern mit beeinflussen kann. Im Bericht von Frau R. zeigt der Arzt Betroffenheit, was Frau R. veranlasst, sich in die Vorgabe eines Untersuchungstermins widerstandslos zu fügen:

Frau R. wollte eigentlich das erhöhte Fehlgeburtsrisiko bei invasiver PND nicht eingehen, war aber einer US-Untersuchung gegenüber nicht abgeneigt. Sie suchte einen ihr empfohlenen Frauenarzt auf, der sich auf PND spezialisiert hatte. Die Nackenfaltenmessung ergab kein auffälliges Ergebnis, doch wurde im Rahmen der gynäkologischen Untersuchung eine entzündliche Veränderung am Gebärmutterhals festgestellt. „Bei der Befundbesprechung drängte der anscheinend ob des schlechten Befundes mit den Tränen kämpfende Arzt auf eine Fruchtwasseruntersuchung. (…) Natürlich war ich nicht in der Lage, in diesem Moment einen genügend kühlen Kopf zu bewahren und ließ mich für einen Amniozentesetermin ‚einteilen'."

3.4 Fehlen von professioneller Unterstützung als mangelnde Fähigkeit zur Balance von Nähe und Distanz

Die eben erwähnte Szene, in welcher der Arzt Zeichen starker Rührung zeigt, gibt zu erkennen, dass das Zeigen von unreflektierter emotionaler Betroffenheit seitens der professionell Tätigen wenig hilfreich ist, wenn es darum geht, Eltern bei der Suche nach eigenen Lösungs- und Bewältigungsstrategien zu unterstützen. Dies führt uns zu unserer abschließenden vierten These:

These 4: Jene Personen, die als Vertreter und Vertreterinnen involvierter Professionen begleitende Beratung leisten sollten, sind aus mehreren Gründen nicht in der Lage, dieser Aufgabe in einer Weise nachzukommen, die von den jeweiligen Eltern als hilfreich erlebt wird. Ein wesentlicher Grund dafür dürfte darin bestehen, dass jene, die Unterstützung geben sollen, nicht über die professionelle Kompetenz verfügen, in der Auseinandersetzung mit den heftigen Emotionen der Eltern, aber auch in der Begegnung mit den eigenen Emotionen, die in der Arbeitssituation entstehen, eine angemessene Balance zwischen Nähe und Distanz zu finden.

Sie sind ihren Emotionen vielmehr ihrerseits hilflos ausgeliefert und versuchen, sich vor dem bewussten Verspüren dieser Emotionen zu schützen, indem sie Situationen schaffen, in denen sie mit den Gefühlen und Gedanken der Eltern möglichst wenig in Berührung kommen.

Im Schaffen dieser Situationen scheinen auch jene Helferinnen und Helfer, von denen in unseren Berichten die Rede ist, zwei Vorgehensweisen zu verfolgen, von denen Sonneck (2000: 21 f.) berichtet:

Erstens: Sie versuchen, sich vordergründig „aus der Beziehung heraushalten zu wollen", indem Sie beispielsweise über die Verwendung von allgemein gehaltenen und oft in beschwichtigender Absicht vorgetragener Phrasen Distanz zu den Emotionen der Eltern herzustellen versuchen. Sie verwenden Formulierungen wie „Das ist doch gar nicht so arg" oder „es gibt Schlimmeres". Die Betroffenen berichten, dass sie sich in solchen Situationen mit ihren Problemen nicht ernst genommen fühlten. Ein Beispiel dafür findet sich in dem Bericht von Frau G.:

> Frau G. forderte nach dem Abbruch ihrer Schwangerschaft den Obduktionsbefund an und geriet in Panik, weil in dem Bericht nichts von äußerlich erkennbaren Fehlbildungen zu lesen war. Geschockt vermutete sie eine falsch-positive Diagnose und rief einen Arzt des Krankenhauses, an dem der Abbruch durchgeführt wurde, an: „Er bedeutete mir, dass das so in Ordnung sei und warum äußerlich nichts zu erkennen war. Er überschüttete mich dann per Telefon mit Fakten und Risikostatistiken für mein Alter (ich war damals 36 Jahre alt) und entließ mich mit den Worten: Nächstes Mal kommen Sie gleich, dann werden wir das schon machen."

Zweitens: Helferinnen und Helfer neigen mitunter auch dazu, Verständnis zu zeigen, ohne aber in der Lage zu sein, sich ernsthaft für die Besonderheit der spezifischen Problemlage der einzelnen Frau oder des jeweiligen Paares zu interessieren und den Gefühlen der Betroffenen Rechnung zu tragen.

> Frau G. ließ in der 20. SSW einen Schwangerschaftsabbruch durchführen. Sie beschreibt die emotionale Überforderung des medizinischen Personals: „Alle paar Stunden kam ein Arzt/Ärztin vorbei und untersuchte, wie weit der Muttermund offen wäre. Rückblickend erinnere ich mich an die große Sprachlosigkeit, die allerseits herrschte. Ich erinnere mich auch, dass an dieser Station viele Hochschwangere und auch Frauen waren, die ihre Kinder schon geboren hatten. Eine Situation ist mir noch besonders präsent: Ich stand am Gang und brach beim Anblick einer Mutter mit zwei Neugeborenen, die vorbeikam, in Tränen aus. Ein Arzt kam vorbei, fragte mich, glaube ich, was los wäre. Ich gab ihm mein ‚Dossier' (warum ich das mit hatte, weiß ich nicht). Er warf einen Blick darauf, und verließ mich wortlos (hilflos!). (...)
> In der Früh, auf der Toilette, rutschte das Kind, in einer völlig intakten Fruchtblase, aus mir heraus. Ich war völlig fertig und läutete nach der Schwester. Wieder hilfloses, fast peinliches Schweigen."

In diese Gruppe der Strategien der Helferinnen und Helfer gehören auch jene Aktivitäten, mit denen den Eltern weitere diagnostische Maßnahmen verordnet werden oder in denen sie zum Schwangerschaftsabbruch schlicht eingeteilt werden. Denn auch dabei bemühen sich Helferinnen und Helfer oft nur scheinbar um eine Linderung oder Beseitigung der Problemlagen der Betroffenen. Man kann aber vermuten, dass sie letztlich in der beschriebenen Weise agieren, um die nähere Auseinandersetzung mit den aufgekommenen Konflikten und Gefühlen zu meiden.

4. Ausblick

Die gesammelten Erfahrungsberichte zeigen in Verbindung mit unseren thesenhaften Überlegungen, wie wenig hilfreich Aktivitäten von professionell tätigen Menschen sind, wenn diese Bemühungen von allzu großer Angst vor der näheren Auseinandersetzung mit heftigen Emotionen durchzogen sind. Sie stützen zugleich die Forderung nach Aus- und Weiterbildungen, in denen jene, die in psychosozialen Feldern tätig sind, dazu befähigt werden, Kompetenzen auszubilden, die es ihnen erlauben, immer wieder zu professioneller Distanz im Sinne von Hans-Georg Trescher zu gelangen. Denn, so schreibt Trescher (1985: 187):

„Die Forderung nach professioneller Distanz impliziert ... keineswegs eine grundsätzliche emotionale Distanz von den Klienten, sondern bezieht sich insbesondere auf die Distanzierung von Konfliktpotentialen, die die Klienten in die Beziehung einbringen. Dies führt – besonders im Konfliktfall – nicht zu einem Mangel an Empathie, sondern ermöglicht sie erst. Die professionelle Fähigkeit zur Distanzierung von den Konfliktneigungen, bei gleichzeitigem emotionalen Kontakt zum Gegenüber, ist notwendige Bedingung für das szenische Verstehen. Empathie und Introspektion bilden im Zusammenspiel mit der distanzierenden Reflexion die Basis dafür, dass auch in belastenden Beziehungsverläufen die Befindlichkeit des/der Klienten verstanden werden kann."

Literatur

Brazelton, T.B., Cramer, B., 1990: Die frühe Bindung. Die erste Beziehung zwischen dem Baby und seinen Eltern. Stuttgart

Datler, W., 2003: Erleben, Beschreiben und Verstehen: Vom Nachdenken über Gefühle im Dienst der Entfaltung von pädagogischer Professionalität. In: Dörr, M., Göppel, R. (Hrsg.): Bildung der Gefühle. Innovation? Illusion? Intrusion? Gießen: 241–264

Diem-Wille, G., 2003: Das Kleinkind und seine Eltern. Stuttgart

Dörr, M., 2004: Professionelle (Selbst-)Reflexion im Spannungsfeld von personaler, interpersonaler und institutionalisierter Dynamik und psychosozialer Abwehr. In: Hörster, R./Küster, E.U./Wolff,St. (Hrsg.): Orte der Verständigung. Beiträge zum sozialpädagogischen Argumentieren. Freiburg i. Br.: 151–170

Raphael-Leff, J., 1993: Pregnancy. The Inside Story. London

Salzberger-Wittenberg, I., 1999: Kurztherapeutische Arbeit mit Eltern von Kleinkindern. In: Datler, W./Finger-Trescher, U./Büttner, Ch. (Hrsg.): Jahrbuch für Psychoanalytische Pädagogik 10. Gießen: 84–100

Schülein, J., 1990: Die Geburt der Eltern. Opladen

Sonneck, G., 2000: Krisenintervention und Suizidverhütung. Wien

Stern, D., 1998: Die Mutterschafts-Konstellation. Eine vergleichende Darstellung verschiedener Formen der Mutter-Kind-Psychotherapie. Stuttgart

Strachota, A., 2006: Zwischen Hoffen und Bangen. Frauen und Männer berichten über ihre Erfahrungen mit pränataler Diagnostik. Frankfurt a.M. (im Druck)

Trescher, H.-G., 1985: Theorie und Praxis der Psychoanalytischen Pädagogik. Frankfurt a.M.

Wiegand, G., 1998: Selbstveränderung von Müttern aus subjektiver Sicht. Gießen

Reinhold Stipsits

Klausenburg oder Cluj – Näher geht's nicht. Und immer noch weit weg

Mein Beitrag hat die Absicht, Nähe und Distanz am Beispiel von Sozialreportagen zu thematisieren. Im Zuge meines wissenschaftlichen Aufenthalts[1] während des gesamten Sommersemesters 2004 als Gastprofessor an der Babes Bolyai Universität in Cluj Napoca, Rumänien, wurde ein längerfristiges Forschungsprojekt verfolgt, in dem Fragen bezüglich sozialer Kohäsion, Interkulturalität, Armut und sozialpädagogischer Beratung bearbeitet wurden. Im Laufe der Lehr- und Forschungstätigkeit hat sich sehr bald das Spannungsverhältnis von Nähe und Distanz als wesentlich herauskristallisiert. Nähe und Distanz ist in einem sozialen Feld auch auf einen konkreten Raum bezogen, nicht allein als eine übertragene Figur zwischenmenschlicher Beziehung von Bedeutung. Wie nahe geht uns das Fremde oder wie distant verhalten wir uns zum Neuen, zum Unbekannten?

Auch langjährige Erfahrungen, an einer Universität gesammelt, sind nicht einfach übertragbar auf die Situation an einer anderen Universität. Die Babes Bolyai Universität in Cluj, also Klausenburg, ist vom Statut her die europaweit einzige dreisprachige Universität. Das heißt, es werden volle Studiengänge in den Sprachen Rumänisch, Ungarisch und Deutsch angeboten. Nicht allein einzelne Lehrveranstaltungen in einer fremden Sprache, sondern ein Vollstudium in bestimmten Fächern in einer der Sprachen ist also möglich. Kolozsvar, der ungarische Name von Cluj Napoca, zieht viele ungarisch sprechende, rumänische Studierende an. Immerhin ist auch hier in einer Zeit unter ungarischer Herrschaft, ein Vorläufer der Universität gegründet worden.[2] Schon immer war und ist die Universität von Klausenburg

---

1 Der Aufenthalt erfolgte im Rahmen eines Partnerschaftsabkommens der Universität Wien mit der UBB Cluj Napoca. Durch Unterstützung der Österreichischen Forschungsgemeinschaft wurde der Aufenthalt als MOEL Stipendiat (Mittel/Ost Europäische Länder) ermöglicht. Der wissenschaftliche Aufenthalt diente neben der Lehre an der Fakultät für Politik- und Verwaltungswissenschaft in der deutschen Abteilung Kommunikationswissenschaft und Journalistik dem Aufbau und der Vertiefung bestehender Forschungsbeziehungen.
2 Der Ursprung der Universität geht auf ein Jesuitenkolleg zurück aus dem Jahr 1583, unter österreichischer Herrschaft ab 1872 als Franz-Josef-Universität bekannt. Seit der

als universitäres Zentrum deutschsprachiger Rumänen in Siebenbürgen von überregionaler Bedeutung. Die Besonderheit der einzigen dreisprachigen Universität ist nicht frei von Spannungen, die auf interethnischen Konflikten beruhen, trotz aller offiziellen Bemühungen einer multikulturellen Situation gerecht zu werden.

1. Sozialreportagen als Ermittlungen, Lehr- und Forschungsprojekt: Sozialreportagen Klausenburg

Die Überlegungen, wie sie in der Planungsphase des Forschungs- und Lehrprojekts formuliert wurden, sind hier nachgezeichnet:

Die Vorlesung soll sich mit grundlegenden Begriffen und Methoden der Biographieforschung und der Kulturanalyse befassen, das dazugehörige Seminar eine Möglichkeit bieten, die theoriegeleiteten Erkenntnisse in einer praxisorientierten Fragestellung zu erproben. Reportagen sollen über diese landestypische multikulturelle Situation berichten. Sozialreportagen sollen das Verfahren im Sinne der Ermittlung sein und auch als Ergebnis das Gelernte in einem Text darstellen. Jeder Studierende soll wenigstens eine Reportage schreiben, und dabei im Verlauf der Recherche wie auch bei der Fertigstellung des Reports ein Stück Wirklichkeit kennen lernen und seine soziale Wahrnehmung vertiefen. Das studentische Bewusstsein für die gesellschaftlich problematischen Phänomene soll geschärft werden und eine Weise des Berichtens, der Verschriftlichung der Wahrnehmung in deutscher Sprache, ist zu üben.[3]

Über die Literatur der Biographieforschung und Kulturanalyse (Bohnsack/Marotzki 1998: 8) lässt sich ein Bezug zur Sozialreportage herstellen. Methodologisch ist die Sozialreportage als Grenzgänger angesiedelt, zwischen Biographieforschung und Sozialpädagogik, eine den „blurring genres" unserer Zeit höchst angemessene Form der Dokumentation. Sozialreportage verwendet qualitative empirische Datenerhebung, mit dem Verfahren des Interviews und deren kritischer Analyse und stützt sich auf vorhandene Medienberichte oder andere literarische Quellen, deren Zustandekommen, Aufbau und Aussage sie reflektiert und kommentiert. Die frühe Blüte der Sozialreportage ist im deutschen Sprachraum etwa von 1900 bis 1930 anzusiedeln. Die wichtigsten Vertreter waren auch an den gesellschaftlichen Entwicklungen

---

„Neugründung" 1993 besteht die Babes Bolyai Universität mit westlicher Ausrichtung.

3 Deutsch ist nicht bei allen Studierenden der deutschen Abteilung an der Journalistik auch Muttersprache, wenngleich eine doch überdurchschnittliche hohe Kompetenz der gesprochenen Sprache beeindruckt. Die Lehrveranstaltungen sprengten durch den Besuch von Institutionen den traditionellen Rahmen von akademisch distanzierter Reflexion aus dem Hörsaal und führten auch zu intensiver Auseinandersetzung über das Verfahren selbst.

ihrer Zeit mit Kommentaren und politischer Aktion beteiligt. Max Winter, Ferdinand Hanusch, Viktor Adler in Österreich[4], oder der rasende Reporter Egon Erwin Kisch in Berlin haben auch das Schicksal politisch Exponierter durchgemacht. Mit einfachen Mitteln, darunter aber einer genauen Beobachtung akuter Zustände, haben die Sozialreporter den Finger in manche gesellschaftliche Wunde gelegt. Die heutigen Bildreportagen haben das Genre insofern verändert, als durch die Beschleunigung, Bilder vom Geschehen oder von einem Tatort „live" zu zeigen, die Visualisierung den aussagekräftigen Text untergewichtet. Gewonnen bzw. zugenommen hat eine ästhetisierende Darstellung des Alltags. Ergebnisse einer Sozialreportage zielen auf eine Bewusstseinsbildung der Öffentlichkeit ab.

Soziale Kohäsion und ihre Realisierung ist die implizite Leitidee der Lehrveranstaltung „Sozialreportage". Sozialpädagogisch gesehen hat die Sozialreportage eine datengenerierende Funktion. Mittels Sozialreportagen entsteht ein aktuelles Mosaik einer Gesellschaft, ein zusammengesetztes Bild, das im Einzelnen auf manche Details aufmerksam macht. Konkret ergibt sich für die sozialpädagogischen Themen eine Fülle von Ansatzpunkten. Entsprechend den von Klaus Mollenhauer (Mollenhauer 1996: 869) vorgeschlagenen Kategorien von sozialpädagogischen Aufgabenfeldern stehen hier unmittelbar zur Untersuchung an: Generation, Armut, Interkulturalität und Multikulturalität. Diese werden hier kurz dargestellt, bevor wieder der Schwerpunkt auf die Reportagen gelegt wird.

Das Generationenthema. Besonders die deutschsprachige Minderheit von Siebenbürger Sachsen und Donauschwaben ist hier im Focus. Nachkommen der österreichischen *„Landler"*, von denen es in Siebenbürgen nur drei Dörfer gibt, spielen de facto keine Rolle. Alte Leute leben in den deutschen Dörfern. Die Jugend kann, im besten Fall, durch ein Studium die Hoffnungen auf die Zukunft tragen. Die mittlere Generation fehlt zum Teil, ist in den Westen Europas ausgewandert, und hat auch für die Infrastruktur des Landes Probleme hinter sich gelassen. In den Städten Siebenbürgens, speziell in Klausenburg, keimt die Hoffnung und das zum Teil rasante Wachstum der Wirtschaft ändert bisherige vertraute Strukturen und Kommunikationsmuster. Internet und Dorftratsch sind nebeneinander wichtig.

Die Armut. Mit einem Pro Kopf Einkommen von durchschnittlich ca. 80 bis 100 Euro pro Monat gehört Rumänien zu den armen Ländern Europas. Dennoch ist in Siebenbürgen relativer Wohlstand sichtbar. Jenseits von einer Tendenz der Verwestlichung der Werte spielen hier auch die Kirchen eine gewichtige Rolle. Unterschiedliche Hilfsprogramme (z.B. für Obdachlose bzw. Straßenkinder) werden von Konfessionsgemeinschaften getragen

---

4 Beispiele zur Geschichte des Genres in Österreich finden sich bei Brigitte Fuchs (1997).

bzw. unterstützt. Rumänien ist multikonfessionell, mit einem weltweit historisch ältesten Toleranzpatent bezüglich der Religionsausübung ausgestattet. Die rumänisch-orthodoxe, die römisch-katholische, die griechisch-katholische, und die unierte protestantische Kirche sind im Leben der Bevölkerung fest verankert. Dazu gibt es etwa in Cluj eine kleine, intakte jüdische Gemeinde deren Synagoge in jüngster Zeit renoviert wurde. Die Kirchen der Konfessionsgemeinschaften, von denen besonders und nach wie vor die orthodoxen einen Bauboom erleben, haben auf ihre Weise einen spezifischen Umgang mit dem Phänomen der Armut in der Gesellschaft. Armut ist neben der ökonomischen Mangelerfahrung genau besehen ein Phänomen des Ausgeschlossenseins. Abgrenzung und Zugehörigkeit sind die zwei Seiten der Medaille, an der Armut sichtbar wird.

Interkulturalität und Multikulturalität. Charakteristisch für den Raum Siebenbürgen ist die sprachliche und ethnische Vielfalt.[5] Neben den sprachlich unterscheidbaren Volksgruppen der rumänischen Mehrheit, und einer starken ungarischen Volksgruppe (im Raum der ehemaligen, der Habsburger Krone zugehörigen Provinzen Siebenbürgen und Banat), die in der Mehrzahl protestantisch ist, und versprengten, in geschlossenen Siedlungsgebieten lebenden, ungarischstämmigen Szeklern, die wiederum in der Mehrzahl streng katholisch sind, leben im Gebiet des heutigen Rumäniens seit Jahrhunderten Siebenbürger Sachsen, Donauschwaben, kleine Minderheiten wie Serben, Kroaten, Griechen, Ruthenen (Ukrainer), Juden, und eine große Anzahl von Roma, deren Bevölkerungszahl weitgehend nur Schätzungen unterworfen ist. Die Geburtenrate der Roma nimmt schneller zu als jene der anderen Volksgruppen. Auffallend sind ihre partiale Diskriminierung, aber auch Formen der Verweigerung einer Eingliederung in die westliche Tradition einer Zivilgesellschaft. Offiziell leben die Volksgruppen in einer friedlichen Koexistenz miteinander, aber aus entsprechender Nähe besehen, sind Spannungen, aus historischen Ressentiments genährt, spürbar. Neid und Eifersucht, Hass und Leidenschaft, sind explizite Gefühle, die aufmerksamen BeobachterInnen hautnah zugänglich werden.

Sozialreportagen implizieren (im besten Fall) auch ein Veränderungspotential. Sie sind verändernd, indem sie Tatsachen beschreiben, indem sie einen Anspruch auf Wahrheit vertreten. Ein modernes Konzept, das heute schon etwas abgenutzt wirken mag, aber einen uneingelösten Anspruch behauptet: Aufklärung. Was ist das Wesen der Sozialreportage? Niemand geringerer als der „Rasende Reporter", Egon Erwin Kisch, hat darauf eine Antwort: Tatsachen sind zu beschreiben, – als wäre das allein in einer komplexer werdenden Welt schon so einfach! „Bedarf die Gestaltung der Wirklichkeit keiner Phan-

---

5 Dazu die lesenswerte Arbeit von Ioan-Aurel Pop (2005) vom Rumänischen Kulturinstitut, die ausgesprochen „culture fair" geschrieben ist.

tasie?", fragt Kisch in „Marktplatz der Sensationen", und seine Antwort lautet darauf: „Es ist wahr, die Phantasie darf sich hier nicht entfalten, wie sie lustig ist. Nur der schmale Steg zwischen Tatsache und Tatsache ist ihr zum Tanze freigegeben, und ihre Bewegungen müssen mit den Tatsachen in rhythmischen Einklang stehen. Und selbst diesen beschränkten Tanzboden hat die Phantasie nicht für sich allein. In einem Corps de ballet von Kunstformen muss sie sich im Reigen drehen, auf dass der sprödeste Stoff, die Wirklichkeit, in nichts nachgebe dem elastischen Stoff, der Lüge. Ist schließlich das Darzustellende folgerichtig dargestellt, dann erscheint es dem Leser so klar, dass er ausruft ‚Das ist doch klar'!" (Kisch 2001: 10)

Reportagen sind mit Einfühlung und mit Überzeugung zu schreiben. Sie werden die Nähe suchen, ohne aufdringlich sein zu wollen, die Distanz wahren, ohne überheblich und besserwisserisch zu werden. Zur Orientierung dient das Wort von Egon Erwin Kisch: „Es ist schwer, die Wahrheit präzis hinzustellen, ohne Schwung und Form zu verlieren; Reportage heißt Sichtbarmachung der Art und der Lebensweise – das sind oft spröde, graue Modelle in den heutigen Zeitläufen" (Kisch 2001: 9).

Diesem Anspruch wollte ich über Sozialreportagen nachkommen. Die Studierenden können aufgrund ihrer Kompetenz der Mehrsprachigkeit in ihrer Rolle als Berichterstatter, nicht ernst genug genommen werden, Vermittler und Übersetzer dieser Wahrheit zu sein. Hier soll auf die Thematik Nähe und Distanz hingewiesen werden, ohne freilich zu verschweigen, dass wir als FeldforscherInnen, teilnehmende BeobachterInnen, SozialreporterInnen, ExpertInnen für Mediation und Konfliktmanagement beständig in der Position des Dritten bleiben. Wir können versuchen, an das Problem heranzukommen, sozialpädagogische Expertisen stellen und Beratungen anbieten, durch Interviews, Reportage etc. Und es bleibt das Faktum bestehen: As close as it gets, but still far away. Das ist unser Handicap, und ist auch unsere Chance.

2. Wie nahe geht es? As close as it gets. Näher geht's nicht

Die Sozialreportagen in Klausenburg sind die von den Studierenden und mir verfassten Einblicke in die Alltagswirklichkeit. Als Projektleiter, bzw. Leiter der Lehrveranstaltung habe ich die Studierenden, sofern der Wunsch und die Möglichkeit gegeben waren, in die aufgesuchten Institutionen begleitet. Insgesamt wurden 21 Reportagen durchgeführt. Schwierigkeiten vor Ort zu „ermitteln" ergaben sich in den Institutionen aus unterschiedlichen Gründen. Drei Beispiele seien in der Folge kurz genannt. So war die Akzeptanz eines ausländischen „Gastes" oder „Besuchers" beim vorgesehenen Besuch in einer Strafanstalt nicht gegeben.[6]

---

6 Man muss wissen, dass gerade Österreich mit der Regierung in Bukarest verhandelt

In einem anderen Fall, bei der Absicht über eine Blutspendezentrale zu berichten, zeigte die Ablehnung des Zutritts auch einige bemerkenswerte Grenzen auf, die bei Nähe und Distanzproblemen zunächst gar nicht im Bewusstsein waren. Einerseits sprachen sich die Behördenvertreter gegen die Recherche aus, weil sie auch Hygienebedenken geäußert hatten. Diese Bedenken sind in einem ökonomisch und medizinisch schlecht versorgten Gebiet sehr ernst zu nehmen. Aber mit dieser Ablehnung waren noch andere Vorbehalte verbunden, die andererseits wiederum sehr viel aufzeigten, obwohl de facto die Reportage nicht zustande kam. Einmal war der Umstand bemerkenswert, dass am Tag der Recherche praktisch keine Blutspender eingetroffen waren, so dass auch niemand zu befragen gewesen wäre. Mit diesem Hinweis wurde aber gewissermaßen unfreiwillig ein anderes Problem der sozialen Dienstleistungsbetriebe deutlich: Versorgung ohne Vernetzung geht zu Lasten der Klienten. Wenn kein Blut gespendet wird, müssen die für den Tag in Aussicht genommenen chirurgischen Eingriffe einfach gestoppt oder gleich unterlassen werden.

Eine ähnliche Erfahrung von überraschend auftretenden Diskrepanzen zwischen Möglichkeit und Wirklichkeit wurde von mir bei einer Visite in einem Spital auf der Station einer Gefäßchirurgie gemacht: Die Ausbildung des Personals ist hervorragend, die Kompetenz im chirurgischen Bereich voll gegeben, sofern dieses Urteil einem medizinischen Laien zusteht. Die angestellten Ärzte und Ärztinnen haben in Klausenburg, Bukarest, Wien, Paris oder Berlin studiert, sind wie in Siebenbürgen üblich, sehr sprachkundig. Sie beherrschen medizinische Fertigkeiten, etwa die die Technik der Gefäßerweiterung mittels eines Ballonkatheters mit einer Minikamera, der in die verstopften Venen eingeführt wird, eine Technik ganz state of the art. Bloß wird die Frage der „ReporterInnen", ob diese Arbeiten jederzeit möglich sind, mit dem Hinweis darauf verneint, dass ja leider nicht immer Operationshandschuhe zur Verfügung stehen. Derartige Aussagen bestärken das Gefühl sehr nahe an einer schmerzhaften Realität zu sein.

---

hat, in Rumänien ein Gefängnis zu bauen, und zwar für in Österreich straffällig gewordene Täter aus Rumänien. Als Motiv wurde angegeben, dass es unter anderem in Rumänien in der Relation zu Österreich 1: 10 „kostengünstigere" Tagessätze gibt, und neben der wirtschaftlichen Argumentation noch die Hoffnung auf Resozialisierung im eigenen Heimatland ins Treffen geführt wird. Mittlerweile hat man die Verhandlungen eingestellt, wohl auch aus der Erkenntnis, dass man humanitäre Unterstützung anders gestalten kann als durch den Bau von Haftanstalten und der doch recht vordergründigen Kostenrechnung.

3. But still far away. Und immer noch weit weg

Wenn nun Sozialreportage auch vom journalistischen Gesichtspunkt einem Genre entspricht, gibt es klassische Bereiche, über die recherchiert wird und aus denen dann eine Reportage werden kann. Im Wesentlichen wurde von den Studierenden zu den folgenden Themenbereichen gearbeitet: Soziale Dienstleistungen, Reisen, Brauchtum, und Szene. Hier seien nun die Ergebnisse dieser Recherchen und Reportagen gebündelt dargestellt:

Soziale Dienstleistungen (Public Services). In diesem Bereich wurden verschiedene Heimformen aufgesucht und in einer kritischen, und manchmal augenzwinkernden Beschreibung abgehandelt. So schreiben insgesamt sieben Autorinnen über die unterschiedlichen Orte. Sie behandeln das Leben im Studentencampus, in einem Altersheim, in einer Blindenanstalt für Kinder und Jugendliche, ferner in einer Berufsschule für Taubstumme und Gehörlose. Weiter folgt ein Blick in ein Psychiatrisches Krankenhaus, so wie in ein Erziehungsheim für Kinder und Jugendliche deren Eltern im Gefängnis sind, und schließlich kommt ein Bericht über eine Klinik für Hals-Nasen-Ohren Erkrankungen zustande.

Die Orte sprechen für sich. Aufgezeigt werden sowohl einmalige Zustände als auch charakteristische und damit wiederkehrende Topoi in der Sozialpädagogik (vgl. Stipsits 2004). Insgesamt ist zu bemerken, dass die Spezialisierung von bestimmten Anstalten so manches Vorurteil über die Rückständigkeit in Rumänien entkräften hilft. Allerdings muss gesagt werden, dass zwischen der Versorgung in der zentralen und wichtigen Universitätsstadt Cluj und der Umgebung ein krasses Gefälle von Stadt und Provinz herrscht.

Reisen. Allein fünf Reportagen von Studierenden beschäftigen sich mit dieser Thematik. Als die ursprünglichste Form der Reportage anzusehen, beziehen sich die Reisereportagen auf Erfahrungen im Ausland (Deutschland, Italien), und zwei auf das Heimatland Rumänien. Die Gegenüberstellung von Lebenswelten wird durch das Reisen buchstäblich „erfahren". Aufschlussreich sind diese Reportagen in mancherlei Hinsicht. So werden Träume der Berichterstatter anschaulich, Mängel der Versorgung, oder rivalisierende Einstellungen mit anderen Mitbewerbern um eine Nähe zum westlichen, und damit „goldenen", dem reichen Europa aufgezeigt. Gerade in der Mischung zwischen Bericht und selbstironischer Reflexion werden Reiseberichte zu einer Vorform der wissenschaftlichen Apodemik, der Kunst über das Reisen zu schreiben. So werden die Berichte zu selbstironischen Mikrostudien, in deren Verlauf man Reiseberichte als Studienberichte wahrzunehmen lernt.

Brauchtum. Das verschwindende Brauchtum greifen zwei berührende, schlichte Reportagen auf. Eine hat das Osterfest, die andere ein lokales Kirchweihfest zum Thema. In beiden Reportagen ist gerade das pädagogisch reizvolle Generationenthema der Gegenstand der Recherche. Der Wunsch, an der Tradition festzuhalten und aus dem Alltag in die Tradition einzutauchen, dabei die Verbindung nicht zu verlieren, ist für die deutsch sprechende Bevölkerung Siebenbürgens wichtiger denn je. Wenn man bedenkt, dass nach 1990, also ausdrücklich nach Kommunismus und der Diktatur von Ceausescu ca. 800 000 deutschsprachige Bewohner das Land verlassen haben, sind Bräuche und Feste aus dem Jahreskreis für die im Land Verbliebenen von großer sozialer und gesellschaftspolitischer Bedeutung.

Szene. Der Szenenschilderung haben sich fünf AutorInnen gewidmet. Dabei sind folgende Arbeiten zustande gekommen: Ein Bericht über eine Bikerszene, die einen geradezu rauchigen Geist atmen lässt, der nicht an den Osten und ein armes Landes denken lässt. Mindestens so verraucht ist die Reportage über das lokale Music Pub, einen Jugendtreff schlechthin. Es ist eine flotte Geschichte über einen Ort als eine billige Ersatzdroge in einem anstrengenden Leben, also vom Dazugehören und alternativ Seinwollen. Besorgt im Ton gestaltet sich der Bericht von der Drogenszene. Mit liebevoller Ironie und einer Portion Sarkasmus berichtet ein Autor vom zweifelhaften Glück des in der Fremde erworbenen Reichtums. Auf den in Siebenbürgen unübersehbaren Einfluss von Religionsgemeinschaften, gemischten Ethnien, konkurrierend in Sprache, Religion und Brauchtum, auf Zusammenhalt und Entfremdung, macht eine andere Reportage aufmerksam.[7]

4. Beispiele für Nähe und Distanz

Die Einlösbarkeit von Professionalität im sozialen oder pädagogischen Feld ist schwierig, Nähe oder Distanz zwischen den Akteuren ist dafür ein Indikator. Aus dem mittlerweile zweisprachigen – deutsch und rumänisch – erschienenen Band seien auszugsweise Reportagen abgedruckt, die das aufzeigt.

---

7 Siebenbürgen war bereits vor dem Toleranzpatent von Josef II. (1781) ein Refugium protestantischer Aussiedler (etwa aus Österreich), lange vor der amerikanischen Unabhängigkeitserklärung und der Erklärung der Menschenrechte.

So viele Häuser für Gott, so wenige Häuser für Menschen[8]

In Cluj gibt es unzählige Kirchen und nur ein einziges Obdachlosenzentrum. Das Zentrum befindet in einem Vorort der Stadt Cluj, heißt „Christliches Zentrum für Obdachlose", und obwohl sich im Namen des Zentrums das Wort christlich befindet, wird es von Prison Fellowship Rumänien finanziell unterstützt.

Ich werde von einem Bewohner des Zentrums zur Leiterin geführt. Frau Asvoaie ist so nett, dass sie uns zu einem der Psychologen des Zentrums schnell überleitet, aber nicht bevor sie ein paar Worte in bessarabischen Dialekt wechseln. Aus dem Büro voller kitschiger Heiligenbilder und Bildchen werde ich in den Konferenzraum geführt. Es ist mir noch nicht klar, warum ein Obdachlosenzentrum so etwas braucht, aber mir wird gesagt, dass man diesen Raum auch für Feiern und Feste benützt. Gott herrscht hier überall und überwacht alles. Auch Konferenzen.

Ich werde durch diverse Büros des Zentrums geführt und die Ausrüstung des Zentrums wird mir gezeigt, nagelneue Möbel und Thermofenster die für den einfachen Rumänen sehr beeindruckend sein können. Meine Begleiter können das Zentrum nicht genug loben. Alles hier oben ist blitzblank, aber den Krankenhausgeruch kann man nur schwer loswerden. Ich darf mit den Sozialarbeitern sprechen. Es sind zu wenige, aber sie beschweren sich nicht darüber. Doch ich kriege das Gefühl, dass sie wegen meiner Vladimir Putin ähnelnden Escorte sie ihren Mund halten. Alles wird mir hier als ganz schön und musterhaft präsentiert. Als ich und meine Begleiter die Bibliothek besuchen, und die Arbeiter erfahren, dass ich von meinem ausländischen Professor begleitet bin, fangen sie an sich über den Mangel an Fachbücher zu beschweren. Als sie das Angebot meines Professors hören, ihnen ein Paar Bücher zu spenden, wird ihm geantwortet, dass sie sich sehr darauf freuen. Mir wird abverlangt das alles zu dolmetschen. Keiner von ihnen kann Deutsch, weder sprechen noch lesen.

Im Obdachlosenzentrum am Rande der Stadt werden nur Kinder die „physisch und psychisch gesund" sind aufgenommen. Mit Kindern mit solchen Problemen will das christliche Zentrum nichts zu tun haben. Diese kerngesunden, obdachlosen Kinder werden zu fünft in Zimmern untergebracht. Die meisten kommen aus Familien, die zu arm sind um sich zu gönnen ihre Kinder bei sich zu behalten und Besuche von den Eltern sind hier nichts Außergewöhnliches.

---

8 Badea-Gutu Cristina. In Stipsits (2005: 126). Die aufgenommenen Sozialreportagen sind allesamt sprachlich soweit von mir korrigiert worden, um ihre Lesbarkeit zu gewährleisten, ohne ihren AutorInnen das manchmal durchblitzende Idiom aus dem Siebenbürgisch Sächsischen oder Donauschwäbischen ganz zu nehmen.

In alle Zimmer wird durchs Radio das Wort Gottes übertragen. Tag und Nacht vierundzwanzig Stunden lang, sieben Tage die Woche. Man kann sich hier leicht wie in einem Orwell Roman fühlen. Wie Taube ignorieren die Kinder alles, was ihnen durch das Hören vermittelt wird. Mit den Stockbetten kommt man sich wie im Ferienlager vor. In den Zimmern gibt es keinen Krankenhausgeruch, sondern den furchtbaren Geruch der seltenen gelüfteten Zimmer. Nichts erinnert hier an die Sauberkeit des oberen Stockwerkes der Direktion. Für sieben Kinder steht eine Sozialmutter, also eine Mutter für acht Stunden am Tag zur Verfügung. Mehr als versuchen, sie zu betreuen, kann sie nicht tun, denn Mütter mit sieben Kindern sind erstens heutzutage unüblich, ja außergewöhnlich, und außerdem muss sie nachmittags zu ihren eigenen Kindern zurückkehren. ...

Die Beobachter/Reporter sind fast so nahe dran am Geschehen, so wie die Professionisten im sozialpädagogischen oder sozialen Feld. Ihre Aufzeichnungen zeigen Elend und Armut aus der Nähe, und wahren respektvoll Distanz bei alle kritischen Tönen. Dazu sei eine weitere studentische Reportage hier abgedruckt, die nicht übersetzt wurde und daher nicht in dem Sammelband enthalten ist.

SANA Ruxandra: O-R.I. Krankenhaus.
Ein Luxus, den sich nicht jeder leisten kann

Montagmorgen. Ich fahre die Clinicilorstraße entlang. Erst 7 Uhr und ich finde keinen Parkplatz. Alle besetzt. Einen kleinen finde ich trotzdem, zwei Straßen weiter. Obwohl ich die Straße schon hunderte Male durchquert habe, fiel mir bisher rechts das braune und voll verstaubte Gebäude nie in die Augen.
Im O.R.I. Krankenhaus (HNO Klinik) um 7 Uhr 15 hatte ich einen Termin vereinbart mit Herrn Doktor Marcel Cosgarea. Schon in Verspätung. Ich trete in das Gebäude. Kaum mache ich einen Schritt auf die Treppen, die ungewöhnlich nach unten gehen, weckt ein Geruch nach Medizin und Spiritus meine Nase brutal auf. Jetzt befinde ich mich irgendwo drei Meter unter dem Boden, am Anfang eines langen Korridors. Ich frage den Torwächter, wo ich den Doktor Cosgarea finden kann. Ich sollte meinen Studentenausweis zeigen. Das sei am Ende des Korridors links, das 11. Zimmer rechts. Die Nummern der Zimmer kann ich kaum lesen wegen des schlecht beleuchteten Korridors. 8, 9, 10, endlich die 11. „Internari" steht auf der Tür geschrieben. Eine Menge von Leuten ist vor diesem Raum. Ich bleibe stehen. Neben mir steht eine ungefähr 70 Jahre alte Frau mit einem zerkratzten Koffer in der Hand. Der musste schwer gewesen sein, denn nach 3 Minuten lässt sie ihn am

Boden stehen. Nach einem Blick auf die Leute ist es leicht zu beobachten, dass ich die einzige bin ohne Gepäck. Die weiße Tür Nr. 11 öffnet sich letztendlich. Weiß gekleidet, mit weißen Schuhen, ein Stethoskop an seinem Hals hängend, verlässt Doktor Cosgarea den Raum. Seine Anwesenheit hier scheint wie die eines Engels für diese Leute zu sein. Gleich lassen alle ihr Gepäck fallen und nähern sich ihm und brüllen jeweils verschiedene Bitten. Die alte Frau mit einem Zettel in der Hand und weinenden Augen, versucht sich Platz mit dem Ellbogen bis zum Doktor zu machen. Heute werden von den ungefähr 50 Leuten nur 4 aufgenommen. Die alte Frau ist nicht dabei.

Der Herr Doktor begrüßt mich nach ein paar Minuten. „Komm, Ruxi, wir haben nur eine halbe Stunde Zeit! Wenn jemand fragt, wer du bist, sollst du ‚Studentin 1. Jahrgang der Medizin', antworten". Für mich ist der Besuch zu wichtig, also frage ich nicht warum. Wir gehen zu seinem Büro 2 Türen weiter, um ein weißes Hemd für mich zu besorgen. Ganz weiß ist es eben nicht, doch in dem Moment bemerke ich das nicht.

8 Uhr 30. Jetzt beginnt der Herr Doktor seinen Besuch bei Patienten. Ich darf ihm nachfolgen. Mein Herz klopft rascher und rascher. Ist es wegen der Hitze, oder wegen der groben Treppen, die wir bis zum 1. Stock geklettert sind? Herr Cosgarea scheint kein Problem mit dem einen oder dem anderen zu haben. Ganz locker führt er mich in den ersten Saal mit Patienten. Die 4 Meter hohe Tür stand offen. Wir treten ein. Ein dunkler Raum ist vor mir. Ich bleibe an der Tür stehen. Schon von dort kann man den Salmiakgeruch vermischt mit Spiritus und Feuchtigkeit von den Wänden riechen. Das Fenster war geschlossen. 8 Personen in 6 Betten. Zwei Kinder, die nicht älter als 4 Jahre sind, schlafen in demselben Bett mit ihrer Mutter. Im Pyjama bereitet sich jeder auf die Konsultation vor. Der Doktor führt zuerst mit jedem ein kurzes Gespräch. Ein Mann, Costel, wie ihn der Doktor nennt, als seien sie schon seit einer Ewigkeit Freunde, ist an beiden Ohren operiert worden. In der Fabrik, in der er arbeitete, ist etwas explodiert. Er hört kaum, hat große Schmerzen und bittet den Doktor ihm ein starkes Beruhigungsmittel zu geben. Der Doktor hat Geduld mit jedem. …

Um 10 Uhr musste ich das Krankenhaus verlassen. Der Herr Cosgarea hat O.P Termin. Ich lasse das Hemd beim Torwächter. Trotzdem riechen meine Kleider noch nach Blut und Krankheit. Ich fühle mich dreckig, obwohl ich vor 3 Stunden geduscht habe. Ein Spruch kommt mir in den Sinn: „Man soll sich vor 2 Sachen auf der Welt fürchten – Juristen und Krankenhäusern."

Reportagen dieser Art zeigen Ambivalenzen: ein Dabeiseinwollen in der Nähe und die unvermeidliche Distanz zum Geschehen. Bemerkenswerterweise gab und gibt es zwei studentische Einwände gegen die Publikation zweier Reportagen: Gegen die Darstellung der Geschichte von der Drogenszene wandte die Autorin ein, es könnte damit auch ein schlechtes Licht auf die Reporterin fallen. Und noch spannender ist der Rückzug im zweiten Fall. Er war in jeder Weise unerwartet, weil hier eine hohe moralische Qualität in einer Art der freiwilligen Selbstzensur auftritt: Die Reichenparade, eine köstlich ironische Darstellung, in der es darum geht, das im Ausland erarbeitete Geld in Form von Wohlstandssymbolen vorzuführen. Diese Reportage wird vom Autor mit dem Einwand zurückgezogen, Rumänien, gesamt gesehen, erschiene in einem schlechten Lichte. Das sei keinesfalls sein Anliegen.

Die sensiblen Reaktionen der beiden Studierenden zeigen auf ihre Weise ein Taktgefühl auf. Gerade unter dem Gesichtspunkt von Nähe und Distanz ist dieser Takt angemessen. Denn nur allzu oft wird mit dem Hineinkriechen in die Lebensumstände, unter dem Vorwand die Wahrheit „herauszufinden", eine Barriere der Intimität durchbrochen. Diese persönlichen Grenzen zu respektieren, steht nicht allein SozialpädagogInnen gut an. Die Erfahrung von Nähe muss nicht nur eine Illusion sein, Entfernung in Kilometern nicht wirklich eine unüberwindliche Distanz. Berühren, und damit Nähe vermitteln, kann ein Text auch über Entfernung. Aus diesem Grund seien an das Ende dieser Abhandlung auch Formulierungen einer Studentin gestellt, mit denen sie ihre Erfahrungen beim Reisen in den Westen reflektiert.

> Wenn man als Östliche die Grenzen
> zum Westen überschritten hat, ist man verwirrt:
> stolz darauf zu sein oder sich zu schämen,
> Vorurteile zu bekämpfen oder sie zu akzeptieren.
> Ich wurde in einem Land geboren wo man mit
> dem Komplex aufwächst, man könne nichts
> bewirken oder verändern. Dass Neid
> gerecht ist und Vanität Selbstsicherheit
> heisst.
> Wie arm wir wirklich sind möchten wir
> am liebsten nicht erkennen.[9]

Literatur

Bohnsack, R., Marotzki, W., (Hrsg.) 1998: Biographieforschung und Kulturanalyse. Transdisziplinäre Zugänge qualitativer Forschung. Opladen
Fuchs, B. (Hrsg.) 1997: Reisen im fremden Alltag. Sozialreportagen in Österreich 1870 bis 1918. Wien
Kisch, E.E., 1993: Mein Leben für die Zeitung. 1926–1947. Gesammelte Werke, Band 10. Berlin

---

[9] Dana Lungu, Kopf hoch und vergiss nie, dass Du Rumänin bist, Stipsits (2005: 142).

Kisch Preis 2001., 2001: Schreib das auf! Die besten deutschsprachigen Reportagen. Berlin

Mollenhauer, K., 1996: Kinder- und Jugendhilfe. Theorie der Sozialpädagogik – ein kritischer Grundriß, in: Zeitschrift für Pädagogik. 42 Jg. Nr. 6: 869–886

Pop, I.-A., 2005: Die Rumänen und Rumänien. Eine kurze Geschichte, Übersetzung aus dem Rumänischen Rudolf Gräf, Rumänisches Kulturinstitut, Cluj–Napoca. Klausenburg

Stipsits, R., 2003: Sozialpädagogik als „Theorie der Sozialen Bewegungen" In: Lauermann, Knapp (Hrsg.): Sozialpädagogik in Österreich. Klagenfurt: 124–137

Stipsits, R., 2004: Heim(e). Von Idyllen und pädagogischen Provinzen. Unmögliche Orte als wiederkehrende Topoi in der Pädagogik. In: Dörpinghaus, Helmer (Hrsg.): Topik und Argumentation. Würzburg: 265–282

Stipsits, R., 2005: Von Wegen Sozialreportagen in Klausenburg. Reportaje Sociale in Cluj-Napoca, Cluj-Napoca

Die Autorinnen und Autoren

Wilfried Datler, Jahrgang 1957, Univ.-Prof. Dr. phil., Leiter der Forschungseinheit für Psychoanalytische Pädagogik und Ko-Leiter der Arbeitsgruppe für Sonder- und Heilpädagogik am Institut für Bildungswissenschaft der Universität Wien, Sprecher der Kommission Psychoanalytische Pädagogik der Deutschen Gesellschaft für Erziehungswissenschaft, Lehranalytiker im Österreichischen Verein für Individualpsychologie (ÖVIP).

Margret Dörr, Jahrgang 1956, Prof. Dr. phil., Professorin an der Katholischen Hochschule Mainz, Fachbereich Soziale Arbeit, Mainz. SoSe 2005 Vertretungsprofessur für Sozialpädagogik an der Universität Heidelberg. SoSe 2009 Gastprofessur an der Universität Wien, Institut für Bildungswissenschaft; Forschungsschwerpunkte: Biographie- und Sozialisationstheorie, Psychoanalytische Sozialpädagogik, Klinische Sozialarbeit, Psychopathologie und abweichendes Verhalten.

Thomas Klatetzki, Prof. Dr. rer. soz., Professor für Soziologie an der Universität Siegen. Forschungsschwerpunkte: Organisationstheorie und Organisationsanalyse, Professionelles Handeln Sozialer Arbeit in Institution, Qualitäten der Organisation, Professionalität als organisationskulturelles System.

Vera King, Jahrgang 1960, Prof. Dr. phil. habil., Hochschullehrerin für Erziehungswissenschaft in der Fakultät für Bildungswissenschaften der Universität Hamburg mit den Schwerpunkten Entwicklung und Sozialisation. Forschung, Lehre und Publikationen insbesondere zu Adoleszenz, Jugend-, Geschlechter-, Familien- und Generationenforschung, hermeneutische Methoden und Fallverstehen.

Burkhard Müller, Jahrgang 1939, Prof. Dr. theol. habil., em. Professor für Sozialpädagogik an der Universität Hildesheim. Forschungsschwerpunkte: Professionalität und Methoden Sozialer Arbeit, Jugendarbeit, Psychoanalyse und Pädagogik.

Christian Niemeyer, Jahrgang 1952, Prof. Dr. phil. habil., Hochschullehrer für Sozialpädagogik an der TU-Dresden. Forschungsschwerpunkte: Theorie und Geschichte der Sozialpädagogik, Heimerziehung, Jugendbewegung und Sozialpädagogik, Psychoanalyse und Sozialpädagogik, Pädagogische Nietzsche-Rezeption.

Dominik Petko, Prof. Dr. phil., an der Pädagogischen Hochschule Zentralschweiz; Leiter der Abteilung Forschung und Entwicklung und Lehrbeauftragter am Pädagogischen Institut der Universität Zürich. Forschungsschwerpunkte: Medienpädagogik und Mediendidaktik, E-Learning und Blended Learning, empirische Methoden.

Ursula Rabe-Kleberg, Jahrgang 1948, Prof. Dr. phil. habil., Professorin für Bildungssoziologie im Institut für Pädagogik der Martin-Luther-Universität Halle-Wittenberg. Arbeitsschwerpunkte: Soziologie der Bildung und Erziehung, Berufs- und Professionssoziologie, Kindheitsforschung insbesondere institutionelle Kleinkinderziehung.

Barbara Rendtorff, Dr. phil. habil., Professorin für Schulpädagogik und Geschlechterforschung an der Universität Paderborn; Vertretungs- und Gastprofessorin an verschiedenen Universitäten. Arbeitsschwerpunkte: Theorie der Geschlechterverhältnisse, die Tradierung von Geschlechterbildern und deren Wirkung im Kontext von Schule und Sozialisation.

Volker Schmid, Jahrgang 1941, Prof., Psychoanalytiker (DPV) und em. Hochschullehrer für Sonderpädagogik an der Pädagogischen Hochschule Ludwigsburg, Abteilung Verhaltensauffälligenpädagogik und Erziehungshilfe, Fakultät für Sonderpädagogik, Standort Reutlingen in Verbindung mit der Universität Tübingen.

Reinhold Stipsits, Jahrgang 1952, ist Ao. Professor am Institut für Bildungswissenschaft der Universität Wien. Personenzentrierter Psychotherapeut, Lektor an einer Fachhochschule, Guest Lecturer am IES, Institute for European Studies, Vienna. Gastprofessor an der Universität Cluj-Napoca im Sommersemester 2004 und 2005. Arbeitsschwerpunkte: Biographieforschung, Sozialpädagogik und Beratungsforschung.

Andrea Strachota, Dr. phil., Ass.-Professorin an der Universität Wien, Institut für Bildungswissenschaft sowie Heilpädagogik und Inklusive Pädagogik. Mitglied im Vorstand der Heilpädagogischen Gesellschaft Wien.

Hans Thiersch, Jahrgang 1935, Prof. Dr. phil., Dres. h.c., em. Professor für Erziehungswissenschaften an der Universität Tübingen. Forschungsschwerpunkte: Theorie der Sozialpädagogik, des abweichenden Verhaltens, der Beratung, der alltagsorientierten Sozialpädagogik, der Heimerziehung, der Sozialethik und der sozialpädagogischen Jugendarbeit.

Achim Würker, Jahrgang 1952, Dr. Dr., Studiendirektor am Ludwig-Georgs-Gymnasium in Darmstadt; Mitglied des Frankfurter Arbeitskreises „Tiefenhermeneutik und Sozialisationstheorie"; Lehrbeauftragter an der TU Darmstadt, Institut für Allgemeine Pädagogik und Berufspädagogik. Arbeitsschwerpunkte: psychoanalytisch-tiefenhermeneutische Kulturanalyse und Literaturinterpretation sowie psychoanalytisch orientierte Selbstreflexion in der Lehrerbildung.